Original-Prüfungsaufgaben mit Lösungen

Geschichte GK

Gymnasium · Gesamtschule
Nordrhein-Westfalen
2014–2017

© 2017 Stark Verlag GmbH
9. ergänzte Auflage
www.stark-verlag.de

Das Werk und alle seine Bestandteile sind urheberrechtlich geschützt. Jede vollständige oder teilweise Vervielfältigung, Verbreitung und Veröffentlichung bedarf der ausdrücklichen Genehmigung des Verlages. Dies gilt insbesondere für Vervielfältigungen, Mikroverfilmungen sowie die Speicherung und Verarbeitung in elektronischen Systemen.

Inhalt

Vorwort

Hinweise zum Zentralabitur in Nordrhein-Westfalen

Die Anforderungen im Zentralabitur		I
1	Rahmenbedingungen	I
2	Inhalte der schriftlichen Abiturprüfung 2017	I
2.1	Inhaltliche Schwerpunkte und Fokussierungen	I
2.2	Kompetenzerwartungen	III
3	Anforderungen und Bewertungskriterien	IV
4	Anforderungsbereiche und Operatoren	IV
5	Aufgabentypen der schriftlichen Abiturprüfung	VII
5.1	A: Interpretation sprachlicher oder nichtsprachlicher historischer Quellen	VII
5.2	B: Analyse von und kritische Auseinandersetzung mit Darstellungen	VII
Tipps zur schriftlichen Prüfung		VIII
1	Auswahl der Aufgaben	VIII
2	Ausarbeitung der Lösung	VIII
3	Umfang der Lösung	IX
Auswertung von Materialien		IX
1	Erschließung von Texten	IX
2	Interpretation von Karikaturen	X

Tipps und Hinweise zur mündlichen Abiturprüfung im Fach Geschichte

In welchen Fällen kommt es zu einer mündlichen Abiturprüfung?	XII
Bestandteile der mündlichen Prüfung	XII
Anforderungen	XIII
Hinweise und Tipps zum Ablauf	XIV

Abiturähnliche Übungsaufgaben

Aufgabe 1: Wiener Kongress – Zeitungsartikel von Friedrich Gentz über die Arbeitsweise und Beschlüsse des Wiener Kongresses (13. Juni 1815); Aufgabentyp A 1

Aufgabe 2: Imperialistische Expansion (Motive, Ziele und ideologischer Hintergrund) – Auszug aus einer Schrift Friedrich Fabris über die Gründung von Kolonien (1879); Aufgabentyp A 10

Aufgabe 3: Reichsgründung und imperialistische Expansion – Der Erste Weltkrieg – Leitartikel aus der Frankfurter Allgemeinen Zeitung (31. Dezember 1899); Aufgabentyp A 20

Aufgabe 4: Die nationalsozialistische Diktatur: Das Ende des Rechts- und Verfassungsstaates in Deutschland 1933/34 – Bildpostkarte und Fotografie (1933); Aufgabentyp A 29

Aufgabe 5: Jugendwiderstand gegen den Nationalsozialismus – Text von Gerd R. Ueberschär über die Bedeutung des Jugendwiderstandes (2006); Aufgabentyp B 36

Aufgabe 6: Entnazifizierungspolitik in der Bundesrepublik Deutschland in den 1950er-Jahren – Karikatur aus der Stuttgarter Zeitung (1955); Aufgabentyp A 45

Übungsaufgaben für die mündliche Abiturprüfung

Aufgabe 7: Politische und ideologische Voraussetzungen des Nationalsozialismus – Zeitungsartikel von Joseph Goebbels (30. April 1928); Aufgabentyp A 53

Aufgabe 8: Die Vereinigung der beiden deutschen Staaten 1989/90 – Artikel von Konrad Jarausch (2000); Aufgabentyp B 56

Abiturrelevante Original-Prüfungsaufgaben 2014 bis 2016 (Auswahl)

Aufgabe 9: Teilung Europas und Deutschlands 1945–1955 – Rede von Gustav Heinemann: Der Weg zum Frieden und zur Einheit am 21. November 1951; Aufgabentyp A (Aufgabe 2014/I) 61

Aufgabe 10: Europäisches Mächtegleichgewicht im Zeitalter des Imperialismus – Karikatur von Gustav Brandt: Der Nachfolger des „ehrlichen Maklers" bei der Balkankonferenz (1912); Aufgabentyp A (Aufgabe 2014/II)................................... 69

Aufgabe 11: Der Weg in die nationalsozialistische Diktatur –
Curzio Malaparte: Reichskanzler Hitler,
aus: Der Staatsstreich (1932); Aufgabentyp A
(Aufgabe 2015/I) 76

Aufgabe 12: Der Ost-West-Konflikt in der Nachkriegszeit –
Karikatur von Ludwig Wronkow:
Gretchens Wunschtraum ist erfüllt (1948); Aufgabentyp A
(Aufgabe 2015/II) 84

Aufgabe 13: Der Weg in die nationalsozialistische Diktatur –
Karikatur von David Low aus dem „Evening Standard"
(1. März 1933); Aufgabentyp A (Aufgabe 2016/I) 92

Aufgabe 14: Die deutsche Nationalbewegung und der Deutsche Bund –
Hagen Schulz über die deutsche Nationalbewegung vom
18. Jahrhundert bis zur Reichsgründung (1997);
Aufgabentyp A (Aufgabe 2016/II) 101

Original-Prüfungsaufgaben 2017

Aufgabe 1: Der deutsche Angriff auf die Sowjetunion im Juni 1941
(Winston Churchill: Der vierte kritische Zeitpunkt,
aus: Reden in Zeiten des Kriegs; A 1) 2017-1

Aufgabe 2: Auf dem Weg zur deutschen Teilung
(Karikatur: Aerzte in Nöten, 1949; A 1) 2017-11

Aufgabe 3: „Moderne" Industriegesellschaft und Erster Weltkrieg
(Philipp Blom: Der taumelnde Kontinent, 2014; B 1) 2017-21

Jeweils zu Beginn des neuen Schuljahres erscheinen die neuen Ausgaben der Abiturprüfungsaufgaben mit Lösungen.

Autoren:

Tipps und Hinweise: Dr. Frank Schweppenstette
Abiturähnliche Übungsaufgaben: Anja Brolle (Aufgabe 2); Dr. Andreas Müller (Aufgabe 1); Tobias Müller (Aufgabe 5); Emma Thun (Aufgabe 6); Elisabeth Wagner (Aufgabe 3 und 4)
Mündliche Übungsaufgaben: Elisabeth Wagner (Aufgabe 7 und 8)
Lösungen zu den Original-Prüfungsaufgaben: Dr. Andreas Müller (Aufgabe 14); Ralf Saal (Aufgabe 13, 2017/1, 2 und 3), Elisabeth Wagner (Aufgaben 9 bis 12)

Vorwort

mit dem vorliegenden Band wollen wir Ihnen alle wesentlichen Fragen zum Zentralabitur in Nordrhein-Westfalen beantworten und Ihnen helfen, sich effektiv auf Ihre schriftliche Abiturprüfung 2018 im **Grundkurs Geschichte** vorzubereiten.

Das einführende Kapitel „**Hinweise zum Zentralabitur in Nordrhein-Westfalen**" fasst wichtige Informationen zu den Rahmenbedingungen, den Prüfungsinhalten und Kompetenzerwartungen sowie zur Struktur der Aufgaben und zum Ablauf des Abiturs zusammen. Außerdem erhalten Sie hier konkrete Tipps zu den Anforderungsbereichen und Arbeitsanweisungen (Operatoren) sowie zur Auswertung von Materialien, die Ihnen in der Prüfung begegnen. Darüber hinaus erhalten Sie in einem weiteren Kapitel wichtige Informationen zur **mündlichen Abiturprüfung im Fach Geschichte**.

Der zweite Teil des Buches enthält **abiturähnliche Übungsaufgaben**, **Übungsaufgaben für die mündliche Abiturprüfung** sowie eine **Auswahl abiturrelevanter Original-Prüfungsaufgaben von 2014 bis 2017**. Mithilfe dieser Aufgaben können Sie sich optimal auf die bevorstehende Abiturklausur vorbereiten. Die ausführlichen **Lösungsvorschläge** können Ihnen als Orientierung bei Ihrer eigenen Beschäftigung mit den Aufgaben dienen. Vor den Lösungsvorschlägen zu den Teilaufgaben finden Sie wertvolle **Hinweise und Tipps**, die Ihnen bei der Erschließung der einzelnen Arbeitsanweisungen helfen.

Sollten nach Erscheinen dieses Bandes noch wichtige Änderungen für die Abiturprüfung 2018 vom Kultusministerium bekannt gegeben werden, finden Sie aktuelle Informationen dazu im Internet unter www.stark-verlag.de/pruefung-aktuell.

Autoren und Verlag wünschen Ihnen eine effektive Vorbereitungsphase und eine erfolgreiche Abiturprüfung!

Hinweise zum Zentralabitur in Nordrhein-Westfalen

Die Anforderungen im Zentralabitur

1 Rahmenbedingungen

Wenn Sie sich für Geschichte als schriftliches Abiturfach entschieden haben, gelten folgende Bestimmungen:
- der Kernlehrplan für die Sekundarstufe II im Fach Geschichte
- die Einheitlichen Prüfungsanforderungen in der Abiturprüfung (EPA) der Kultusministerkonferenz für das Fach Geschichte
- die Vorgaben für die inhaltlichen Schwerpunkte und Fokussierungen in der schriftlichen Abiturprüfung

Als **Hilfsmittel** ist in der Abiturprüfung die Verwendung eines Wörterbuchs zur deutschen Rechtschreibung gestattet.

2 Inhalte der schriftlichen Abiturprüfung 2018

2.1 Inhaltliche Schwerpunkte und Fokussierungen

Die Vorgaben zu den Inhalten der schriftlichen Abiturprüfung werden vom Schulministerium veröffentlicht[1]. Diese enthalten die **inhaltlichen Schwerpunkte** sowie die **Fokussierungen**.

Die inhaltlichen Schwerpunkte für die Abiturprüfung stellen die **Inhaltsfelder 4 bis 7** des Kernlehrplans[2] für die Sekundarstufe II dar. Diese sind obligatorisch für den Unterricht und waren daher auch Gegenstand Ihres Geschichtsunterrichts in der Qualifikationsphase. Da von Ihnen vernetztes Denken gefordert wird, werden die historischen Inhalte mit **konkretisierten Kompetenzerwartungen** (Sach- und Urteilskompetenz) verknüpft. Das bedeutet beispielsweise, Sie sollen nicht nur Formen des Widerstandes gegen das nationalsozialistische Regime benennen, sondern diese auch erläutern und beurteilen können.

---

[1] Bildungsportal des Landes Nordrhein-Westfalen – Zentralabitur in der gymnasialen Oberstufe (https://www.standardsicherung.schulministerium.nrw.de/cms/zentralabitur-gost/faecher/fach.php?fach=12 → Vorgaben Abitur 2018 – Geschichte)
[2] Richtlinien und (Kern-)Lehrpläne für die Sekundarstufe II (http://www.schulentwicklung.nrw.de/lehrplaene/lehrplannavigator-s-ii/gymnasiale-oberstufe/ → Kernlehrplan Geschichte)

Die eingangs genannten Fokussierungen sind eine Spezifizierung ausgewählter inhaltlicher Schwerpunkte. Sie dienen Ihnen dazu, sich inhaltlich noch konkreter auf die zentral gestellte Klausur vorbereiten zu können. Für die Abiturprüfung 2018 gibt es im Grundkurs vier Fokussierungen in zwei Inhaltsfeldern. Da die **Prüfungsaufgaben** jedoch **aus allen inhaltlichen Schwerpunkten** stammen können, reicht es für das schriftliche Abitur nicht aus, nur die Fokussierungen vorzubereiten.

Im Folgenden werden die vier Inhaltsfelder mit den jeweiligen inhaltlichen Themenbereichen aufgelistet und die Fokussierungen angeführt:

- **Inhaltsfeld 4:** Die moderne Industriegesellschaft zwischen Fortschritt und Krise
  - Die „Zweite Industrielle Revolution" und die Entstehung der modernen Massengesellschaft
    Fokussierung: Veränderung der Lebenswirklichkeit für die Industriearbeiterschaft in den Bereichen Arbeit und soziale Sicherheit
  - Vom Hochimperialismus zum ersten „modernen" Krieg der Industriegesellschaft
    Fokussierung: Merkmale, Motive, Ziele, Funktionen und Formen des Imperialismus am Beispiel Afrikas
  - Ursachen und Folgen der Weltwirtschaftskrise 1929

- **Inhaltsfeld 5:** Die Zeit des Nationalsozialismus – Voraussetzungen, Herrschaftsstrukturen, Nachwirkungen und Deutungen
  - Politische und ideologische Voraussetzungen des Nationalsozialismus
  - Die Herrschaft des Nationalsozialismus in Deutschland und Europa
    Fokussierung: Motive und Formen der Unterstützung, der Anpassung und des Widerstandes am Beispiel der Verschwörer des 20. Juli und an einem Beispiel der Jugendopposition
  - Vergangenheitspolitik und „Vergangenheitsbewältigung"
    Fokussierung: Umgang mit dem Nationalsozialismus in den Besatzungszonen

- **Inhaltsfeld 6:** Nationalismus, Nationalstaat und deutsche Identität im 19. und 20. Jahrhundert
  - Die „Deutsche Frage" im 19. Jahrhundert
  - „Volk" und „Nation" im Kaiserreich und im Nationalsozialismus
  - Nationale Identität unter den Bedingungen der Zweistaatlichkeit in Deutschland
  - Die Überwindung der deutschen Teilung in der friedlichen Revolution von 1989

- **Inhaltsfeld 7:** Friedensschlüsse und Ordnungen des Friedens in der Moderne
  - Europäische Friedensordnung nach den Napoleonischen Kriegen
  - Internationale Friedensordnung nach dem Ersten Weltkrieg
  - Konflikte und Frieden nach dem Zweiten Weltkrieg

2.2 Kompetenzerwartungen

Der Kernlehrplan für die Sekundarstufe II formuliert im Fach Geschichte **Kompetenzerwartungen** (Sach-, Methoden-, Urteils- und Handlungskompetenz), die Ihre Fähigkeiten und Ihre methodischen Fertigkeiten am Ende der Qualifikationsphase beschreiben. Diese müssen Sie auch im Abitur unter Beweis stellen. Im Folgenden finden Sie eine knappe Beschreibung der Kompetenzen:

- **Sachkompetenz:**
  - grundlegendes Wissen über Zeitvorstellungen, Datierungssysteme, historische Epochen, Prozesse und Strukturen besitzen
  - mit Narrationen umgehen können (z. B. vergangene Ereignisse aus Quellen erfassen, vorliegende Deutungen hinsichtlich ihrer Voraussetzungen und Intentionen analysieren)
  - relevante historische Fachbegriffe sachgerecht anwenden

- **Methodenkompetenz:**
  - historisch relevante Informationen beschaffen
  - kausale, strukturelle und zeitliche Zusammenhänge erläutern
  - mit konkurrierenden Deutungen umgehen
  - historische Quellen fachgerecht interpretieren und historische Darstellungen analysieren und kritisch erschließen
  - eigenständige historische Argumentationen entfalten
  - historische Sachverhalte adressatengerecht und sprachlich richtig darlegen

- **Urteilskompetenz:**
  - unterschiedliche Perspektiven erkennen und einnehmen
  - Sach- und Werturteile fällen und begründen
  - sachlich angemessene, in sich stimmige und triftige Argumente für ein gelungenes Sachurteil formulieren
  - beim Werturteil zusätzlich eigene Wertmaßstäbe offenlegen (z. B. ethisch, moralisch, normativ), reflektieren und deren Zeitgebundenheit berücksichtigen

- **Handlungskompetenz:**
  - eigenes Geschichtsbild ausgehend von neu gewonnenen Einsichten verändern oder erweitern
  - historisches Wissen zur Orientierung und zur Reflexion des eigenen Handelns nutzen

3 Anforderungen und Bewertungskriterien

In der schriftlichen Abiturprüfung im Fach Geschichte werden Ihnen **drei Aufgaben** vorgelegt. Sie müssen **eine auswählen** und das zugehörige **Material** (Texte oder nichtsprachliche Quellen) anhand der Aufgabenstellungen bearbeiten. In der Regel handelt es sich um drei Teilaufgaben pro Abituraufgabe. Mit der Bearbeitung dieser drei Teilaufgaben weisen Sie Ihre Kompetenzen nach, die Sie während der Qualifikationsphase erworben haben.

Bei der **Bewertung** der Abiturprüfung ist sowohl die **inhaltliche Qualität** der Lösung als auch die **Darstellungsleistung** entscheidend. Auf Ihrem Aufgabenblatt ist für jede der drei Aufgaben jeweils die zu erreichende Höchstpunktzahl angegeben. Zusätzlich zu diesen Punkten werden Punkte für Ihre Darstellungsleistung vergeben. Bei dieser werden die überfachlichen Kriterien Ihrer Ausführungen in den Blick genommen. Insgesamt können Sie 100 Punkte erreichen.

Folgende **Kriterien** werden in der Darstellungsleistung berücksichtigt:
- Sie strukturieren Ihren Text schlüssig und gedanklich nachvollziehbar und achten auf einen konsequenten Bezug zur Aufgabenstellung.
- Sie stellen folgerichtige Bezüge zwischen beschreibenden, interpretatorischen und wertenden Äußerungen her.
- Sie belegen Ihre Aussagen durch angemessene und vor allem korrekte Zitate oder Paraphrasen aus dem zu bearbeitenden Text.
- Sie beachten die Fachterminologie und formulieren präzise und differenziert.
- Sie schreiben sprachlich korrekt (Grammatik, Rechtschreibung, Zeichensetzung usw.) und stilistisch sicher.

4 Anforderungsbereiche und Operatoren

Im Fach Geschichte werden **drei Anforderungsbereiche** (**AFB**) voneinander unterschieden und in der Abiturprüfung abgedeckt. Ihre Abfolge entspricht dem zunehmenden Schwierigkeitsgrad und Anspruch der geforderten Leistung:

– **AFB I:** Wiedergabe von Sachverhalten im gelernten Zusammenhang, Benutzen eingeübter Arbeitstechniken (Reproduktion)

– **AFB II:** selbstständiges Erklären bekannter Inhalte, Anwenden gelernter Inhalte und Methoden auf andere Sachverhalte, meist anhand des mitgelieferten Materials (Reorganisation und Transfer)

– **AFB III:** kritischer Umgang mit neuen Problemstellungen, eingesetzten Methoden und Erkenntnissen als Voraussetzung für eigenständige Begründungen und Wertungen (Reflexion und Problemlösung)

Den drei Anforderungsbereichen werden bestimmte Verben zugeordnet, die sog. **Operatoren**. Diese geben Handlungsanweisungen, zeigen also an, was Sie „tun" sollen. Da die Operatoren auch in den Aufgabenstellungen des schriftlichen Abiturs verwendet werden, ist es wichtig, dass Sie sich mit ihnen vertraut machen und genau wissen, was Sie bei jedem Operator zu tun haben.

Die Operatoren lassen sich nicht immer ausschließlich einem der drei Anforderungsbereiche zuordnen. Die folgende Liste umfasst die vom Schulministerium in einer Übersicht veröffentlichten Operatoren[3] und verweist auf ihre Anwendung in Aufgaben, die in diesem Buch enthalten sind. Dabei bedeutet beispielsweise der Zusatz A 2/3, dass es sich um Aufgabe 2, Teilaufgabe 3 handelt.

Operatoren, die Leistungen im **Anforderungsbereich I–II** verlangen:

Operator	Beschreibung der erwarteten Leistung	Beispiele
beschreiben	Merkmale/Aspekte eines Sachverhaltes oder eines Materials detailliert darstellen	
nennen	Informationen/Sachverhalte/Merkmale zielgerichtet unkommentiert zusammentragen	
zusammenfassen	Sachverhalte/Aussagen komprimiert darstellen	A 8/1

Operatoren, die überwiegend Leistungen im **Anforderungsbereich II** verlangen:

Operator	Beschreibung der erwarteten Leistung	Beispiele
analysieren	formale Merkmale von Materialien untersuchen und Inhalt und Gedankengang von Materialien (Quellen, Darstellungen) wiedergeben bzw. Bildelemente (Karikaturen, historische Gemälde) beschreiben	A 1/1, A 2/1, A 4/1, A 7/1, A 11/1, 2017-1/1, 2017-2/1, 2017-3/1
begründen	Aussagen (z. B. Urteil, These, Wertung) durch Argumente stützen, die auf historischen Beispielen und anderen Belegen gründen	
einordnen	einen oder mehrere historische Sachverhalte in einen historischen Zusammenhang stellen	A 7/2, A 13/2, 2017-1/2, 2017-2/2, 2017-3/2
erläutern	historische Sachverhalte durch Wissen und Einsichten in einen Zusammenhang einordnen und durch zusätzliche Informationen und Beispiele verdeutlichen	A 1/2, A 2/2, A 4/2, A 8/2, A 14/2, 2017-1/2, 2017-2/2
herausarbeiten	aus Materialien bestimmte historische Sachverhalte herausfinden, die nicht explizit genannt werden, und Zusammenhänge zwischen ihnen herstellen	A 9/2, 2017-3/2
untersuchen	Materialien oder historische Sachverhalte kriterienorientiert bzw. aspektgeleitet erschließen	

---

3 Bildungsportal des Landes Nordrhein-Westfalen – Zentralabitur in der gymnasialen Oberstufe (https://www.standardsicherung.schulministerium.nrw.de/cms/zentralabitur-gost/faecher/fach.php?fach=12 → Operatorenübersicht)

Operatoren, die Leistungen im **Anforderungsbereich II–III** verlangen:

Operator	Beschreibung der erwarteten Leistung	Beispiele
charakterisieren	historische Sachverhalte in ihren Eigenarten beschreiben und diese dann unter einem bestimmten Gesichtspunkt zusammenfassen	A 1/2, A 11/2
entwickeln	auf der Grundlage erarbeiteter Ergebnisse zu einer eigenen Deutung gelangen; gewonnene Analyseergebnisse verwerten, um in einem vorgegebenen Textformat (z. B. Rede, Leserbrief) zu einer eigenen Deutung zu gelangen	
vergleichen	auf der Grundlage von Kriterien historische Sachverhalte problembezogen gegenüberstellen, um Gemeinsamkeiten, Unterschiede, Teil-Identitäten, Ähnlichkeiten, Abweichungen oder Gegensätze darzustellen	A 5/2

Operatoren, die Leistungen im **Anforderungsbereich III** verlangen:

Operator	Beschreibung der erwarteten Leistung	Beispiele
beurteilen	den Stellenwert historischer Sachverhalte in einem Zusammenhang bestimmen, um ohne persönlichen Wertebezug zu einem begründeten Sachurteil zu gelangen	A 6/3, A 10/3, A 12/3, A 13/3, 2017-2/3
bewerten	wie Operator „beurteilen", aber zusätzlich mit Offenlegen und Begründen eigener Wertmaßstäbe, die Pluralität einschließen und zu einem Werturteil führen, das auf den Wertvorstellungen des Grundgesetzes basiert	A 2/3
Stellung nehmen	eine Problemstellung/eine Bewertung/eine Position auf der Grundlage fachlicher Kenntnisse prüfen und nach sorgfältiger Abwägung eine Einschätzung formulieren	A 1/3, A 5/3, A 7/3, A 8/3, 2017-1/3, 2017-3/3

Operatoren, die Leistungen im **Anforderungsbereich I–III** verlangen:

Operator	Beschreibung der erwarteten Leistung	Beispiele
erörtern	eine These oder Problemstellung auf ihren Wert und ihre Stichhaltigkeit hin abwägend prüfen und auf dieser Grundlage eine eigene Stellungnahme dazu entwickeln. Die Erörterung einer historischen Darstellung setzt deren Analyse voraus.	
interpretieren	Sinnzusammenhänge aus Quellen erschließen und eine begründete Stellungnahme abgeben, die auf einer Analyse, Erläuterung und Bewertung beruht	A 1 bis A 5, A 8, A 12, 2017-1, 2017-2

5 Aufgabentypen der schriftlichen Abiturprüfung

Für die schriftliche Abiturprüfung sind **zwei Aufgabentypen mit gegliederter**, meist dreiteiliger **Aufgabenstellung** vorgesehen.

5.1 A: Interpretation sprachlicher oder nichtsprachlicher historischer Quellen

Der **Aufgabentyp A** sieht die Interpretation **sprachlicher oder nichtsprachlicher historischer Quellen** vor. Beide Quellenarten kommen in verschiedener Form vor. Zu den sprachlichen Quellen gehören beispielsweise Reden, Tagebuchaufzeichnungen, Akten, Streit- oder Gedenkschriften, Berichte, Zeitungskommentare, öffentliche oder private Briefe, literarische Zeugnisse, Urkunden usw.

Bei den **nichtsprachlichen Quellen** handelt es sich im schriftlichen Abitur überwiegend um **Karikaturen** aus einer historischen Epoche. Zu diesen Quellen gehören daneben aber auch historische Karten, Stadtpläne, Grundrisse, Bilddarstellungen auf Flugblättern, historische Gemälde, Statistiken usw. Es ist in der Abiturprüfung nicht ausgeschlossen, dass sich auch diese oder andere nichtsprachliche Quellen als Material zu den Aufgabenstellungen finden.

Hinweis: Den Aufgabentyp A können Sie mit den Übungsaufgaben A 1 bis A 4 und A 6, mit der mündlichen Übungsaufgabe A 7 sowie mit den Original-Prüfungsaufgaben A 9 bis A 13 sowie 2017-1 und -2 in diesem Buch üben.

5.2 B: Analyse von und kritische Auseinandersetzung mit Darstellungen

Der **Aufgabentyp B** verlangt von Ihnen die **Analyse von und die kritische Auseinandersetzung mit Darstellungen**. Bei diesen handelt es sich um Sekundärliteratur in Form von fachwissenschaftlichen, populärwissenschaftlichen oder publizistischen Texten. Darin wird ein historischer Sachverhalt dargestellt, der darüber hinaus auch gedeutet oder bewertet wird. Als Dokument ihrer Zeit und des Zeitgeistes können aber auch diese Texte als historische Quelle dienen.

Hinweis: Den Aufgabentyp B können Sie mit den Übungsaufgaben A 5 und A 8 sowie mit den Original-Prüfungsaufgaben A 14 und 2017-3 in diesem Buch üben.

Neu gegenüber den bisherigen zentralen Abituraufgaben ist, dass das zu untersuchende Material auch aus **mehreren Quellen bzw. Darstellungen** bestehen kann. Eine Mischung der beiden Aufgabentypen, also etwa der Vergleich einer Quelle mit einer Darstellung, ist dagegen nicht vorgesehen.

Tipps zur schriftlichen Prüfung

1 Auswahl der Aufgaben

Für die schriftliche Abiturprüfung stehen Ihnen **insgesamt 210 Minuten** Zeit zur Verfügung. Davon sind **30 Minuten** als **Auswahl- und Einlesezeit** vorgesehen. Es gilt natürlich, dass diejenigen Themen für Sie in Betracht kommen, die Sie für die Abiturprüfung vorbereitet haben und in denen Sie sich sicher fühlen. Sicher bedeutet, dass Sie den historischen Kontext und den Zusammenhang der jeweiligen Quelle oder Darstellung kennen. Wichtig ist zudem, dass Sie die Aufgabenstellungen mit den Operatoren verstehen.

Gehen Sie bei der Auswahl nach folgenden **Leitfragen** vor:
- Habe ich nach dem ersten und zweiten Durchsehen des ausgewählten Materials ein erstes Verständnis dafür entwickelt?
- Verstehe ich, was die Aufgabenstellung mit ihren Operatoren von mir verlangt?
- Verfüge ich über ein hinreichendes historisches Kontextwissen, sodass ich das Material auch einordnen kann? Fühle ich mich in der Epoche „zu Hause"?

2 Ausarbeitung der Lösung

Haben Sie sich für einen Vorschlag entschieden, **lesen** Sie zunächst noch einmal die **Aufgabenstellung** genau durch. Sie können die verwendeten Operatoren auch **unterstreichen oder markieren**. So erkennen Sie leicht, wenn ein Arbeitsauftrag zwei unterschiedliche Operatoren enthält. Das ist häufig in Teilaufgabe 2 der Fall.

Bevor Sie anfangen zu schreiben, sollten Sie eine **Gliederung** für Ihre Ausarbeitung der drei Teilaufgaben auf einem Konzeptpapier anfertigen. Sammeln Sie zu jeder Teilaufgabe Ideen und Aspekte in Stichworten und notieren Sie diese. So bewahren Sie sich davor, etwas zu vergessen, und vermeiden Wiederholungen. Diese Art der Vorbereitung gibt Ihnen während der Ausarbeitung eine große Sicherheit und zugleich eine Art Wegweiser für die Bearbeitung an die Hand. Versuchen Sie unbedingt, sich an die **Reihenfolge der Teilaufgaben** zu halten, da diese häufig aufeinander aufbauen.

Lassen Sie nach jeder Teilaufgabe etwas Platz unter Ihrer Lösung und beginnen Sie die nächste Teilaufgabe auf einem neuen Blatt. Falls Sie etwas vergessen haben sollten, empfiehlt es sich, die **nachträglichen Ergänzungen** an das Ende der entsprechenden Teilaufgabe zu schreiben. Denken Sie daran, beispielsweise über Zahlen eine eindeutige Zuordnung vorzunehmen. Dies ist umso wichtiger, wenn der Platz unter den Aufgaben für Ihre Ergänzungen nicht ausreicht und Sie diese auf einem Extrablatt notieren müssen.

Lesen Sie Ihre Ausarbeitung am Ende auf jeden Fall noch einmal gründlich durch und achten Sie auf die **sprachliche Richtigkeit**. Die Erfahrung zeigt, dass Sie bei nochmaliger Lektüre etliche kleinere Fehler entdecken und korrigieren können. Der Korrektor ist bei missverständlichen Aussagen nicht dazu verpflichtet, eine Bewertung zu Ihren Gunsten vorzunehmen!

Achten Sie auf eine realistische **Zeiteinteilung** und machen Sie in bestimmten Abständen auch **kleinere Pausen**. Diese helfen Ihnen, kurz „abzuschalten", um danach wieder mit neuem Schwung und frischen Ideen an die Ausarbeitung zu gehen.

3 Umfang der Lösung

Sie sollten sich die Zeit nehmen, möglichst genau und akribisch mit dem Material zu arbeiten. Nur so können Sie die vielen Aspekte und historischen Bezüge, die in dem Text oder in der nichtsprachlichen Quelle stecken, herausarbeiten. Der Umfang der Lösung lässt sich **nicht generell festlegen**. Eine Orientierung zur Gewichtung der einzelnen Teilaufgaben gibt Ihnen die jeweils angegebene Punktzahl hinter jeder Teilaufgabe. In den vorliegenden Aufgabensammlungen geht der Umfang der Lösungsvorschläge in der Regel über das hinaus, was von Ihnen in der verfügbaren Zeit erwartet wird. Dies hat folgenden Grund: Die Lösungen sollen einerseits ideale Musterbeispiele für eine sehr gute Abiturlösung sein, andererseits aber so ausführlich gestaltet sein, dass sie sich zur Abiturvorbereitung eignen.

Auswertung von Materialien

1 Erschließung von Texten

In der schriftlichen Abiturprüfung werden Ihnen **historische Quellen** oder **Darstellungen** vorgelegt. Machen Sie sich vor der Ausarbeitung der Lösung zunächst bewusst, welches Material Ihrer Aufgabe zugrunde liegt.

Grundsätzlich können Sie sich bei der Beschäftigung mit Texten an folgenden Aspekten orientieren:

1. **Lesestrategien:** Während des Lesens oder unmittelbar im Anschluss können beispielsweise in Form einer Mindmap oder neben dem Text spontane Gedanken in Stichpunkten festgehalten werden.

    Tipp: Lesen Sie den Text mehrmals und bereiten Sie ihn optisch auf. Markieren Sie hierzu Ihnen unbekannte Fremdwörter, wichtige Begriffe und zentrale Informationen.

2. **Vorstellung des Textes:** In diesem Schritt sind zunächst eine formale Analyse des Textes und die Formulierung der Kernaussage(n) gefordert.

    Tipp: Notieren Sie die Art des Textes, den Autor, den oder die Adressaten, den Anlass, das Thema usw. Bei der Formulierung des Themas sollten Sie sich Zeit lassen und dieses erst nach mehrmaliger Lektüre des Textes auf Ihrem Konzeptpapier festhalten.

3. **Strukturierte Zusammenfassung des Inhalts und Wiedergabe des Gedankengangs:** Hier geht es darum, den Inhalt des Textes sinnvoll zu gliedern und zu paraphrasieren sowie die Argumentationsstruktur des Autors zu erkennen und herauszuarbeiten.

Tipp: Sie sollten den Text in **Sinnabschnitte** unterteilen. Unterstreichen Sie – am besten in verschiedenen Farben – diejenigen Stellen, die Thesen, Behauptungen, Begründungen oder Argumente liefern. Hilfreich kann es zudem sein, kurze thematische **Zwischenüberschriften** für die einzelnen Textabschnitte zu finden, die Sie dann in Ihrer Darstellung wieder aufnehmen können.

4. Klärung der Zeitbezüge (historischer Kontext) und Deutung der Absicht: In diesem Arbeitsschritt gilt es, die für das Verständnis des Textes benötigten Zeitbezüge zu kennen und mit dem Material in Verbindung zu bringen. Zudem soll die Intention auf gesicherter Basis bestimmt werden.

Tipp: Verknüpfen Sie den vorliegenden Text und die relevanten Zeitbezüge stets miteinander. Beschränken Sie sich nicht auf eine bloße Aneinanderreihung von Faktenwissen zum historischen Kontext des Materials.

5. Bewertung und Auseinandersetzung: Am Ende der Beschäftigung mit dem Textmaterial steht die begründete Auseinandersetzung mit den im Text vertretenen Argumenten und angeführten Beispielen, den Auffassungen, Urteilen und Wertungen.

Tipp: Ihre Bewertung soll nicht nur geäußert, sondern auch begründet werden. Erst die Stimmigkeit und Triftigkeit Ihrer Begründung und Reflexion machen aus einer Meinung ein historisches Urteil. Achten Sie zudem darauf, dass es gefordert sein kann, das Material sowohl aus zeitgenössischer als auch aus heutiger Perspektive zu beurteilen.

Hinweis: Die Erschließung von Texten können Sie mit den Übungsaufgaben A 1 bis A 3 und A 5, mit den mündl. Übungsaufgaben A 7 und A 8 sowie mit den Original-Prüfungsaufgaben A 9, A 11, A 14 sowie 2017-1 und 2017-3 üben.

2 Interpretation von Karikaturen

Karikaturen sind, überspitzt formuliert, gezeichnete **Kommentare zu tagesaktuellen Geschehnissen**, die für eine ganz bestimmte Öffentlichkeit gedacht sind. Das Besondere an Karikaturen ist daher, dass sie immer aus einem **aktuellen Anlass** heraus mit einer bestimmten **Intention** gezeichnet worden sind. Karikaturen wollen übertreiben, kritisieren, pointiert einen Missstand auf den Punkt bringen, die Wirklichkeit verzerren und manchmal auch die Wirklichkeit vereinfachen. Fast immer aber kritisieren sie einen zeitgenössischen Zustand. Nichts in der Zeichnung ist zufällig in die Karikatur aufgenommen worden: Alle Bildelemente, Farbgebungen und Schriftelemente sind vom Karikaturisten ganz bewusst gesetzt und gezeichnet worden. Alle diese Bildbestandteile müssen Sie somit benennen und beschreiben, deuten und im historischen Kontext interpretieren und abschließend beurteilen.

Folgende Aspekte sollten Sie bei der Analyse einer Karikatur berücksichtigen:
1. **Informationen zu Autor und Karikatur:** Machen Sie Angaben zur Quellengattung, zum Zeichner, zum Erscheinungsort, zum Erscheinungsjahr sowie zum Anlass der Karikatur. Identifizieren Sie auch den oder die Adressaten und formulieren Sie das Thema der Zeichnung.
2. **Benennung und Beschreibung relevanter Bildelemente samt besonderer Gestaltungsmittel:** Achten Sie darauf, sowohl alle Bildelemente als auch den Bildaufbau und die Bildunterschrift möglichst genau wiederzugeben.
3. **Entschlüsselung der Zeitbezüge, Einordnung in den historischen Kontext und Deutung der Aussageabsicht:** Identifizieren Sie die relevanten Zeitbezüge. Erklären und erläutern Sie auch die Bedeutung der einzelnen Bildelemente oder Bildfiguren im historischen Zusammenhang. Arbeiten Sie vor diesem Hintergrund auch die Aussageabsicht des Karikaturisten heraus.
4. **Bewertung:** Beurteilen Sie schließlich die Aussage des Zeichners, indem Sie zustimmende und relativierende Aspekte anführen und zu einer abschließenden und zusammenfassenden eigenen Einschätzung der Karikatur kommen.

Hinweis: Die Analyse von Karikaturen können Sie mit der Übungsaufgabe A 6 sowie mit den Original-Prüfungsaufgaben A 10, A 12, A 13 und 2017-2 üben.

Tipps und Hinweise zur mündlichen Abiturprüfung im Fach Geschichte

In welchen Fällen kommt es zu einer mündlichen Abiturprüfung?

Im Rahmen der geltenden Prüfungsordnung für die Abiturprüfung in NRW müssen bzw. können Sie in folgenden Fällen eine mündliche Prüfung absolvieren:
1. Sie haben sich für das Fach Geschichte als **4. Abiturprüfungsfach** entschieden, in dem ausschließlich eine mündliche Prüfung stattfindet.
2. Sie haben das Fach Geschichte als **Leistungskurs** (2. Abiturfach) oder als **Grundkurs** (3. Abiturfach) gewählt und schreiben zu dem entsprechenden Termin Ihre Abiturklausur. Eine **zusätzliche mündliche Prüfung** müssen Sie dann ablegen,
   - wenn das Ergebnis Ihrer Klausur um mehr als eine Notenstufe vom Durchschnitt Ihrer Halbjahresnoten in der Qualifikationsstufe im Fach Geschichte abweicht („Differenzprüfung") oder
   - wenn Sie nach der regulären Prüfung im 1. bis 4. Abiturfach noch nicht die für den Abiturbereich erforderliche Gesamtpunktzahl erreicht haben („Defizitprüfung").
3. Schließlich ist es auch möglich, sich im Anschluss an die erfolgte schriftliche Prüfung im 1. bis 3. Abiturfach zu einer **freiwilligen mündlichen Prüfung** zu melden, um das Ergebnis im Fach auf diese Weise noch weiter zu verbessern. Es empfiehlt sich, zuvor die Beratung durch die Oberstufenkoordinatorin bzw. den Oberstufenkoordinator und/oder durch die Fachlehrerin bzw. den Fachlehrer in Anspruch zu nehmen.

Bestandteile der mündlichen Prüfung

Während die schriftliche Abiturprüfung in Nordrhein-Westfalen auf der Grundlage zentral gestellter Aufgaben erfolgt, werden die mündlichen Prüfungen dezentral abgehalten. Das bedeutet, dass die Prüfungsthemen von der Fachlehrerin bzw. dem Fachlehrer auf der Grundlage des Unterrichts in der Qualifikationsphase gestellt werden.

Die mündliche Prüfung besteht aus **zwei, zeitlich in etwa gleich langen Teilen**, dem **selbstständigen Prüfungsvortrag** und dem sich **anschließenden Prüfungsgespräch**. Im selbstständigen Prüfungsvortrag sollen Sie das Ergebnis der in der Vorbereitungszeit bearbeiteten Aufgabenlösung in der Regel ohne Eingreifen des Prüfers bzw. der

Prüferin darstellen. Das anschließende Prüfungsgespräch bezieht sich – gegebenenfalls an den Vortrag anknüpfend – auf größere fachliche Zusammenhänge und erschließt andere Sachgebiete.

Die mündliche Prüfung bezieht sich insgesamt auf fachliche Inhalte aus mindestens zwei Halbjahren der Qualifikationsphase. Die Aufgabenstellung soll so angelegt sein, dass Leistungen in allen drei Anforderungsbereichen erbracht werden können.

Anforderungen

Die unter Punkt 4 beschriebenen Anforderungsbereiche (AFB) I bis III gelten auch für die mündliche Prüfung. Dies erfordert von Ihnen
- sicheres geordnetes Wissen,
- Vertrautheit mit der Arbeitsweise des Faches,
- Verständnis und Urteilsfähigkeit,
- selbstständiges Denken,
- Sinn für Zusammenhänge des Fachbereichs,
- Darstellungsvermögen.

Dementsprechend stellt die mündliche Prüfung folgende Anforderungen:
- die Fähigkeit, sich klar, differenziert, strukturiert und verständlich unter angemessener Verwendung der Fachsprache und auf der Basis sicherer aufgabenbezogener Kenntnisse auszudrücken,
- die Fähigkeit, eigene sach-, themen- und problemgerechte Beiträge in der mündlichen Prüfung zu formulieren,
- die Fähigkeit zur begründeten eigenen mündlichen Stellungnahme, Beurteilung oder Wertung.

Für den **selbstständigen Prüfungsvortrag** gelten zusätzlich folgende spezifische Anforderungen:
- die Fähigkeit, in der gegebenen Vorbereitungszeit für die gestellte Aufgabe ein Ergebnis zu erarbeiten und in einem Kurzvortrag darzulegen,
- die Fähigkeit, anhand eigener Aufzeichnungen frei, zusammenhängend und argumentativ überzeugend zu sprechen,
- die Fähigkeit, sich eigenständig mit historischen Sachverhalten und Problemen in angemessener mündlicher Form auseinanderzusetzen.

Für das **anschließende Prüfungsgespräch** gelten folgende spezifische Anforderungen:
- die Fähigkeit, ein sach-, themen- und problemgebundenes Gespräch zu führen (richtiges Erfassen der Fachfragen; sach- und adressatengerechtes Antworten),
- die Fähigkeit, in einem solchen Gespräch sicher, sach- und situationsangemessen sowie flexibel auf Fragen, Impulse, Hilfen oder Gegenargumente einzugehen,
- die Fähigkeit zur begründeten Einordnung oder Bewertung eines historischen Sachverhaltes auch in diskursiver Gesprächssituation, also in einer möglichst gleichberechtigten Kommunikation.

Hinweise und Tipps zum Ablauf

Im **ersten Teil der mündlichen Prüfung** sollen Sie die gestellte Aufgabe selbstständig und in zusammenhängendem Vortrag lösen. Da der **freie Vortrag**, der sich an Stichworten orientiert, eine für die mündliche Prüfung geforderte Qualifikation ist, ist ein bloßes Ablesen eines während der Vorbereitungszeit aufgezeichneten Textes unzulässig. Es empfiehlt sich daher, während der Vorbereitung ein Konzept zu erstellen, das die wichtigsten Stichpunkte für den eigenen Vortrag und seine Struktur enthält (siehe dazu die Beispiele im folgenden Teil dieses Buches). Es reicht nicht, im Vortrag angelernten Wissensstoff lediglich wiederzugeben, erst recht nicht, wenn dieser sich nicht auf Thema und Aufgabenstellung bezieht.

In einem **zweiten Prüfungsteil**, dem **Prüfungsgespräch**, in dem Ihnen keine zusammenhanglosen Einzelfragen gestellt werden sollten, haben Sie die Aufgabe, Ihre Kenntnis größerer fachlicher Zusammenhänge zu zeigen.

In den folgenden Übungsaufgaben für das **mündliche Abitur** sind bewusst **verschiedene Darstellungsformen** gewählt worden, damit Sie selbst entscheiden können, welche Vorgehensweise in der **Vorbereitungszeit** für die mündliche Prüfung für Sie die richtige ist.

- Bei **Aufgabe 7** (S. 53 ff.), einer Textquelle in Form eines Zeitungsartikels von Joseph Goebbels, wird Ihnen die Möglichkeit angeboten, mittels einer **Mindmap** die wesentlichen Analyseschritte zu erfassen und inhaltlich zu füllen. Eine Mindmap hat grundsätzlich den Vorteil, dass Sie strukturiert und zugleich in überschaubarer Form alle wichtigen Punkte erfassen können.

- Bei **Aufgabe 8** (S. 56 ff.) handelt es sich um einen Auszug aus einem wissenschaftlichen Text. Im zugehörigen Lösungsvorschlag wird die Form einer tabellarischen Übersicht genutzt, um auf diese Weise die im Text vorkommenden Begriffe und Aspekte ebenfalls übersichtlich festzuhalten.

Schriftliche Abiturprüfung Nordrhein-Westfalen Geschichte
Grundkurs – Aufgabe 1

A: Interpretation sprachlicher oder nichtsprachlicher historischer Quellen

Aufgabenstellung

Interpretieren Sie die Quelle, indem Sie

1. sie analysieren,
2. unter Bezug auf den Text den historischen Kontext und die wichtigsten Ergebnisse des Wiener Kongresses erläutern und die Sicht Gentz' auf diesen charakterisieren sowie
3. zur Auffassung des Verfassers, der Wiener Kongress habe die „Grundlage eine[s] künftigen Friedenswerke[s]" (Z. 57 f.) geschaffen, vor dem Hintergrund des europäischen Mächteverhältnisses und der inneren Entwicklung der deutschen Staaten bis 1871 Stellung nehmen.

M: Friedrich Gentz über den Wiener Kongress, 13. Juni 1815

Um über die Resultate dieses Congresses ein gerechtes Urtheil zu fällen, muß man die Umstände, unter denen er zusammentrat, die Aufgaben, die er zu lösen hatte, und die Begebenheiten, die während der letzten Monate in seine Wirksamkeit eingriffen, zu würdigen wissen. Es war kein kleines Geschäft, die sich mannigfaltig[1] durchkreuzenden, auf mehreren Puncten einander ganz entgegen gesetzten Ansprüche so vieler Interessenten[2] auszugleichen, Staaten, die in den Ungewittern der letzten zwanzig Jahre zu Grunde gegangen waren, wieder aufzubauen, andere, für das europäische System besonders wichtige, die einen großen Theil ihrer Besitzungen verloren hatten, zu ergänzen, zu gleicher Zeit den Forderungen der Gerechtigkeit und der Staatsklugheit Genüge zu leisten, und weder das allgemeine Interesse über dem Einzelnen, noch das Einzelne über dem Allgemeinen aus den Augen zu verlieren. Das Werk war mit solchen Schwierigkeiten verknüpft, daß es an mehr als einer Klippe hätte scheitern können, wenn nicht die zu W i e n versammelten Souveräne durchaus, von einem Geiste des Friedens und der Menschlichkeit beseelt, den Vorsatz gefaßt hätten, der Aufrechthaltung und Befestigung der allgemeinen Ruhe, jeden andern Wunsch, jede andere Rücksicht unterzuordnen, und wenn sie nicht von gleichgesinnten Ministern, die da, wo es der Erreichung des großen Zweckes galt, keinen Kampf mit Hindernissen, keine Anstrengung, kein Opfer der Eigenliebe scheuten, in diesem edlen Vorsatz unterstützt worden wären.

Es ist bekannt, daß gegen Ende des Monats Februar die größten Schwierigkeiten überwunden, die verwickeltsten Fragen beseitigt waren; und, wenn der Congreß, nachdem er seine Bahn geebnet, und für einen freiern Gang Spielraum gewonnen hätte, noch einige Monate in ruhigen Berathschlagungen hätte fortschreiten können, so würde nun erst der schönste und lohnendste Theil seiner Arbeit begonnen haben. Nach den, wenn auch nur unvollständig, bekannt gewordenen Ansichten der Hauptpersonen, würde die letzte Frucht der Verhandlungen ein zusammenhängendes und umfassendes politisches System gewesen seyn, welches, auf einfache Grundpfeiler erbaut, die künftige Existenz aller Staaten, durch wechselseitige Garantie gesichert, den innern Wohlstand jedes Einzelnen wesentlich befördert, und den Frieden der Welt auf eine lange Reihe von Jahren befestigt hätte.

Doch ehe diese edlen Bestrebungen reifen konnten, erfolgte eine der unerwarteten Katastrophen, wodurch das Schicksal so oft die wohlthätigsten und weisesten Pläne der Menschen vereitelt. Der Haupturheber der Zerrütungen, an welchen E u r o p a so lange gelitten hatte, erschien noch einmal auf dem Schauplatze der Welt. Die Souveräne überzeugten sich sogleich, und alle Völker mit ihnen, daß, wenn sein unseliges Unternehmen gedeihen sollte, jener allgemeine Frieden, nach welchem sie mit so viel Mühe und Anstrengung gestrebt hatten, nichts als der Traum eines Augenblicks seyn würde. Von Stunde an mußten die auf dem Congreß versammelten Minister den größten Theil der Zeit, die ihren friedlichen Berathschlagungen gewidmet seyn sollte, auf militärische, politische und administrative Conferenzen verwenden, um dem neuen Kampfe, zu welchem sie gezwungen waren, den Nachdruck zu geben, der allein zu einem schnellen und entscheidenden Erfolg führen konnte. Verdienstvoll und rühmlich genug war es, daß mitten unter diesen fremdartigen und dringenden Geschäften doch der Fortgang der eigentlichen Congreß-Angelegenheiten nicht gehemmt, vielmehr alle großen und kleinen Zweige derselben bis zur Vollendung ausgearbeitet wurden. Dieses, und daß in einer so großen Spannung und Gahrung[3] der Gemüther, bei so viel innern Collisionen und äußern Störungen, unter diesem langen Wechsel von guten und bösen Tagen, die Eintracht der Fürsten nie wankte, alle Besorgnisse der Gutgesinnten besänftigt, alle Erwartungen der Bösen zu Schanden gemacht wurden, sind Erscheinungen, welchen die unparteiische Geschichte einst Gerechtigkeit widerfahren lassen wird.

Was der Congreß unter günstigern Umständen zu leisten vermocht hätte, ergibt sich hinreichend aus dem, was er wirklich geleistet hat. Der wahre Werth seiner Resultate wird aber erst dann allgemein begriffen und anerkannt werden, wenn die neue Krisis vorüber, und das einzige große Hinderniß des Friedens in Europa glücklich aus dem Wege geräumt seyn wird. Dann wird sich deutlicher als heute offenbaren, welche mühsame Arbeit nun schon abgethan, welche Grundlage einem künftigen Friedenswerke in den jetzt bestehenden Anordnungen gesichert, welch freies und weites Feld für jede wahrhaft große und wohlthätige politische Maaßregel nun geöffnet ist.

Wohl mögen die Souveräne, indem sie diesem merkwürdigen[4] Vereinigungs-Punct friedlicher Unterhandlungen verließen, über das feindselige Geschick geklagt haben, das in einem Augenblicke, wo sie ihren Völkern den vollen Genuß glücklicher Zeiten anzukündigen hofften, sie zwingt, ihnen neue Opfer aufzulegen. Doch beruhigend ist der Gedanke, daß keines dieser Opfer verloren sei, daß jedes für die künftige Ruhe der Welt gute Früchte tragen, und daß das endliche Ziel aller Wünsche, wenn gleich später erreicht, nur um so herrlicher und dauerhafter hervortreten wird.

Oesterreichischer Beobachter vom 13. 6. 1815. Nr. 164, S. 889 f. (Texthervorhebungen durch den Verfasser)

Anmerkungen:
1 mannigfaltig: vielfältig
2 Interessent: *hier:* Beteiligter
3 Gahrung: *hier:* Erregung
4 merkwürdig: *hier:* denkwürdig

Hinweise zum Autor:
Hinter dem Verfasser des Textauszugs verbirgt sich der ursprünglich aus Preußen stammende Beamte und politische Publizist Friedrich Gentz (1764–1832). Dieser wurde insbesondere infolge des Wiener Kongresses zum engsten Berater des österreichischen Staatskanzlers Klemens Wenzel Fürst von Metternich. Gentz fungierte bei den Verhandlungen in Wien als Erster Sekretär und war wesentlich an der Aufsetzung der Kongressakte beteiligt. Sein Artikel erschien am 13. Juni 1815 – also vier Tage nach der Unterzeichnung der Akte und zwei Tage vor der Schlacht bei Waterloo – im „Oesterreichischen Beobachter". Bei diesem handelt es sich um eine der kaiserlich-österreichischen Regierung nahestehende Zeitung.

zugelassene Hilfsmittel: Wörterbuch zur deutschen Rechtschreibung

---

Lösungsvorschläge

Diese Aufgabe entspricht den folgenden aktuellen Schwerpunktthemen:
- *Inhaltsfeld 6: Nationalismus, Nationalstaat und deutsche Identität im 19. und 20. Jahrhundert*
  - *Die „Deutsche Frage" im 19. Jahrhundert*
- *Inhaltsfeld 7: Friedensschlüsse und Ordnungen des Friedens in der Moderne*
  - *Europäische Friedensordnung nach den Napoleonischen Kriegen*

1. In der ersten Teilaufgabe wird von Ihnen verlangt, zunächst das zu bearbeitende Material vorzustellen. Hierzu sind Angaben zum Autor, zur Textsorte, zum Adressaten, zum Entstehungszeitpunkt und zum Zusammenhang, in welchem die schriftliche Quelle publiziert wurde, zu machen. Daneben sollen Sie das Thema und die Intention des Verfassers darlegen. In einem weiteren Schritt müssen Sie den Inhalt und die gedankliche Struktur der Quelle wiedergeben.

Beim vorliegenden Textauszug handelt es sich um einen **meinungsbildenden Artikel**, der am 13. Juni 1815 in der regierungsnahen Zeitung „Oesterreichischer Beobachter" erschien. Der Verfasser, Friedrich Gentz, war ein enger Berater des österreichischen Staatskanzlers Klemens Wenzel Fürst von Metternich. Gentz' Text wurde kurz nach der Beendigung des Wiener Kongresses und kurz vor der Schlacht bei Waterloo veröffentlicht. Folglich stammt die Quelle aus der Phase des Übergangs von der **napoleonischen Zeit** zur Epoche der **Restauration**, deren wesentliches Merkmal das Wiedererstarken der europäischen Monarchien war. Thema des Textes sind die Bedingungen, unter denen der **Wiener Kongress** verhandelte, die dort erzielten Ergebnisse sowie die dadurch erhofften Auswirkungen. Die	Einleitung Quelle Thema

österreichische Öffentlichkeit, die er mit seinem Text ansprichtt, möchte der Autor davon überzeugen, dass der Kongress erfolgreich gearbeitet habe und seine Beschlüsse zum Wohle der Menschen seien. Auf diese Weise will er die **Loyalität** der Österreicher gegenüber dem Kaiserhaus festigen.

Adressat
Intention

Der Quellenauszug lässt sich in drei Sinnabschnitte einteilen. Im ersten Abschnitt (Z. 1–19) äußert sich Gentz allgemein über die **Probleme**, vor denen der Wiener Kongress gestanden habe, und darüber, wie diese gelöst worden seien. Der Verfasser hebt hervor, dass die während des Kongresses zu erörternden und zu entscheidenden Materien sehr komplex gewesen seien. So habe man vor der Schwierigkeit gestanden, eine Ordnung zu entwerfen, die alle **europäischen Staaten** einschließt und zugleich alle **Einzelinteressen** berücksichtigt. Dass dies letztlich habe gelingen können, sei laut Gentz den beteiligten **Monarchen** und ihren Ministern zu verdanken. Diese hätten ihre gesonderten Bedürfnisse den Zielen von **Frieden**, **Gerechtigkeit** und **Stabilität** untergeordnet.

strukturierte Wiedergabe
Schwierigkeiten im Vorfeld

Im folgenden Abschnitt (Z. 20–51) werden die **Auswirkungen**, der jüngsten außenpolitischen Ereignisse auf den Wiener Kongress zusammengefasst. Der Verfasser führt aus, dass nach der Einigung auf die grundlegenden Leitlinien die Verständigung auf eine umfassende europäische Friedensordnung möglich gewesen wäre. Diese Bemühungen seien aber durch das erneute Auftreten des maßgeblichen Verursachers der zurückliegenden Konflikte beeinträchtigt worden. Die Regenten hätten sich um die **Beseitigung der Gefahr** kümmern müssen, sollten nicht die fundamentalen Ziele des Kongresses, insbesondere der „allgemeine Friede[…]" (Z. 36), infrage gestellt werden. Ungeachtet dieser Situation seien aber die eigentlichen Beratungen von den Kongressteilnehmern gewissenhaft fortgeführt und, dank ihrer **Solidarität**, zu einem **günstigen Abschluss** gebracht worden.

außenpolitische Ereignisse

Im letzten Teil des Textauszugs (Z. 52–66) legt Gentz dar, welche **positiven Folgen** die Vereinbarungen des Wiener Kongresses mit sich brächten. Er führt aus, dass die Kongressergebnisse den **Ausgangspunkt** für eine spätere Friedensordnung in Europa darstellen würden. Diese nehme Gestalt an, wenn die derzeitige Lage gemeistert sei. Über die Verluste, die die neuerlichen Kampfhandlungen forderten, tröste daher langfristig der Nutzen, den man aus den Kongressbeschlüssen ziehen könne, hinweg.

künftige Friedensordnung

2. Bei dieser Aufgabe sollen Sie zunächst eine Einordnung der Quelle in den historischen Kontext des Wiener Kongresses vornehmen und dessen wichtigste Beschlüsse darlegen. Es bietet sich an, die Ausführungen mit dem gescheiterten Russlandfeldzug Napoleons zu beginnen und die Entwicklungen bis zum Kongress zu erläutern, bevor Sie auf die Beschlüsse eingehen. In einem weiteren Schritt muss dann herausgearbeitet werden, wie der Verfasser des Textes die Beratungen und Ergebnisse des Wiener Kongresses bewertet.

Napoleon hatte in den Jahren nach 1792 weite Teile Europas unter seinen Einfluss gebracht. 1812 erlitt die „**Grande Armee**" im **Russlandfeldzug** jedoch eine **verheerende Niederlage**. In der Folge lehnten sich mehrere europäische Staaten in den Befreiungskriegen (1813–1815) gegen Napoleon auf, um die **französische Fremdherrschaft** abzuschütteln. Nach dem Sieg über Napoleon in der Völkerschlacht bei Leipzig Ende 1813 brach dessen Herrschaft zusammen. Er verlor 1814 seinen Anspruch auf den französischen Thron. Zudem wurde er auf die Mittelmeerinsel **Elba** ins **Exil** geschickt, die er als souveränes Fürstentum erhielt. Mit Frankreich schlossen die Siegermächte den Ersten Pariser Frieden. Sie vereinbarten darin, dass **Frankreich** im Wesentlichen in den **Grenzen von 1792** fortbestehen sollte. Weitere Absprachen, die zur Neuordnung Europas notwendig waren, wollte man auf dem Wiener Kongress 1814/15 treffen. Auf diesem kamen dann über 200 Teilnehmer aus den betroffenen europäischen Staaten zusammen. Sie hatten sich zum **Ziel** gesetzt, nach den einschneidenden Ereignissen der vergangenen Jahre eine **beständige politische Ordnung** zu entwerfen, die von allen beteiligten Mächten akzeptiert würde. Auch von der Öffentlichkeit wurden große Erwartungen an die Versammlung herangetragen. Infolge der Befreiungskriege hatte das **Nationalgefühl** unter anderem in einigen Teilen der Bevölkerung in den deutschen Staaten Auftrieb erhalten. Man hoffte auf eine Erfüllung der nationalen und liberalen Forderungen durch den Wiener Kongress.	historischer Kontext Befreiungskriege Völkerschlacht bei Leipzig Erster Pariser Frieden Ziel des Wiener Kongresses Erwartungen an den Wiener Kongress
Die Kongressteilnehmer kamen nach der Eröffnung in unterschiedlichen **Kommissionen** zusammen, um über die **Neugestaltung Europas** zu beraten. Die damit einhergehenden **Probleme** klingen auch bei Gentz an. Durch Napoleon war es zu großen **territorialen und politischen Umbrüchen** gekommen. Wenn Gentz von den „Ansprüche[n]" (Z. 5) der Kongressteilnehmer und von „Schwierigkeiten" (Z. 20) spricht, so ist damit etwa der auf dem Kongress zutage tretende **Konflikt** zwischen **Preußen und Russland** gemeint, der sich an der Aufteilung Sachsens und Polens entzündete. Eine Neuverteilung der Gebiete erfolgte schließlich im Februar (vgl. Z. 20 ff.). Zwar hatte	Konflikte unter den Teilnehmern

der Kongress eine Restauration der **vorrevolutionären Verhältnisse** von 1789 angestrebt, indem man die ursprünglichen Grenzen wiederherstellte. Eine vollständige Restauration erfolgte in territorialer Hinsicht jedoch nicht, wie beispielsweise die sächsisch-polnische Frage zeigt. Auf politischer Ebene wurden die „legitimen" Herrscher wiedereingesetzt und die fürstliche Herrschaft gestärkt. Damit wurden die liberalen Anliegen der Bevölkerung in den einzelnen Ländern übergangen. Das Gleichgewicht der fünf Großmächte, zu denen auch Frankreich bald wieder gehörte (**Pentarchie**), sollte die Basis der neuen Ordnung bilden. Künftig auftretende Konflikte unter diesen und weiteren Staaten sollten auf **diplomatischem Wege** gelöst werden.

Restauration

Legitimität

Mächtegleichgewicht

Diplomatie

Beeinträchtigt wurden die Verhandlungen der Kongressteilnehmer durch die vorübergehende Rückkehr Napoleons. Dieser versuchte 1815 noch einmal mithilfe loyaler Truppen seine **frühere Stellung zurückzugewinnen** (vgl. Z. 31–34), wurde aber zwei Tage nach Erscheinen des vorliegenden Textauszugs in der Schlacht bei Waterloo nahe Brüssel von seinen Gegnern **endgültig geschlagen**. Wie sehr diese Ereignisse auch unter den auf dem Wiener Kongress Versammelten für Unruhe sorgten, dokumentieren die Ausführungen Gentz' deutlich (vgl. Z. 34–42). Dennoch wurden während dieser Zeit weitere Beschlüsse gefasst. So einigte man sich unter anderem auf die Gründung des Deutschen Bundes. Es handelte sich dabei um einen **lockeren Staatenbund**, dessen einziges gemeinsames Organ die Bundesversammlung mit Sitz in Frankfurt am Main war. Die **nationalen und liberalen Forderungen** vieler Deutscher blieben damit **unerfüllt** und wurden künftig sogar mithilfe des Deutschen Bundes unterdrückt.

Rückkehr Napoleons

Schlacht bei Waterloo

Deutscher Bund

Nach dem Wiener Kongress gründeten Preußen, Österreich und Russland im September 1815 die „Heilige Allianz", in welcher sie ihre gegenseitige Solidarität (vgl. Z. 46–51) bekräftigten. Das Bündnis sollte der Friedenssicherung nach christlichen Grundsätzen dienen und **revolutionäre Bewegungen unterdrücken**. Der Allianz schlossen sich sämtliche christliche Fürsten Europas mit Ausnahme Großbritanniens und des Kirchenstaats an.

Heilige Allianz

Solidarität

Im Folgenden soll die Sicht Gentz' auf den Wiener Kongress dargelegt werden. Es wird schnell ersichtlich, dass die nationalen und freiheitlichen Forderungen eines Großteils der damaligen Bevölkerung keinerlei Erwähnung im vorliegenden Zeitungsartikel finden. Diese Ideen hatten während der **französischen Besatzungszeit** großen Anklang in weiten Teilen der europäischen Bevölkerung gefunden. Als **Vertreter der monarchi-**

Charakterisierung

Verschweigen der nationalliberalen Forderungen

schen Seite hält Gentz es offenbar für vorteilhafter, die vorhandenen **nationalliberalen Bestrebungen zu ignorieren**. Dass es beim Wiener Kongress gerade auch darum ging, revolutionäre Entwicklungen zu unterbinden, klammert er aus. Auch insgesamt wird die Bevölkerung im Text ausgeblendet. In Gentz' Darstellung treten als „**Interessenten**" (Z. 6) **allein die Staatsoberhäupter** und deren Berater auf. Lediglich gegen Ende des Zeitungsartikels findet sich die Bemerkung, dass aufgrund des Wiederaufflackerns des Krieges den Menschen „neue Opfer" (Z. 63) zugemutet werden müssten.

Als ausgesprochen **konstruktiv** wird von Gentz hingegen die **Tätigkeit des Kongresses** beschrieben. Ungeachtet erheblicher Hürden, die sich den Teilnehmern in den Weg gestellt hätten, seien dort die „wohlthätigsten und weisesten Pläne" (Z. 32) ausgearbeitet worden. Wäre der Kongress nicht durch die Rückkehr Napoleons beeinträchtigt worden, hätte er nach Gentz eine **Grundlage** geschaffen, die „den **Frieden der Welt** auf eine lange Reihe von Jahren befestigt hätte" (Z. 29 f.). Dem entspricht, dass laut Gentz die am Kongress Beteiligten „von einem Geiste des Friedens und der Menschlichkeit beseelt" (Z. 13 f.) gewesen sein.

Leistungen des Kongresses

Insgesamt versucht Gentz in diesem Text, die aktuellen und zurückliegenden Konflikte als rein **machtpolitische Auseinandersetzungen** zwischen Monarchen einerseits und insbesondere Napoleons kriegstreiberischen Kräften andererseits zu deuten (vgl. Z. 46 ff.). Seine bedeutende Stellung als **Berater Metternichs**, der in den Jahrzehnten nach dem Wiener Kongress maßgeblichen Einfluss auf die Politik in Europa ausübte, legt dabei nahe, dass Gentz über **große Sachkenntnis** verfügte. Er verschweigt damit bewusst, dass in seiner Epoche das monarchische Prinzip von **revolutionären Erschütterungen** zunehmend infrage gestellt wurde. Der Wiener Kongress und seine Resultate werden stattdessen als **herausragende Leistung selbstloser Fürsten** dargestellt, um so das Vertrauen der Leser in die monarchische Herrschaft, hier vor allem mit Blick auf das österreichische Kaisertum, zu stärken.

Fazit

3. *In Teilaufgabe 3 sollen Sie die Einschätzung Gentz' hinsichtlich der langfristigen Leistung des Wiener Kongresses knapp wiedergeben und im Anschluss dazu Stellung nehmen. Beachten Sie, dass Sie die Entwicklungen im europäischen Machtgefüge und die Entwicklung in den deutschen Staaten bis zur Gründung des Deutschen Kaiserreichs 1871 als Bewertungsmaßstab heranziehen müssen.*

Gentz' nimmt eine sehr **optimistische Erwartungshaltung** hinsichtlich der Beschlüsse des Wiener Kongresses ein. Er ist der Meinung, dass sie auf lange Sicht **Frieden und Eintracht** zwischen den einzelnen Staaten garantieren werden (vgl. Z. 63–66).	Einleitung
Bestätigt hat sich diese Annahme insofern, als in den folgenden Jahrzehnten das **europäische Mächtegleichgewicht** weitgehend **intakt** blieb. Es kam längerfristig zu keiner militärischen Auseinandersetzung, die erneut große Teile des Kontinents in Mitleidenschaft zog. Zurückzuführen ist dies sicherlich auch auf den **Umgang mit Frankreich** nach der Absetzung Napoleons 1814. Anstatt es als Verlierer von den Verhandlungen des Wiener Kongresses auszuschließen, wurde es in diese eingebunden. Die Restriktionen des Zweiten Pariser Friedens 1815, der nach der Rückkehr Napoleons nötig wurde, waren zudem vergleichsweise milde. Es konnte sich in der Folge ein bereits auf dem Kongress angestrebtes Mächtegleichgewicht herausbilden, das neben Russland, Österreich, Großbritannien und Preußen bald auch Frankreich einschloss. Damit war eine **gute Basis für eine künftige Friedensordnung** geschaffen; Revanchegedanken konnten keinen Nährboden finden.	zustimmende Aspekte längeres Ausbleiben großer militärischer Konflikte Zweiter Pariser Frieden
Die Heilige Allianz zwischen Preußen, Österreich und Russland aus dem Jahr 1815, die nach ihrem Zustandekommen um weitere europäische Mächte erweitert wurde, zeigt zudem, dass die von Gentz angesprochene **Eintracht** unter den Kongressteilnehmern zumindest einige Jahre Bestand hatte. Auch wenn das Bündnis in den 1820er-Jahren mit dem **griechischen Unabhängigkeitskrieg** zu zerbrechen begann, blieb der **Gedanke der Solidarität** zumindest unter den Großmächten Preußen, Österreich und Russland länger erhalten. Diese erhielten das Bündnis bis zum **Krimkrieg** (1853–1856) aufrecht.	Heilige Allianz
Damit wird jedoch bereits ein relativierender Aspekt deutlich. Ungeachtet der Beschlüsse des Wiener Kongresses kam es im Verlauf des 19. Jahrhunderts dennoch zeitweise zu **begrenzten militärischen Konfrontationen** zwischen einzelnen europäischen Staaten. Aus deutscher Perspektive sind hierbei die Reichseinigungskriege zu nennen. Im **Deutsch-Dänischen Krieg** (1864), im **Deutsch-Deutschen Krieg** (1866) und im **Deutsch-Französischen Krieg** (1870/71) erweiterte Preußen sukzessive seine Einflusssphäre, während Österreich aus Deutschland hinausgedrängt wurde. Durch die Kriege wurde nicht nur die Idee eines langfristigen Friedens beeinträchtigt, sondern auch das **Mächtegleichgewicht gestört**.	relativierende Aspekte Reichseinigungskriege

Zudem kann nicht von einem anhaltenden inneren Frieden der Staaten gesprochen werden. Der **Konflikt** zwischen den **liberalen und nationalen Bevölkerungsteilen** einerseits und den **restaurativen Bestrebungen der Monarchen** andererseits setzte sich nach dem Wiener Kongress fort. In diesem Zusammenhang ist unter anderem auf die **Revolutionen in Frankreich**, die sich in den Jahren 1830, 1848 und 1871 ereigneten, zu verweisen. Vor allem die Februarrevolution von 1848 hatte große Auswirkungen auf die **deutschen Staaten** und löste dort die Märzrevolution aus. In dieser wurden neben nationalen erneut liberale Forderungen laut. So wollten die Revolutionäre neben einem **konstitutionellen Einheitsstaat** beispielsweise die **Pressefreiheit** erreichen. Diese Erhebung dokumentiert, dass in Deutschland von einem dauerhaften Frieden unter der traditionellen Fürstenherrschaft nicht die Rede sein kann. Gleiches gilt für weitere europäische Staaten.

innerstaatliche Konflikte

Märzrevolution

Zusammenfassend ist somit festzustellen, dass der Wiener Kongress maßgebliche **Impulse zur friedlichen Lösung von zwischenstaatlichen Konflikten** gab, letztlich jedoch von der Realität eingeholt wurde. Für die **innerstaatlichen Erhebungen** war er durch seine restaurativen Tendenzen zudem **mitverantwortlich**. So konnte der Wiener Kongress die hohen Erwartungen, die Gentz an ihn stellte, nur in **eingeschränktem Maße** erfüllen. Offensichtlich stand der herausragende Stellenwert, den Gentz der Zusammenkunft zuschrieb, in Verbindung mit seiner tiefen Überzeugung, dass Macht und Autorität der Monarchen und Fürsten in Europa weiterhin das Maß aller Dinge bleiben würden. Abgesehen davon war er von der Idee eines langfristigen und umfassenden Friedens geleitet, die bis zum **Ersten Weltkrieg 1914** Bestand hatte.

Fazit

**Schriftliche Abiturprüfung Nordrhein-Westfalen Geschichte
Grundkurs – Aufgabe 2**

A: Interpretation sprachlicher oder nichtsprachlicher historischer Quellen

Aufgabenstellung

Interpretieren Sie die vorliegende Quelle, indem Sie

1. sie analysieren,
2. die Ausführungen des Verfassers im historischen Kontext sowie vor dem Hintergrund zeitgenössischer Ideologien erläutern und
3. die Einschätzung des Verfassers zum Verhältnis von Einwanderern und „Eingeborenen" (Z. 40) in den Ackerbau-Kolonien bewerten.

M: Friedrich Fabri: Bedarf Deutschland der Colonien? Eine politisch-ökonomische Betrachtung, 1879

Es dürfte nachgerade wirklich an der Zeit sein, die Frage: „Bedarf Deutschland der Colonien?" zur öffentlichen Verhandlung zu bringen. Schon einmal, unter dem ersten Freudenrausch über das neu gebildete Deutsche Reich, im Jahre 1871/72, durchflogen unsere Presse flüchtige Rufe nach Colonien, die in ein Paar Brochuren be-
5 stimmtere Gestalt anzunehmen versuchten. Sowohl die Reichs-Regierung, wie die öffentliche Meinung verhielten sich damals ablehnend, so daß der schwache Anlauf rasch wieder verflogen war.

Heute liegen die Dinge wesentlich anders. [...] [W]ie uns scheint, ist die öffentliche Stimmung in Folge unserer gesammten Entwicklung während der letzten Jahre
10 gegenwärtig völlig geneigt, der Frage, ob dem Deutschen Reiche Colonial-Besitz noth thue, mit lebhafter Theilnahme sich zuzuwenden. Die Gründe für diesen Stimmungswechsel sind unschwer zu erkennen. Vornämlich drei Gesichtspunkte dürften in fraglicher Richtung bestimmend wirken: *unsere wirthschaftliche Lage, die Krisis unserer Zoll- und Handels-Politik, und unsere sich mächtig entwickelnde Kriegs-*
15 *Marine.* [...]

Daß solche organisirte Auswanderung, wie wir sie bedürfen, neben ihrer wirthschaftlichen Bedeutung zugleich gewichtige nationale Gesichtspunkte in sich schließt, wollen wir nur im Vorbeigehen andeuten und fragen: Sollen unsere Brüder und Landsleute, die über See ziehen, mit raschem Verlust von Sprache und Nationalität
20 sich nur immer wieder unter unsere angelsächsischen Vettern unterschieben[1], oder in den verlotterten überseeischen Gemeinwesen romanischen Stammes[2] sogar, wie unberechtigte Eindringlinge, oft noch unwürdig sich behandeln lassen? Ist hier nicht auch in nationaler Beziehung eine *Lebensfrage* für das Deutsche Reich gegeben? Wäre die deutsche Reichs-Regierung auf die Dauer unfähig oder unwillig, mit Ver-
25 ständniß und Energie auf diese Frage der Organisation und Leitung unseres Auswan-

derungswesens einzutreten, so würde sie ohne Zweifel die normale Entwicklung unseres nationalen Wohlstandes und unserer politischen Machtstellung aufs tiefste beschädigen. [...]

Es gibt gegenwärtig zwei Grundformen colonialen Besitzes, die man als *Ackerbau-Colonien* und *Handels-Colonien* unterscheidet. [...] Verschiedene culturhistorisch bedeutungsvolle Gesichtspunkte ergeben sich aus [der] kurzen Beleuchtung des eigenthümlichen Wesens und der Entwicklung von Ackerbau-Colonien[3]. Erstlich, daß hier eine durchaus der Neuzeit eigenthümliche Form colonialer Bildung vorliegt. Zweitens, daß nur ein Mutterland, das beträchtliche überschüssige Arbeitskräfte in stetiger Folge abzugeben vermag, zur Gründung von Ackerbau-Colonien berufen ist; daß demnach diese neuere Form colonialer Schöpfung heute lediglich dem germanischen Stamme zukommt. Auch das richtige System der Verwaltung dürfte durch Englands glücklichen[4] Vorgang bereits festgestellt sein. Da das Schwergewicht dieser subtropischen Colonien ganz auf der weißen Einwanderung ruht, so findet durch diese eine Zurückdrängung der meist spärlichen Reste farbiger Eingeborenen nothwendig statt. Vor dem Gesetze, jedoch nicht völlig in politischen Rechten, dem Weißen gleichgestellt, sind sie entweder als Arbeiter über die Colonie verstreut, oder in bestimmte Lokationen[5] eingeschränkt. Ein Zustand, der, wo er gleichzeitig von humanen Bestrebungen für die intellektuelle und moralische Entwicklung der Eingebornen begleitet wird, sachlich durchaus richtig gegriffen sein dürfte. Im Uebrigen gilt in diesen brittischen Ackerbau-Colonien das Princip: möglichst wenig Regierens aus der Heimath, vielmehr, sowie die Colonie dazu erstarkt ist, möglichst vollständige Selbstregierung auf Grund politisch freier Institutionen. Jeder Gedanke, aus solchen Colonien irgendwelche directe Einnahme-Quellen für das Mutterland zu gewinnen, wäre ein grober national-ökonomischer Fehler. Vielmehr wird dieses, namentlich in den Anfängen, mancherlei Subventionen zu leisten haben. Aber das Mutterland wird diese auch bald mit den reichlichsten Zinsen wieder empfangen. [...] Der Austausch der colonialen Produkte gegen die Industrie-Erzeugnisse des Mutterlandes wird nicht nur in steigender Progression sich entwickeln, die Rhederei des letzteren stärken, sondern, was ja bei Handels-Beziehungen von so großer Bedeutung, ein festes und stetiges Wechsel-Verhältniß zu dem beiderseitigen Consum und Absatz herstellen. [...]

Jedenfalls wäre es gut, wenn wir Deutsche von dem colonialen Geschick unserer angelsächsischen Vettern zu lernen und in friedlichem Wetteifer ihnen nachzustreben begännen. Als das Deutsche Reich vor Jahrhunderten an der Spitze der Staaten Europas stand, war es die erste Handels- und See-Macht. Will das neue Deutsche Reich seine wiedergewonnene Machtstellung auf längere Zeiten begründen und bewahren, so wird es dieselbe als eine Cultur-Mission zu erfassen und dann nicht länger zu zögern haben, auch seinen *colonisatorischen Beruf* aufs Neue zu bethätigen.

Deutscher Originaltext und englische Übersetzung abgedruckt in: Friedrich Fabri: Bedarf Deutschland der Colonien?/Does Germany Need Colonies? Eine politische-ökonomische Betrachtung von D[r. Theol.] Friedrich Fabri, Hg., Einl., und Übers. von E. C. M. Breuning und M. Chamberlain, Studies in German Thought and History, Nr. 2. Lewiston u. a.: Edwin Mellen Press, 1998, S. 46, 78, 82–84, 180.

Anmerkungen:
1 Fabri bezieht sich hier auf die Auswanderung vieler Deutscher nach Nordamerika.
2 „Gemeinwesen romanischen Stammes": Hier sind französische, aber auch portugiesische und spanische Kolonien gemeint.
3 Wesen und Entwicklung von Ackerbau-Colonien: Fabri definiert diese Kolonien geographisch als subtropische Gebiete (u. a. Südafrika), die für die Landwirtschaft und die Viehzucht geeignet seien. Ihre Erschließung obliege den Angehörigen der „weißen Rasse". Ihnen sollten die Einheimischen (Jäger und Viehzüchter) das Land überlassen.
4 glücklich: hier: geglückt, erfolgreich
5 Lokationen: Wohnsiedlungen

Hinweise zum Verfasser:
Dr. Friedrich Fabri (1824–1891) war evangelischer Theologe, Publizist und Kolonialpolitiker. Von 1857 bis 1884 leitete er die Rheinische Missionsgesellschaft in Barmen. Sein Buch „Bedarf Deutschland der Colonien?" verfasste der als „Vater der deutschen Kolonialbewegung" bezeichnete Fabri im Jahr 1879. Der vorliegende Textausschnitt entspricht dem Wortlaut der leicht veränderten, dritten Auflage aus dem Jahr 1884. In den sozialen Kreisen, die an der Kolonialbewegung teilnahmen – darunter Bankiers, Intellektuelle, Geschäftsleute und leitende Militärs – wurde Fabris Abhandlung viel diskutiert.

zugelassene Hilfsmittel: Deutsches Wörterbuch

Lösungsvorschläge

Diese Aufgabe entspricht den folgenden aktuellen Schwerpunktthemen:
- *Inhaltsfeld 4: Die moderne Industriegesellschaft zwischen Fortschritt und Krise*
  - *Vom Hochimperialismus zum ersten „modernen" Krieg der Industriegesellschaft (Merkmale, Motive, Ziele, Funktionen und Formen des Imperialismus)*
- *Inhaltsfeld 6: Nationalismus, Nationalstaat und deutsche Identität im 19. und 20. Jahrhundert*
  - *Die „Deutsche Frage" im 19. Jahrhundert*
  - *„Volk" und „Nation" im Kaiserreich*

1. *In der ersten Teilaufgabe sollen Sie das zu bearbeitende Material detailliert vorstellen. Hierzu sind Angaben zum Autor, zu den Adressaten, zum Thema, zur Textsorte, zur Entstehungszeit und zum historischen Hintergrund sowie zur Aussageabsicht des Verfassers zu machen. Anschließend sollen Sie den Inhalt strukturiert wiedergeben. Das Ziel der Analyse ist die Rekonstruktion eines historischen Sachverhalts und/oder einer Problemstellung auf Basis der Quelle. Beim vorliegenden Text sollen Sie folglich die Einschätzung Friedrich Fabris zur Notwendigkeit deutscher Kolonien rekonstruieren.*

Bei der vorliegenden Quelle „Bedarf Deutschland der Colonien?" handelt es sich um einen Auszug aus einer **politisch-ökonomischen Schrift**, die 1884 bereits in der 3. Auflage erschien und ursprünglich 1879 verfasst wurde. Damit entstand der Text am Vorabend des **Hochimperialismus**, der den Zeitraum von

Einleitung
Quelle

1880–1914 umfasst. Das Dokument ist grundsätzlich als deskriptive Quelle einzuordnen, besitzt aber aufgrund der deutlichen Argumentation zugunsten des Kolonialismus zugleich einen appellativen Charakter. Der Autor der „politisch-ökonomischen Betrachtung" ist der Theologe, Publizist und Kolonialpolitiker **Friedrich Fabri**, der auch als „Vater der Kolonialbewegung" bezeichnet wird. Er richtet seinen Text einerseits an **Vertreter dieser Bewegung**, also beispielsweise an Bankiers, Geschäftsleute und Offiziere, andererseits aber auch an **zögerliche Politiker**, die seines Erachtens noch überzeugt werden müssen (vgl. Z. 24). Adressaten

Das zentrale Thema in diesem Textauszug ist die **Gründung von Kolonien**, für die sich der Verfasser ausspricht. Seine Argumentation untermauert er mit konkreten Vorschlägen hinsichtlich der Umsetzung. Fabri verfolgt somit die Absicht, **einflussreiche und finanzstarke Unterstützer** für die Gründung von Kolonien zu gewinnen, indem er sie von den Chancen zur Behebung politischer und wirtschaftlicher Krisen überzeugt. Der Autor schreibt dabei 1879 unter dem Eindruck der **wirtschaftlichen Depression**, die 1873 einsetzte und sich sowohl auf die wirtschaftliche als auch auf die politische Stabilität des 1871 gegründeten Kaiserreichs auswirkte. Thema

Intention

historischer Kontext

Zu Beginn seiner Ausführungen weist Fabri nachdrücklich darauf hin, dass endlich die Frage „Bedarf Deutschland der Kolonien" (Z. 1 f.) gestellt werden müsse. In einem Rückblick erläutert er den Stimmungswechsel, der seit 1871 zu beobachten sei. Damals, in der euphorischen Zeit der **Reichsgründung**, seien die vereinzelten Rufe nach Kolonien auf Ablehnung in der Öffentlichkeit und auch in der Politik gestoßen. Den Grund für den Wandel in der öffentlichen Meinung sieht Fabri in der derzeitigen **problematischen Wirtschaftslage** und im gleichzeitigen **Erstarken der Kriegsmarine** (vgl. Z. 13 ff.). strukturierte Wiedergabe
Stimmungswechsel

Nach diesem einleitenden Abschnitt folgt die Argumentation Fabris zugunsten seines Anliegens. Er begründet die Notwendigkeit des Kolonialerwerbs zuerst mit **nationalen Ansichten**. Fabri beklagt, dass deutsche Auswanderer in Übersee ihre Identität aufgeben und sich mit den **Rivalen Frankreich und England** arrangieren müssten. Dabei liefen sie Gefahr, wie „unberechtigte Eindringlinge" (Z. 21 f.) behandelt zu werden. Mit der rhetorischen Frage, ob die angestrebte Auswanderung in die Kolonien nicht auch eine „**Lebensfrage**" (Z. 23) für das Deutsche Reich sei, appelliert er an die Ehre der Leserschaft und insbesondere an die Ehre der Politiker. Letztere warnt er, dass nationale Identität eine fortdauernde Untätigkeit der politischen Machtstellung und dem Wohlstand des Reichs schaden würde (vgl. Z. 24–28).

Im nächsten Schritt rechtfertigt der Autor seine Aufforderung, Kolonien zu gründen, mit **kulturgeschichtlichen Gesichtspunkten**. Dabei nimmt er zunächst eine Unterscheidung zwischen den „Ackerbau-Colonien" (Z. 29 f.) und den „Handels-Colonien" (Z. 30) vor. Hinsichtlich der Ackerbau-Kolonien kommt Fabri im Folgenden zum Schluss, dass der „**germanische[...] Stamm[...]**" (Z. 36 f.), zu dem die Deutschen zählten, für diese Art der **Koloniegründung** prädestiniert sei. Nur ein Staat mit erheblichem Arbeitskräfteüberschuss wie Deutschland käme für diese neuzeitliche Form kolonialer Bildung infrage.

„Ackerbau"- und „Handelskolonien"

Nach der nationalen und kulturhistorischen Argumentation zugunsten des deutschen Kolonialismus wendet sich Fabri der möglichen Umsetzung seines Vorschlags zu. Ein zentrales Augenmerk legt er dabei auf die Kolonialverwaltung. Er rät den Lesern, sich am erfolgreich durchgeführten **englischen Vorbild** zu orientieren (vgl. Z. 37 f.). Der besondere Nutzen der Ackerbau-Kolonien liege in der Besiedelung durch weiße Einwanderer, die notwendig die „spärlichen Reste" (Z. 40) der einheimischen Bevölkerung zurückdrängen müssten. Dabei befürwortet Fabri die Regelung der Briten, die der indigenen Bevölkerung zwar gewisse Rechte zugestehe, ihnen aber eine **politische Gleichberechtigung verwehre** und sie entweder als Arbeiter über das Gebiet verteilt nutze oder auf bestimmte Wohnsiedlungen beschränke. Das grundlegende Prinzip der britischen Kolonialpolitik basiere auf größtmöglicher **Selbstverwaltung und Unabhängigkeit vom Mutterland**. Im Folgenden räumt Fabri ein, dass von diesen Kolonien **keine schnellen Gewinne** zu erwarten seien und sie vorerst subventioniert werden müssten. Er verspricht sich jedoch langfristige Gewinne durch den **Handel** zwischen dem Mutterland und den Kolonien (vgl. Z. 45–57).

Kolonialverwaltung

wirtschaftlicher Profit

In seinem abschließenden Aufruf, von der Kolonialpolitik der Briten zu lernen, hebt er zugleich die Verwandtschaft zu den „angelsächsischen Vettern" (Z. 59) wie auch die Konkurrenz beider Staaten (vgl. Z. 59) hervor. Den Konkurrenzgedanken unterstreicht er mit einem Verweis auf die **frühere Machtstellung** des Deutschen Reichs, die seines Erachtens nur mit einem **missionarischen Kolonialismus** gestärkt und bewahrt werden könne.

Konkurrenz zu Großbritannien

2. In dieser Teilaufgabe wird – auf der Grundlage der analysierten Quelle – eine zusammenhängende Deutung der zur Sprache gebrachten historischen Sachverhalte erwartet. Im konkreten Textbeispiel bedeutet das eine Erläuterung der Motive und Pläne Fabris vor dem Hintergrund der wirtschaftlichen, politischen und ideologischen Entwicklung im deutschen Kaiserreich bis 1879.

Fabri kontrastiert zu Beginn des Textauszugs das fehlende Interesse an deutschen Kolonien zur Zeit der **Reichsgründung** 1871/72 mit dem **Stimmungswandel** um 1879. Die anfänglich ablehnende Haltung, die er nicht nur in der Bevölkerung, sondern auch in der Reichsregierung beobachtet hat (vgl. Z. 5f.), geht maßgeblich auf die **Politik** des preußischen Ministerpräsidenten und späteren Reichskanzlers **Otto von Bismarck** zurück. Dieser forcierte die Gründung des Deutschen Reichs mit den drei sogenannten Reichseinigungskriegen zwischen 1864 und 1871 und veränderte damit das **europäische Mächtegleichgewicht** grundlegend. Um den Befürchtungen der anderen europäischen Mächte vor weiteren Expansionen entgegenzuwirken, erklärte Bismarck, dass das Reich nun territorial „saturiert" sei, und entwickelte mit den europäischen Staaten – mit Ausnahme Frankreichs – ein komplexes Bündnisgeflecht. Eine durch den Kolonialismus motivierte Expansion außerhalb des europäischen Kontinents hätte seines Erachtens diesen **Status quo** ins Wanken gebracht. Deshalb verweigerte er bis 1884 der deutschen Kolonialbewegung die offizielle Unterstützung der Reichsregierung. 1884 gewährte Bismarck dem Kaufmann Adolf Lüderitz den umfassenden **Schutz seiner Besitzungen in Südwestafrika** durch den deutschen Staat. Wenngleich die Gründe für diesen Gesinnungswandel umstritten sind, liegt die Vermutung nahe, dass für Bismarck die Ablenkung von innenpolitischen Konflikten und eine neue Ausrichtung der außenpolitischen Beziehungen zu Frankreich und England eine Rolle gespielt haben dürften.

historischer Kontext

Reichseinigungskriege

Bündnissystem

Adolf Lüderitz

Fabri bringt die 1879 gewandelte Einstellung zum Erwerb von Kolonien mit der veränderten **wirtschaftlichen Lage**, der Krise in der **Zoll- und Handelspolitik** sowie mit der Entwicklung der **Kriegs-Marine** (vgl. Z. 13f.) in Verbindung. Darüber hinaus verweist er auf den **Überschuss an Arbeitskräften** (vgl. Z. 34). Damit bezieht sich Fabri auf die ökonomischen und gesellschaftlichen Konsequenzen, die die Industrialisierung in Deutschland seit etwa 1840 zeitigte. Sie führte einerseits zur **Urbanisierung** und beschleunigte das **Wirtschaftswachstum**, andererseits zog das Überangebot an Arbeitskräften bei gleichzeitiger Mechanisierung der Abläufe eine **Ausbeutung und Verelendung der Arbeiter** nach sich. Die sogenannte **Soziale Frage** entwickelte sich im Deutschen Reich zu einer politischen und wirt-

Industrialisierung

schaftlichen Herausforderung, deren dringende Lösung nicht nur Fabri in der Gründung von Kolonien verortete.

Diese Krise wurde im ersten Jahrzehnt des neuen Kaiserreichs durch massive Konjunkturschwankungen verstärkt. Der zusätzliche Kapitalfluss aus den **französischen Reparationszahlungen** nach dem Kriegsende 1871 verleitete die Unternehmer zu riskanten Überinvestitionen und zur Überproduktion in der Industriewirtschaft, was schließlich zur sogenannten Gründerkrise und zu einer von 1873 bis 1879 andauernden **Depression** führte. Zudem hatten seit der Mitte des 19. Jahrhunderts immer mehr europäische Staaten die Zollbarrieren reduziert und den **Freihandel** begünstigt, sodass sich der internationale Wettbewerb vor allem während der Gründerkrise als zusätzliche Belastungsprobe entwickelte. Als Konsequenz forderten deutsche Unternehmer und Landwirte eine staatliche Schutzzollpolitik und neue Absatzmärkte. Die ab 1879 eingeführten **Schutzzölle** auf Importwaren wie Eisen, Industriewaren und Getreide erwiesen sich angesichts der zunehmenden Globalisierung der Märkte jedoch als wenig effektiv. Fabri hält es vor dem Hintergrund dieser Eindrücke offenbar für wahrscheinlich, dass die Bereitschaft, sich den Chancen des Kolonialismus bereitwilliger zuzuwenden, in der Öffentlichkeit gestiegen ist (vgl. Z. 8–11).

Konjunkturschwankungen

Gründerkrise

Schutzzollpolitik

Durch die Globalisierung des Handels öffneten sich auch neue Tätigkeitsbereiche für die Marine, die zum **Schutz der Handelsflotten** eingesetzt wurde. Die Affinität des Kaisers zur Kriegsflotte sowie der in der wilhelminischen Gesellschaft verbreitete **Militarismus** veranlassen Fabri, die „sich mächtig entwickelnde Kriegs-Marine" (Z. 14 f.) als Argument für sein Anliegen zu nutzen, wenngleich ein nachhaltiger Wachstumsschub der Marine erst Jahre später einsetzte.

Marine

Mit Blick auf den ideologischen Hintergrund sind die Vorschläge Fabris zur Gründung und Verwaltung der Kolonien deutlich vom zeitgenössischen Rassismus und vom Sozialdarwinismus geprägt, wie die Wahrnehmung der „spärlichen Reste farbiger Eingeborene[r]" (Z. 40) zeigt (vgl. Z. 40–43). Der Rassismus basierte auf der Annahme, dass sich Menschen aufgrund äußerer Merkmale in **verschiedene Rassen** klassifizieren ließen. Während die eigene Rasse überhöht wurde, schrieb man anderen Rassen negative Eigenschaften und lediglich **begrenzte Entwicklungsmöglichkeiten** zu. Hierdurch ließ sich die Herrschaft der „kultivierten" über die vermeintlich unterlegenen Völker rechtfertigen. Sie wurde von einem Sendungsbewusstsein begleitet, das der **Ausbreitung der eigenen Zivilisation**, des Han-

ideologischer Hintergrund

Rassismus

Sendungsbewusstsein

dels und der Industrie einen **missionarischen Charakter** verlieh. Gleichzeitig spiegelt Fabris Darstellung die zeitgenössische Auffassung des Sozialdarwinismus wider. Darin wurde die Theorie des Biologen **Charles Darwin** von der **natürlichen Selektion** im „Kampf ums Dasein" auf das menschliche Zusammenleben übertragen. Dies hatte zur Folge, dass die Unterwerfung scheinbar unterlegener Volksgruppen als Teil eines natürlichen Prozesses interpretiert wurde. Die Stärke im vermeintlichen Überlebenskampf wurde am Potenzial des eigenen Militärs und an den Ausmaßen des eroberten Territoriums gemessen (vgl. Z. 14 f.) und verschärfte so auch den **Wettstreit** der Kolonialstaaten untereinander. Sozialdarwinismus

Der Konkurrenzkampf, den Fabri in Bezug auf seine Landsleute in Übersee beschwört (vgl. Z. 16 ff.), wurde auch durch den in vielen europäischen Staaten ausgeprägten Nationalismus weiter vorangetrieben. Während in der ersten Hälfte des 19. Jahrhunderts Kriterien wie eine gemeinsame Sprache, Kultur, Abstammung oder Geschichte zur **Identifikation** mit der eigenen Nation und zu einem Zusammengehörigkeitsgefühl beitrugen, zeigte sich zum Ende des Jahrhunderts eine **massive Überhöhung** des Nationalismus. Diese war von einem **nationalen Sendungsbewusstsein** und einer **Aggression** gegenüber „Fremden" geprägt. Nationalismus

Fabris Verständnis der „nationale[n] Gesichtspunkte" (Z. 17) beruht auf sprachlichen und kulturellen Aspekten und ist damit eher dem **Kulturnationalismus** zuzuordnen. Dies bringt er beispielsweise mit seiner Sorge um die nationale Identität der privaten deutschen Kolonisatoren in englischen Kolonien (vgl. Z. 18–22) zum Ausdruck. Gleichzeitig zeigt sich in seiner Argumentation aber auch die zeitgenössische Überhöhung der eigenen Nation in Abgrenzung zu anderen: Während die Briten den Deutschen als Vorbild dienen können, werden Franzosen, Spanier und Portugiesen von ihm abgewertet (vgl. Z. 20 f.). Die Missachtung des Nachbarn Frankreichs lässt sich vor allem mit den Eindrücken des Deutsch-Französischen Krieges 1870/71 sowie der von Bismarck politisch forcierten Ausgrenzung Frankreichs aus der europäischen Bündnispolitik erklären.

Insgesamt lässt sich Fabris Werbung für neue Ackerbau-Kolonien also einerseits auf die Notwendigkeit neuer Absatzmärkte angesichts einer krisenhaften Wirtschaftslage und andererseits auf ein dem europäischen Zeitgeist entsprechendes nationales Sendungsbewusstsein zurückführen. **abschließende Zusammenfassung**

✏ 3. *Im letzten Schritt soll die Einschätzung Fabris zum Verhältnis von Einwanderern und ursprünglichen Einwohnern in den Ackerbau-Kolonien vor dem Hintergrund der zeitgenössischen und der gegenwärtigen Wertmaßstäbe auf ihre Legitimation geprüft und bewertet werden. Dabei ist es wichtig, deutlich zwischen diesen beiden Perspektiven zu differenzieren und die eigenen Kriterien offenzulegen. Vorab muss zudem die Sichtweise des Verfassers wiedergegeben werden.*

Zur Prüfung von Fabris Anliegen vor dem Hintergrund der zeitgenössischen Situation und ideologischer Grundannahmen lohnt es sich, auf die bereits bestehende **Kolonialpolitik** seiner Zeit zu blicken. Fabri ruft ausdrücklich dazu auf, sich an der englischen Praxis der Kolonialverwaltung zu orientieren. Er folgt dabei der Vorstellung einer überlegenen Rasse, wie sie **Cecil Rhodes** (1853–1902) zur Rechtfertigung des britischen Imperialismus darlegte. Während viele seiner europäischen Zeitgenossen diese vermeintliche Überlegenheit als Freibrief für die rücksichtslose **Ausbeutung** der indigenen Bevölkerung nutzten, scheint für Fabri jedoch der von „**humanen Bestrebungen**" (Z. 43 f.) geprägte missionarische Aspekt ebenfalls eine Rolle zu spielen. In politischer Hinsicht sollen die Indigenen zwar nicht dieselben Rechte wie die Einwanderer erhalten, Fabri spricht sich jedoch zumindest für die **Gleichstellung vor dem Gesetz** aus (vgl. Z. 41 f.). Zudem soll die „intellektuelle und moralische Entwicklung" (Z. 44) gefördert werden. Damit wird deutlich, dass Fabri die indigenen Einwohner künftiger „Ackerbau-Colonien" (Z. 32) als Menschen betrachtet, die das Potenzial besitzen, sich durch entsprechende Fürsorge weiterzuentwickeln. Trotz des deutlichen **Chauvinismus** erweckt Fabri zumindest den Anschein, als wolle er die vermeintliche Überlegenheit im Sinne des Humanismus für die **Erziehung und das Wohlergehen** der einheimischen Bevölkerung nutzen. Damit heben sich seine vorliegenden Aussagen bezüglich der Indigenen von anderen Zeitgenossen ab, deren Interesse in erster Linie der wirtschaftlichen Ausbeutung galt (z. B. Godeffroy, Lüderitz, Woermann). Auf der anderen Seite sollte sich Fabri darüber im Klaren gewesen sein, dass das Streben nach **Unabhängigkeit und Selbstverwaltung** der überwiegend von privaten Kaufleuten geprägten Kolonien die Gefahr einer Radikalisierung im Umgang mit der indigenen Bevölkerung in sich barg. Auch diesbezüglich hätte er auf Erfahrungen in britischen Kolonien (z. B. das Vorgehen Cecil Rhodes bei der Ausbeutung von Diamant- und Goldvorkommen) zurückgreifen können, was er in seiner Argumentation jedoch verschweigt.	Sichtweise des Verfassers Überlegenheit missionarischer Gedanke Bewertung aus damaliger Perspektive Humanismus Gefahr der Radikalisierung

18

Unter **modernen Maßstäben** ist die Missachtung der indigenen Bevölkerung und ihrer Kultur bei gleichzeitiger Selbstüberhöhung der eigenen Rasse abzulehnen. Obwohl Fabri die indigene Bevölkerung offenbar als menschliche Wesen betrachtet, sind sie für ihn doch **Menschen zweiter Klasse**, Wilde, die weder in ihrer Anzahl (vgl. Z. 40 f.) noch in ihrer eigenen geistigen und kulturellen Entwicklung angemessen berücksichtigt und geachtet werden. Die Zurückdrängung bezeichnet Fabri als „notwendig" (Z. 40 f.) und die fehlende Gleichberechtigung als „sachlich durchaus richtig gegriffen" (Z. 45). Die damit einhergehende Diskriminierung in Verbindung mit der scheinbar fürsorglichen Erziehung nimmt der indigenen Bevölkerung nicht nur die **persönliche Würde** und **Selbstbestimmung**, sondern zerstört auch die bestehenden **gesellschaftlich-politischen Strukturen**. Als ein Beispiel mag die spätere **deutsche Kolonialpolitik in Südwestafrika** dienen, wo die Verdrängung der **Herero** nach und nach zur Eskalation führte. Der Verlust der eigenen Siedlungs- und Weidegebiete, die wirtschaftliche Ausbeutung der Arbeitskräfte und die rechtliche Unterlegenheit zog 1904 einen Aufstand der Herero nach sich, der durch das brutale Vorgehen der deutschen Schutztruppen unter **General von Trotha** in einem Völkermord endete. Die Folgen der chauvinistischen Kolonialpolitik Europas, wie sie von Fabri und seinen Zeitgenossen gefordert wurde, sind in vielen afrikanischen Staaten bis heute in nachhaltigen Konflikten spürbar.

Bewertung aus heutiger Perspektive

Diskriminierung

Ausblick

> **Schriftliche Abiturprüfung Nordrhein-Westfalen Geschichte**
> **Grundkurs – Aufgabe 3**

A: Interpretation sprachlicher oder nichtsprachlicher historischer Quellen

Aufgabenstellung

Interpretieren Sie die vorliegende Quelle, indem Sie folgende Teilaufgaben bearbeiten:

1. Analysieren Sie die Quelle.
2. Erläutern Sie die vom Verfasser rückblickend angesprochenen historischen Sachverhalte und Entwicklungen.
3. Setzen Sie sich vor dem Hintergrund der weiteren Entwicklungen mit den Zukunftserwartungen des Autors kritisch auseinander.

M: An der Schwelle des zwanzigsten Jahrhunderts
Leitartikel (Auszüge) der „Frankfurter Zeitung" vom 31. 12. 1899
Das gegenwärtige Geschlecht genießt den Vorzug, die Menschheitsgeschichte von der Zinne einer Jahrhundertwende herab zu betrachten. Da richtet sich der Blick naturgemäß auf das abgelaufene Jahrhundert, um den Werth seiner Leistungen abzuschätzen. [...] Die Gründung eines gewaltigen Deutschen Reiches im Herzen von Europa
5 hat sich als eine nachhaltige Förderung des Weltfriedens erwiesen, der seit nahezu einem Vierteljahrhundert von Deutschland im Bunde mit Österreich-Ungarn und Italien wirksam behütet wird. In dieser Zeit haben wir keinen Weltkrieg mehr gehabt, und wo ein Brand ausbrach, konnte er lokalisiert werden, sogar auf dem sonst so gefährlichen Boden des türkischen Orients. [...]
10 Trotz der häufigen Kriege der letzten Jahre hat die Friedensidee große Fortschritte gemacht. Diese Kriege sind, so zu sagen, Spezialfälle; ein Krieg zwischen den Großstaaten selbst gilt als fast undenkbar, weil die Einsätze zu groß sind gegenüber dem etwa zu erwartenden Gewinn. [...] Wenn es schließlich nur drei oder vier Weltreiche geben wird, von denen jedes sich selbst genügen kann, dann sind die politischen und
15 wirtschaftlichen Reibungsflächen wesentlich vermindert, und den kleinen Störenfrieden wird man das Kriegführen einfach verbieten können, wie dies auch bisher schon zuweilen geschehen ist. Die Gründung und der Ausbau der großen Reiche wird die politische Hauptaufgabe des kommenden Jahrhunderts sein. Wir wünschen und hoffen, daß Deutschland, das gestärkt durch die errungene Rechtseinheit und einen groß-
20 artigen wirtschaftlichen Aufschwung in das neue Jahrhundert eintritt, zu diesen Weltreichen gehöre; aber wir wünschen und hoffen auch, daß Deutschland seine wachsende Macht stets nur im Geiste der Gerechtigkeit zum Segen der ganzen Menschheit gebrauche [...].
Den Beinamen des philosophischen hat das neunzehnte Jahrhundert nicht verdient, wohl aber den des wissenschaftlichen. [...]. Jetzt erst wird der Mensch seiner

selbst, seiner Stellung und seiner Kraft bewußt; jetzt erst erkennt er seine großen Aufgaben und nimmt deren Verwirklichung in die Hand. Unendlich groß sind die Errungenschaften der Wissenschaft und der Technik im neunzehnten Jahrhundert! […]

Mit vollem Recht gebührt dem neunzehnten Jahrhundert die Bezeichnung des sozialpolitischen. […] Die Arbeiter-Versicherung, die Deutschland zuerst in bemerkenswerthem Umfange durchgeführt hat, ist eine der größten Thaten des abgelaufenen Jahrhunderts, und zwar nicht blos wegen der Wohlthaten, die sie den Arbeitern erweist, sondern auch aus dem Grunde, weil sie den alten Polizei- und Militärstaat im Sinne sozialer Gerechtigkeit zum wirthschaftlichen Versicherungs- und Solidaritätsstaat fortbildet. […] Eine weitausgreifende Sozialpolitik ist nothwendig für Deutschland, das ein Industriestaat ersten Ranges geworden ist und Weltpolitik treiben will. Je besser die gesamte arbeitende Bevölkerung Deutschlands gestellt, je unterrichteter und aufgeklärter sie ist und je freier sie sich bewegen kann, mit desto größerem Nachdruck kann Deutschland auf dem Weltmarkte und in der Weltpolitik auftreten. […]

Manche Aufgaben hat das neunzehnte Jahrhundert gelöst, aber noch mehr überliefert es ungelöst dem zwanzigsten Jahrhundert, das sie wohl auch nicht alle lösen wird. Das kann nicht anders sein, denn die Menschheit will noch länger leben und spätere Jahrhunderte wollen auch noch Arbeit haben. Aber wenn die Menschheit mit erweiterten Aufgaben in das neue Jahrhundert eintritt, dann bringt sie zur Lösung ihrer Aufgaben weit mehr Kräfte mit, als sie in früheren Jahrhunderten besaß. Die Erkenntniß hat eine Stufe erreicht und die Nutzbarmachung der Naturkräfte ist zu einem Grade gediehen, wie nie zuvor. Wir haben bedeutungsvolle Schritte gethan dem Ziele der Menschheit entgegen. Dieses Ziel heißt: Beherrschung der Natur und Herstellung des Reiches der Gerechtigkeit.

An der Schwelle des zwanzigsten Jahrhunderts. Leitartikel (Auszüge) der „Frankfurter Zeitung" vom 31. 12. 1899. Die Rechtschreibung der Quelle wurde beibehalten.

Abb.: Ausschnitt aus der Titelseite der „Frankfurter Zeitung" vom 31. 12. 1899 mit dem Beitrag „An der Schwelle des zwanzigsten Jahrhunderts"

zugelassene Hilfsmittel: Deutsches Wörterbuch

Lösungsvorschläge

Diese Aufgabe entspricht den folgenden aktuellen Schwerpunktthemen:
- *__Inhaltsfeld 4__: Die moderne Industriegesellschaft zwischen Fortschritt und Krise*
  - *Die „Zweite Industrielle Revolution" und die Entstehung der modernen Massengesellschaft*
  - *Vom Hochimperialismus zum ersten „modernen" Krieg der Industriegesellschaft*
- *__Inhaltsfeld 6__: Nationalismus, Nationalstaat und deutsche Identität im 19. und 20. Jahrhundert*
  - *Die „Deutsche Frage" im 19. Jahrhundert*
- *__Inhaltsfeld 7__: Friedensschlüsse und Ordnungen des Friedens in der Moderne*
  - *Konflikte und Frieden nach dem Zweiten Weltkrieg*

1. Die Aufgabenstellung formuliert mit dem Operator „interpretieren" eine übergreifende Arbeitsanweisung, die dann in drei aufeinander aufbauende Arbeitsschritte gegliedert wird. Die erste Teilaufgabe verlangt, dass Sie die Quelle zunächst unter verschiedenen Aspekten vorstellen. Dabei können Sie auch auf die abgedruckte Titelseite eingehen, die Ihnen über die Platzierung in der Zeitung Auskunft gibt. Anschließend sollen Inhalt und Gedankengang der Quelle wiedergegeben werden, wobei insbesondere die rückblickende Bewertung des 19. Jahrhunderts und die Prognosen für das 20. Jahrhundert herausgearbeitet werden sollten.

Bei der vorliegenden Quelle handelt es sich um **Auszüge aus einem Leitartikel** der „Frankfurter Zeitung" vom 31. Dezember 1899. Darin wurde er an prägnanter Stelle auf der Titelseite, vierspaltig und damit über die gesamte Zeitungsbreite abgedruckt. Mit seinem Artikel richtet sich der Redakteur an eine im Wesentlichen bürgerliche Leserschaft. Der Autor des Artikels zieht mit dem Text eine **Bilanz des zu Ende gehenden 19. Jahrhunderts** und formuliert zugleich Erwartungen für das neue Jahrhundert. Dabei verfolgt er die Absicht, seiner Leserschaft Zufriedenheit über das Vergangene und Optimismus für die Zukunft zu vermitteln. Die Quelle ist in die **Wilhelminische Epoche** des Deutschen Kaiserreichs einzuordnen, die geprägt ist von wirtschaftlichem Aufschwung und einem wachsenden weltpolitischen Geltungsanspruch Deutschlands.

Einleitung
Vorstellung der Quelle

Zu Beginn seiner Ausführungen umreißt der Verfasser sein Vorhaben, das abgelaufene Jahrhundert „von der Zinne einer Jahrhundertwende herab zu betrachten", um den „Werth seiner Leistungen abzuschätzen" (Z. 2 ff.). Anschließend geht der Verfasser im Hauptteil seines Artikels auf **drei Themenkomplexe** näher ein – die **Außenpolitik**, die **wissenschaftlich-technische Entwicklung** und die **Sozialpolitik** –, bevor er ein **Resümee** zieht und mit einem **Ausblick in die Zukunft** endet.

Aufbau und Inhalt der Quelle

Zunächst widmet sich der Autor dem **Bereich der Politik** und hebt als erstes die **„Gründung eines gewaltigen Deutschen Reiches** im Herzen Europas" (Z. 4) hervor, das sich als eine „nachhaltige Förderung des Weltfriedens" erwiesen habe. Als Garanten dieses Friedens sieht der Verfasser daneben den **Dreibund** zwischen Deutschland, Österreich-Ungarn und Italien. Zwar räumt der Verfasser für die zurückliegenden Jahre zahlreiche Kriege ein, die allerdings allesamt lokal begrenzt geblieben seien und sich **nicht zu einem Weltkrieg** entwickelt hätten; insgesamt sieht der Autor die **Friedensidee** als gestärkt an. Er hält einen **großen Krieg zwischen den Großmächten** für „fast undenkbar" (Z. 12) und begründet dies mit dem zu großen **Risiko** („Einsätze zu groß", Z. 12) gegenüber dem „zu erwartenden Gewinn" (Z. 13) für die möglichen Beteiligten.

Rückblick auf die Politik

Mit **Blick auf die Zukunft** hält der Verfasser den Frieden aufgrund der Existenz von nur noch drei oder vier Weltreichen für gesichert, da einerseits die **politischen und wirtschaftlichen Konfliktfelder damit vermindert** seien, andererseits kriegerische Auseinandersetzungen zwischen den kleinen Staaten von den Großmächten schlichtweg verhindert würden. Im letzten Abschnitt des ersten Teils seiner Ausführungen bezeichnet der Verfasser „Gründung und [...] Ausbau der großen Reiche" (Z. 17) als die politische Hauptaufgabe des kommenden Jahrhunderts. Dabei weist er **dem Deutschen Reich eine Rolle als einer dieser Weltmächte** zu und gibt dem **Wunsch** und der **Hoffnung** Ausdruck, dass Deutschland seine „wachsende Macht stets nur im Geiste der Gerechtigkeit zum Segen der gesamten Menschheit" (Z. 21 f.) gebrauchen werde.

Politik der Zukunft

Im folgenden, gekürzten Abschnitt des Textes kennzeichnet der Verfasser **das zurückliegende Jahrhundert als das „wissenschaftliche[...]"** (Z. 25). Die im neunzehnten Jahrhundert erzielten „Errungenschaften der Wissenschaft und der Technik" beurteilt er als „[u]nendlich groß" (Z. 27 f.).

Rückblick auf die wissenschaftlich-technischen Entwicklungen

In einem dritten Textabschnitt schließlich bezeichnet der Autor das neunzehnte Jahrhundert außerdem als das **„sozialpolitische[...]"** (Z. 30) und führt als besonderen Beweis hierfür die **Einführung der „Arbeiter-Versicherung"** in Deutschland an. Dabei verweist er nicht nur auf die mit dieser Versicherung verbundenen „Wohltaten", sondern sieht darin zugleich die Perspektive, dass sich der „alte Polizei- und Militärstaat" zu einem „wirtschaftlichen Versicherungs- und Solidaritätsstaat" hin entwickeln werde (Z. 32–35). In einem weiterführenden Gedanken konstatiert der Verfasser die Notwendigkeit einer „weitausgrei-

Rückblick auf die Sozialpolitik

fende[n] Sozialpolitik" für ein Deutschland, das einerseits „ein Industriestaat ersten Ranges" geworden sei und andererseits „Weltpolitik treiben" wolle (Z. 35 f.).

Nach seinem unter drei verschiedenen Aspekten vorgenommenen Rückblick auf das vergangene Jahrhundert formuliert der Autor mit Blick auf die Zukunft die **optimistische Auffassung**, dass die Menschheit zur Lösung ihrer Aufgaben im kommenden Jahrhundert weit mehr Kräfte mitbringe als in früheren Jahrhunderten und dass insbesondere durch die Wissenschaft und die Nutzbarmachung der Naturkräfte auf bisher höchster Stufe die **Voraussetzungen für die Lösung der Aufgaben des 20. Jahrhunderts gegeben** seien. Abschließend ergänzt der Verfasser seine bereits zuvor geäußerte Zielbestimmung und formuliert für das aufziehende Jahrhundert als **Ziele** die weitere „**Beherrschung der Natur**" und die „**Herstellung des Reiches der Gerechtigkeit**" (Z. 48 f.).

Fazit
Ausblick auf das 20. Jahrhundert

2. In diesem Lösungsschritt geht es darum, die vom Verfasser rückblickend angesprochenen historischen Sachverhalte und Entwicklungen zu erläutern, also näher zu erklären und zu verdeutlichen. Hierzu bieten sich, den inhaltlichen Schwerpunkten der Textvorlage entsprechend, drei größere Themenfelder an: der außenpolitische, der wissenschaftlich-technische sowie der sozialpolitische Bereich. Nicht alle drei Bereiche müssen oder können in der gleichen Intensität behandelt werden, zumal die vorliegende Quelle ebenfalls Schwerpunkte setzt. Der folgende Lösungsvorschlag ist nach den genannten Aspekten strukturiert, widmet sich aber dem ersten der drei Bereiche in breiterer Form.

Im ersten der drei Abschnitte, in denen der Verfasser auf das zu Ende gehende Jahrhundert zurückblickt, geht er mit der **Gründung des Deutschen Reichs** auf die grundlegende Änderung des europäischen Mächtesystems im letzten Drittel des 19. Jahrhunderts ein. Nach **drei Kriegen**, dem Dänischen Krieg (1864), dem preußisch-österreichischen Krieg (1866) und dem deutsch-französischen Krieg (1870/71) kam es nach schwierigen **Verhandlungen** vor allem mit den süddeutschen Staaten zur Gründung des Deutschen Reichs. Die Reichsgründung stellte eine grundlegende **Änderung des bestehenden europäischen Mächtegleichgewichts** dar. Um den Befürchtungen der europäischen Mächte gegenüber der neuen Großmacht im Zentrum Europas entgegenzuwirken, verfolgte das Deutsche Reich eine Außenpolitik, die **keine weitere Veränderung des Status quo** zum Ziel hatte, sondern im Gegenteil Bismarcks Aussage, Deutschland sei nunmehr territorial „saturiert", das heißt „gesättigt", also im Hinblick auf den Gebietsstand zufrieden gestellt, belegen sollte.

Außenpolitik
Reichsgründung

Demzufolge betrieb **Bismarck** eine Sicherungspolitik, die den neu erreichten Status und den Frieden in Europa erhalten sollte. Auf diese Weise gelang es dem Reichskanzler das Deutsche Reich aus internationalen Konflikten herauszuhalten. Um der für real gehaltenen Gefahr einer Einkreisung durch eine von Frankreich gegen das Deutsche Reich gebildeten Koalition und einem gefürchteten Zweifrontenkrieg zu entgehen, baute Bismarck ein kompliziertes **Bündnissystem** auf, das umgekehrt Frankreich außenpolitisch isolieren sollte. Innerhalb des Bündnissystems, das die Konfliktfelder und Spannungen zwischen den europäischen Mächten zugunsten Deutschlands nutzte, diese aber auch zur Vermeidung eines Kriegs in Europa zu entschärfen suchte, spielte der 1879 mit Österreich-Ungarn eingegangene **Zweibund**, der 1882 durch den Hinzutritt Italiens zum **Dreibund** erweitert wurde, die tragende Rolle.

<small>Bismarcks Bündnispolitik</small>

Dass der vorliegende Artikel der „Frankfurter Zeitung" einen weiteren Baustein der deutschen Außenpolitik unter der Führung Bismarcks, den mit Russland geschlossenen **Rückversicherungsvertrag** von 1887, nicht erwähnt, hat den Hintergrund, dass unter Bismarcks Nachfolgern dieser Bündnisstrang nicht aufrechterhalten wurde, da ein Einvernehmen mit Russland wegen der Konflikte auf dem Balkan das Verhältnis zu Österreich-Ungarn belasten konnte.

<small>Rückversicherungsvertrag</small>

„Weltkriege", wie der Verfasser des vorliegenden Leitartikels schreibt, hat es in der Phase, auf die sich der Rückblick bezieht, tatsächlich nicht gegeben. Gleichwohl gab es in Europa kriegerisch ausgetragene **Konflikte**, insbesondere den **russisch-türkischen Krieg** um territorialen Besitz und Einflusssphären auf dem Balkan. Dieser Konflikt konnte unter der Verhandlungsführung Bismarcks im Jahre 1878 durch den **Berliner Kongress** zeitweilig entschärft werden. Der Balkan blieb aber auch in den 1880er- und 1890er-Jahren das Krisengebiet Europas.

<small>Konflikte</small>

Nach dem Tod Wilhelms I. und Friedrichs III. im **Dreikaiserjahr** 1888 übernahm **Kaiser Wilhelm II.** die Regierung. Nach dem erzwungenen **Rücktritt Bismarcks** 1890 betrieb das Deutsche Reich unter Wilhelm II. eine zunehmend aggressivere „**Weltpolitik**", die der wirtschaftlichen und politischen Kraft Deutschlands entsprechende Geltung verschaffen sollte. Das Bündnissystem Bismarcks zerfiel in den 1890er-Jahren und es kam nach der Nichtverlängerung des deutsch-russischen Rückversicherungsvertrags bereits 1894 zu der von Bismarck befürchteten **Annäherung zwischen Russland und Frankreich**. Eine solche Annäherung barg nach Bismarcks Vorstellung die

<small>„Weltpolitik" Wilhelms II.</small>

Gefahr eines Zweifrontenkriegs. Die neue Politik Wilhelms II. verfolgte außerdem – anders als zur Zeit Bismarcks – weitreichende kolonialpolitische Forderungen („**Platz an der Sonne**") und brachte Deutschland aufgrund seiner beginnenden **Flottenrüstung** zunehmend in einen Gegensatz zu der Seemacht Großbritannien.

Die in dem Leitartikel mit Stolz hervorgehobenen **wissenschaftlich-technischen Fortschritte des 19. Jahrhunderts** lassen sich in vielfältiger Weise belegen. Die in England ab etwa 1780 in Gang gekommene **Industrielle Revolution** setzte sich fort und erfasste nach und nach weitere europäische Staaten. Ein wesentlicher Faktor dieser Revolution waren **wissenschaftliche Entdeckungen und technologische Entwicklungen** im Bereich der Energieerzeugung. In Deutschland setzte die Industrialisierung, unter anderem bedingt durch die fehlende politische und wirtschaftliche Einheit, erst mit Verzögerung ein. Mitte des 19. Jahrhunderts begann ein stärkeres Wirtschaftswachstum, und erst im letzten Drittel des 19. Jahrhunderts erlebte Deutschland die Phase der **Hochindustrialisierung**. Industrielle **Leitsektoren** waren der Maschinenbau sowie vor allem Großchemie und Elektroindustrie.

Wissenschaft und Technik
Industrialisierung

Unter den **sozialpolitischen Fortschritten** hebt der Verfasser des vorliegenden Leitartikels besonders die „Arbeiter-Versicherung" hervor. Als Reaktion auf die politischen Herausforderungen der stärker werdenden **Arbeiterbewegung**, die sich in Parteien und Gewerkschaften organisiert hatte, ließ Reichskanzler Bismarck **gesetzliche Sozialversicherungen** für die Arbeiterschaft einführen: die Krankenversicherung (1883), die Unfallversicherung (1884) sowie die Alters- und Invaliditätsversicherung (1889). Als Gegenleistung hoffte Bismarck, die Mehrheit der Arbeiter von revolutionären Ambitionen abbringen zu können. Diesen Gedanken bringt auch der Leitartikel zum Ausdruck, wenn er die Fortbildung des „alten Polizei- und Militärstaats" zum „wirtschaftlichen Versicherungs- und Solidaritätsstaat" lobt.

Sozialpolitik
Sozialgesetzgebung

3. Die dritte Teilaufgabe fordert von Ihnen die Überprüfung der im Leitartikel formulierten Zukunfstserwartungen vor dem Hintergrund der weiteren historischen Entwicklung überprüft werden. Hierzu eignen sich im Prinzip alle Aussagen des Artikels, die sich mit der zukünftigen Entwicklung beschäftigen, gleichwohl wird man nicht von Ihnen verlangen, dass Sie zu jedem Punkt ausführlich und bis ins Detail Stellung nehmen. Vielmehr sollten Sie versuchen, grundlegende Kenntnisse von Zusammenhängen und Problemlagen, die zum Themenrahmen gehören, zu formulieren und zur Grundlage Ihrer Bewertung des Textes zu machen.

Die vorliegende Quelle ist ein Beispiel für den ungebrochenen **Fortschrittsglauben**, wie er in Deutschland (und anderen europäischen Ländern) zur Wende vom 19. zum 20. Jahrhundert herrschte. Der Verfasser des Leitartikels der „Frankfurter Zeitung" sieht im Moment der Jahrhundertwende die weitere Entwicklung auf allen von ihm thematisierten Feldern optimistisch. Allerdings erwiesen sich die in dem vorliegenden Leitartikel formulierten **Friedenserwartungen** bereits innerhalb weniger Jahre als **Illusion**. Die im ausgehenden 19. Jahrhundert noch lokalisierbaren Konflikte auf dem Balkan nahmen an Stärke zu und führten 1912/13 zu zwei Balkankriegen. Aufgrund der **Rivalitäten der Großmächte** spitzten sich auch die **kolonialpolitischen Konflikte** weiter zu und führten in den zwei Jahrzehnten vor dem Ersten Weltkrieg zu **Krisen in verschiedenen Teilen der Welt**, und zwar vor allem in Afrika, Zentral- und Ostasien.

Auseinandersetzung mit Zukunftserwartungen des Verfassers

Konflikte und Krisen

Der **Automatismus der Bündnisse** führte nach dem **Attentat serbischer Extremisten auf das österreichische Thronfolgerpaar in Sarajewo** am 28. Juni 1914 innerhalb weniger Wochen zum Ausbruch eines **gesamteuropäischen Kriegs**, der sich 1917 endgültig zu einem **Weltkrieg** ausweitete. Dieser war mit dem Einsatz von Panzerwaffen, Flugzeugen sowie chemischen Waffen, dem Massensterben an der Front, aber auch aufgrund der bisher in diesem Maße nicht gekannten Leiden der Zivilbevölkerung zugleich der **erste moderne Krieg**, in dem sich die verheerenden Ausmaße und Folgen der weiteren Kriege des 20. Jahrhunderts bereits ankündigten. Mit dem Kriegsausbruch 1914 trat Europa in eine bis zum Ende des Zweiten Weltkriegs 1945 andauernde **Phase von Kriegen und Krisen** ein, die von einigen Historikern sogar als „**zweiter Dreißigjähriger Krieg**" bezeichnet wird.

Erster und Zweiter Weltkrieg

Allerdings bestätigte sich in gewisser Weise der vom Autor des Leitartikels analysierte Mechanismus zwischen „Großstaaten", von denen jeder im Kriegsfall mehr zu verlieren als zu gewinnen hat. So wenig diese Annahme für die Großmächte vor dem Ersten und Zweiten Weltkrieg zutraf, so sehr gilt sie für die zweite Hälfte des 20. Jahrhunderts. Im Zeichen der Atombombe und ihres umfassenden Vernichtungspotenzials entwickelte sich zwischen den beiden Supermächten USA und Sowjetunion ein **atomares Patt**, ein **Gleichgewicht des Schreckens**, das nach dem Ende des Zweiten Weltkriegs über Jahrzehnte hin während des „**Kalten Kriegs**" die weltpolitische Lage bestimmt hat. Als irrig hat sich auch die Prognose erwiesen, die existierenden Großreiche könnten „sich selbst genügen" (Z. 14), also in autarker

Kalter Krieg

Weise und getrennt voneinander und daher ohne Konfliktfelder nebeneinander existieren. **Statt der Autarkie** irgendeiner Macht hat sich das Gegenteil herausgebildet: Alle Staaten und Mächte sind inzwischen auf umfangreichste Weise miteinander in **weltwirtschaftlichen Prozessen** so verflochten, dass eine Isolierung einer einzelnen Macht heute nicht mehr denkbar erscheint. Zudem besteht ein hohes Maß an **politischer Verflechtung und gegenseitiger Abhängigkeit** durch übernationale politische Organisationen.

<small>Globalisierung statt Autarkie</small>

Bis heute leben wir in einer Welt des beschleunigten wissenschaftlich-technischen Fortschritts. Allerdings ist, zumindest in der westlichen Welt, der ungebrochene Fortschrittsoptimismus, wie er in dem vorliegenden Leitartikel aus der Sicht der Wende vom 19. zum 20. Jahrhundert zum Ausdruck kommt, mittlerweile einer skeptischen oder gar **pessimistischen Haltung gegenüber den „Fortschritten"** in Wissenschaft und Technik gewichen. So hat der das 20. Jahrhundert kennzeichnende Fortschritt zugleich zum Beispiel Nahrungsmittelskandale, Umweltkatastrophen und Gefahren für das weltweite Klima mit sich gebracht.

<small>Pessimismus gegenüber Fortschrittsgläubigkeit</small>

Die Kriege und Konflikte des 20. und des beginnenden 21. Jahrhunderts, die ökologischen Katastrophen, das ökonomische Ungleichgewicht mit dem immensen Gegensatz von Arm und Reich sind Schlaglichter, die die in der vorliegenden Quelle ausgesprochene Erwartung vom **Reich des Friedens und der Gerechtigkeit** aus heutiger Perspektive **als realitätsfremde Illusion** erscheinen lassen.

<small>**Fazit**
Friedenserwartungen als Illusion</small>

Schriftliche Abiturprüfung Nordrhein-Westfalen Geschichte
Grundkurs – Aufgabe 4

A: Interpretation sprachlicher oder nichtsprachlicher historischer Quellen

Aufgabenstellung

Interpretieren Sie die vorliegende Bildquelle M 1 unter vergleichender Heranziehung von M 2 in folgenden Arbeitsschritten:

1. Analysieren Sie die Bildquelle.
2. Erläutern Sie die Bildquelle in ihrem historischen Kontext.
3. Deuten Sie die Bildquelle und setzen Sie sich mit der durch den Maler vermittelten Aussage kritisch auseinander.

M 1: Bildpostkarte „Der Tag von Potsdam" (1933)

© akg-images

Erläuterung zu M 1:
Bei der Bildquelle handelt es sich um eine zeitgenössische Postkarte, der als Vorlage ein Bild des Malers Carl Langhorst (1867–1950) zugrunde liegt. Langhorst hat auf seiner Darstellung die berühmte, in einer zeitgenössischen Fotografie festgehaltene Begegnung zwischen Hitler und Hindenburg am 21. März 1933, dem „Tag von Potsdam", in das Innere der Garnisonkirche verlegt, in der der Staatsakt zur Eröffnung des Reichstags stattfand.

M 2: Fotografie vom Händedruck zwischen Hitler und Hindenburg am 21. März 1933

© ullstein bild

Erläuterung zu M 2:
Die Fotografie vom Händedruck zwischen Hitler und Hindenburg stammt von dem amerikanischen Fotoreporter Theo Eisenhart. Sie wurde am 21. März 1933 – vermutlich nach dem Staatsakt – aufgenommen und erstmals noch am selben Tag in der bebilderten Sonderausgabe der „Berliner Illustrierten Zeitung" zum „Tag von Potsdam" veröffentlicht.

zugelassene Hilfsmittel: Deutsches Wörterbuch

Lösungsvorschläge

Diese Aufgabe entspricht den folgenden aktuellen Schwerpunktthemen:
- *Inhaltsfeld 5: Die Zeit des Nationalsozialismus – Voraussetzungen, Herrschaftsstrukturen, Nachwirkungen und Deutungen*
  - *Politische und ideologische Voraussetzungen des Nationalsozialismus*
  - *Die Herrschaft des Nationalsozialismus in Deutschland und in Europa*

1. *Die Aufgabenstellung formuliert mit dem Operator „interpretieren" eine übergreifende Arbeitsanweisung, die dann in drei aufeinander aufbauende Arbeitsschritte gegliedert wird. Ergänzt wird die Interpretationsaufgabe durch den Hinweis, das Foto M 2 vergleichend heranzuziehen, es also nicht eigens zu analysieren. Der erste Teilauftrag enthält den Operator „analysieren". Das bedeutet in diesem Zusammenhang, dass zunächst eine Identifikation der Bildquelle mit ihren Besonderheiten erfolgen soll. Bereits hier kann M 2 vergleichend herangezogen werden, um zu zeigen, dass der Maler ein fotografisch dokumentiertes Geschehen bewusst und absichtsvoll variiert hat. Hieraus können sich erste Vermutungen über die damit verbundene propagandistische Intention und die mit der Verbreitungsform der Bildpostkarte verbundene Öffentlichkeitswirksamkeit ergeben. Anschließend ist die Bildvorlage in ihrem Aufbau und den Details zu erarbeiten.*

Bei der vorliegenden Bildquelle handelt es sich um eine **Bildpostkarte** aus dem Jahr 1933, der als Vorlage, wie aus der Signatur am rechten Bildrand hervorgeht, ein Gemälde des Malers **Carl Langhorst** (1867–1950) aus demselben Jahr zugrunde liegt. Langhorst hat auf seiner Darstellung die berühmte, in einer zeitgenössischen Fotografie festgehaltene **Szene des Händedrucks zwischen Hitler und Hindenburg am 21. März 1933**, dem „Tag von Potsdam", verarbeitet. Im Gegensatz zu der Situation, wie sie das Foto von Theo Eisenhart zeigt, hat der Maler das Geschehen in das Innere der Potsdamer Garnisonkirche verlegt. Die Bildquelle fand als Postkarte eine größere Verbreitung, daher ist von einer gewissen **öffentlichen Aufmerksamkeit** und damit von einer nicht geringen Breitenwirkung der Bildpostkarte auszugehen.

Einleitung
Vorstellung der Bildquelle

Der **Aufbau des Bildes** zeigt eine strenge Symmetrie. Im Vordergrund sind **Hitler** (links) und **Hindenburg** (rechts), jeweils von der Hüfte an aufwärts, in einander zugewandter Haltung zu sehen. Hindenburg, der im Dreiviertelportrait dargestellt ist, ist mit zahlreichen Orden und einer Schärpe ausgezeichnet. Der amtierende Generalfeldmarschall Hindenburg, der im Gegensatz zur Fotografie keine Kopfbedeckung trägt, ist im Profil abgebildet. Seine Augen sind etwas abwärts auf die kleinere Person Hitlers gerichtet; mit der Linken hält er den Griff seines Degens umfasst, während er mit der Rechten den Händedruck mit dem

Bildaufbau und Bildelemente

neuen Reichskanzler vollzieht. Hitler trägt im Gegensatz zu Hindenburg einen zivilen Cutaway, den Kopf hat er in Demutshaltung leicht nach vorn geneigt. Beide Personen zeigen einen ernsten, feierlichen Gesichtsausdruck. Die Mittelachse der Postkarte bildet, ausgehend von den ineinander verschränkten Händen Hitlers und Hindenburgs, ein schmaler Teppich, der in gerader Linie zum Bildhintergrund führt. Dort ist der Altar mit dem großen Altarkreuz und dem Altaraufbau zu erkennen. Ebenfalls auf der Mittelachse des Bildes befindet sich die über dem Altar angebrachte Kanzel. Altar und Kanzel werden von Fahnenkörben umrahmt. Vom rechten Bildrand aus reicht diagonal ein breites Lichtband in das Bild hinein, das das Kruzifix auf dem Altar beleuchtet.

Als **weiteres Bildelement** ist am unteren Bildrand ein **Band** mit der Aufschrift: „Potsdam 21. März 1933" zu identifizieren, das links und rechts von zwei Wappen eingerahmt wird. Das linke Wappen, der Person Hitlers zugeordnet, zeigt das Hakenkreuz; das rechte Wappen, der Person Hindenburgs zugeordnet, zeigt die Farben Schwarz-Weiß-Rot, die Flaggenfarben des Deutschen Reichs von 1871 bis 1918, die zwischen 1933 und 1935 wieder eingeführt wurden.

zusätzliches Bildelement

🖋 *2. Im zweiten Aufgabenteil soll der historische Kontext, der für das Verständnis der Bildquelle erforderlich ist, dargestellt und erläutert werden.*

Die Bildpostkarte gestaltet ein **historisches Foto**, das den Händedruck zwischen dem Reichskanzler Hitler und dem Reichspräsidenten Hindenburg, dem ehemaligen kaiserlichen Feldmarschall und während des Ersten Weltkriegs Mitglied der Obersten Heeresleitung, am 21. März 1933 zeigt. An diesem Tag wurde mit einem feierlichen **Staatsakt in der Potsdamer Garnisonkirche** der neue, am 5. März gewählte Reichstag eröffnet. Unmittelbar nach seiner Ernennung zum Reichskanzler am 30. Januar 1933 hatte Hitler den Reichstag durch den Reichspräsidenten Hindenburg auflösen lassen in der Erwartung, durch Neuwahlen eine absolute Mehrheit für seine Partei erringen zu können. Die Wahlen am 5. März fanden unter dem Eindruck des **Brandanschlags** auf das Reichstagsgebäude am Abend des 27. Februar statt. Bereits am 28. Februar trat eine offenbar schon vorbereitete „Verordnung des Reichspräsidenten zum Schutz von Volk und Staat" (kurz: „**Reichstagsbrandverordnung**") in Kraft, die die von der Weimarer Verfassung garantierten Grundrechte aufhob bzw. einschränkte. Über 20 000 politische Gegner, vorwiegend Kommunisten und Sozialdemokraten, wurden umgehend in

historischer Kontext
Eröffnung des neuen Reichstags

Reichstagsbrand

"Schutzhaft" genommen. Trotzdem erreichte die NSDAP bei den **Wahlen am 5. März** mit 43,9 % der Wählerstimmen nicht die angestrebte absolute Mehrheit im Reichstag.

Reichstagswahlen

Da das Reichstagsgebäude in Berlin durch den Brand am 27. Februar zerstört worden war, kam es als Versammlungsort für die Eröffnungszeremonie nicht in Frage. Ganz bewusst wurde nach dem Reichstagsbrand **Potsdam als Traditionsort** preußischer Geschichte für die feierliche Konstituierung des neu gewählten Reichstags ausgewählt. Potsdam war die Residenzstadt der preußischen Könige, in der Potsdamer Garnisonkirche lagen die Überreste der Preußenkönige Friedrich II. und Wilhelm I. Mit der Bildpostkarte wurde der **„Tag von Potsdam"** als symbolische Verbindung „vom alten und neuen Deutschland" inszeniert, von – wie die Propaganda glauben machen wollte – konservativem Traditionsbewusstsein und nationalsozialistischem Erneuerungswillen.

„Tag von Potsdam"

In Potsdam waren außer zahlreichen Ehrengästen und militärischen Formationen (die Fotografie M 2 zeigt zwischen Hitler und Hindenburg einen Angehörigen der Reichswehr) die Reichstagsabgeordneten der rechten und bürgerlichen Parteien anwesend. Die Sozialdemokraten verzichteten demonstrativ auf eine Teilnahme. Nicht teilnehmen konnten die Abgeordneten der Kommunistischen Partei Deutschlands (KPD), die bereits den Verfolgungen durch das neue Regime ausgesetzt und teilweise inhaftiert waren.

Der „Tag von Potsdam" bildete das unmittelbare Vorspiel zur Sitzung des Reichstags am 23. März in der Berliner Kroll-Oper, wo das von Reichskanzler Adolf Hitler vorgelegte „Gesetz zur Behebung der Not von Volk und Reich", das sog. **Ermächtigungsgesetz** beraten und am 24. März mit den Stimmen der NSDAP, der DNVP, des Zentrums und der BVP mit verfassungsändernder Mehrheit verabschiedet wurde. Mit diesem Gesetz erhielt die Reichsregierung unter Hitlers Führung die Ermächtigung, ohne Zustimmung von Reichstag und Reichsrat sowie ohne Gegenzeichnung des Reichspräsidenten Gesetze zu erlassen. Das „Ermächtigungsgesetz", mit dem der **Verfassungsgrundsatz der Gewaltenteilung aufgegeben** wurde, überantwortete die gesamte Staatsgewalt der nationalsozialistischen Regierung.

„Ermächtigungsgesetz"

3. *Auf der Basis der in Lösungsteil 1 geleisteten genauen Bildbeschreibung und der Darstellung des historischen Kontextes in Lösungsteil 2 soll nunmehr eine Deutung der Bildquelle erfolgen. Dabei kann diese als Träger einer politischen Bot-*

schaft mit hohem Symbolgehalt, die dargestellten Personen können aufgrund der ihnen zugeordneten Attribute und Eigenheiten als Symbolfiguren interpretiert werden. In einem weiteren Lösungsschritt erfolgt eine Auseinandersetzung mit der Aussage der Bildquelle.

Die Bildquelle zeigt in der vom Maler **inszenierten Situation** den Reichskanzler **Hitler in einer ehrerbietigen Haltung** gegenüber dem Reichspräsidenten Hindenburg. Hitler erscheint geradezu devot und willens, sich in die Traditionen, die durch Altar und Kanzel sowie den Ort des Geschehens symbolisiert werden, einzufügen, wenn nicht gar sich ihnen unterzuordnen. Die Bildpostkarte (bzw. das zugrunde liegende Gemälde) stellt das Geschehen, das der Fotografie von Theo Eisenhart (M 2) zufolge im Freien stattgefunden hat, durch die Verlagerung in den Innenraum der Garnisonkirche in einen sakralen und damit in einen besonders ausgeprägten **symbolischen Rahmen**. Mit der Garnisonkirche, in der sich zum fraglichen Zeitpunkt noch die Särge Friedrich Wilhelms I. und Friedrichs II., des „Großen", befanden, soll offenkundig auf die hier verkörperte **preußische Tradition** verwiesen werden. **Hindenburg** erscheint in seiner mit Orden geschmückten kaiserlichen Uniform als Symbolfigur preußischer bzw. kaiserlich-wilhelminischer Tradition und **steht damit für das „alte Deutschland".** Er wird somit vom Betrachter weniger in seiner tatsächlichen Funktion als Präsident der Republik wahrgenommen denn als hoch dekorierter Generalfeldmarschall des Kaiserreichs. In der Begegnung mit dem nationalen **Mythos Hindenburg**, dem „Sieger in der Schlacht von Tannenberg" und Vertreter einer idealisierten Vergangenheit, erhält **Hitler als Vertreter eines** von den Nationalsozialisten selbst so gesehenen **politischen und ideologischen Neuanfangs** durch den Händedruck gewissermaßen den politischen Segen und den Auftrag zum politischen Handeln. Hinzu kommt die **religiöse Aura**, besonders unterstrichen durch die Lichtsymbolik, mit der eine quasi göttlich bezeugte Legitimität des Bundes zwischen Hindenburg und Hitler suggeriert wird. Das Lichtband, das auf Altar und Kruzifix fällt, steht durch die Symmetrieachse mit den Gestalten Hitlers und Hindenburgs in Verbindung und scheint auf die ineinander gelegten Hände der beiden gerichtet zu sein. Zugleich wird damit ein **Bezug zwischen dem politischen Geschehen** im Vordergrund **und dem religiös-sakralen Bildhintergrund** hergestellt.

Deutung der Bildquelle
Verbindung von „altem" und „neuem" Deutschland

Dem zeitgenössischen Betrachter muss der **Händedruck zwischen Hitler und Hindenburg** angesichts des Wahlkampfes um das Reichspräsidentenamt im Jahre 1932 und vor dem Hintergrund der bis zum Januar 1933 geltenden Ablehnung Hitlers

Händedruck als Versöhnungsgeste

durch den amtierenden Reichspräsidenten Hindenburg als **Versöhnungsgeste** erschienen sein. Die beiden durch die Orts- und Datumsangabe verbundenen Wappen mit dem Hakenkreuz und den Flaggenfarben des Kaiserreichs unterstreichen diese Deutung zusätzlich. Die vorliegende Bildquelle nimmt mit dem Schriftzug am unteren Rand ausdrücklich Bezug auf das Geschehen vom 21. März 1933 und interpretiert dieses in der oben beschriebenen symbolträchtigen Weise. Sie rückt das Geschehen am „Tag von Potsdam" in ein **glorifizierendes und zugleich verharmlosendes Licht**. Mit den entsprechenden propagandistischen Absichten wurde die Bildpostkarte in Deutschland verbreitet. Sie ist ein Beispiel für die **politische Indienstnahme von Geschichte** durch die Nationalsozialisten. Vermittelt wurde auf diese Weise ein Geschichtsbild, das die **nationalsozialistische Herrschaftsauffassung begründen** bzw. legitimieren sollte. Insbesondere wurden dadurch **Kontinuitätslinien** zwischen der preußisch-friderizianischen bzw. kaiserzeitlichen Ära einerseits und den politischen Zielsetzungen der Nationalsozialisten mit dem „Führer" Adolf Hitler an der Spitze andererseits behauptet. Die Hitlersche **Politik der Gleichschaltung** und der **Beseitigung jeglicher Opposition** mit gleichzeitigem **Aufbau des Führerstaats**, die auf den „Tag von Potsdam" und die Verabschiedung des „Ermächtigungsgesetzes" folgten, sollte so zugleich **als Fortführung und Vollendung preußisch-deutscher Herrschaftstraditionen** erscheinen. Allerdings kann der von Hitler angestrebte völkisch-nationale Führerstaat nicht bruchlos aus der preußischen Tradition abgeleitet werden, ebenso wenig wie die nationalsozialistische Machtübernahme als konsequente Fortführung oder gar Vollendung preußisch-deutscher Geschichte zu interpretieren ist. Der Händedruck von Potsdam, der mit der vorliegenden Bildpostkarte in symbolhaft übersteigerter Form massenwirksam verbreitet wurde, konnte dazu beitragen, **Teile der deutschen Bevölkerung** – zumindest für eine gewisse Zeit – **über den wirklichen Charakter der nationalsozialistischen Herrschaft**, über den von Beginn an installierten Unrechtsstaat, über Terror und Verfolgungen, **hinwegzutäuschen**.

---

kritische Auseinandersetzung mit der Quelle
Legitimation der NS-Herrschaft durch Herstellen einer Traditionslinie

Wirkung der Bildpostkarte

> **Schriftliche Abiturprüfung Nordrhein-Westfalen Geschichte**
> **Grundkurs – Aufgabe 5**

B: Analyse von und kritische Auseinandersetzung mit Darstellungen

Aufgabenstellung

1. Analysieren Sie den vorliegenden Textauszug.
2. Erläutern Sie Formen des Widerstands gegen den Nationalsozialismus und vergleichen Sie den Jugendwiderstand mit einer weiteren Widerstandsgruppe.
3. Nehmen Sie zu Ueberschärs Bewertung des Jugendwiderstands gegen den Nationalsozialismus Stellung.

M: Der Historiker Gerd R. Ueberschär über die Bedeutung des Jugendwiderstands, 2006

Aufgrund der sich nach den Luftangriffen in den bombardierten Städten häufenden Gesetzesübergriffe bezeichneten die Verfolgungsbehörden Mitglieder der Edelweißgruppen als „kriminelle und asoziale Elemente", um sie dadurch aus der „Volksgemeinschaft" auszugrenzen und ihnen ihre Attraktivität als Alternative zur „Hitler-
5 jugend" zu nehmen. Vor allem wurden sie jedoch wegen „Unternehmen des Hochverrats" und „staatsfeindlicher Einstellung" verfolgt. Dementsprechend wurden die „Edelweiß-Piraten" aus dem Kölner Raum in einer deutschsprachigen Sendung des Londoner Rundfunks Ende 1943 als „politisch-oppositionelle" Gruppe gegen den Nationalsozialismus vorgestellt.
10 Es wäre aber verfehlt, eine grundsätzliche Oppositionsbewegung der „Edelweiß-Piraten" anzunehmen und alle Angehörigen dieser Gruppen zu bewussten politischen Hitlergegnern zu deklarieren. Nach Einschätzung der Verfolgungsbehörden handelte es sich bei 75 % der „Edelweiß-Piraten" um „anständige Jungen […], die im jugendlichen Kraftprotzertum des Entwicklungsalters glauben, irgendetwas in radikaler
15 Weise tun zu müssen, ohne an die möglichen politischen Folgen ihres Mitlaufens zu denken und die meist nicht einmal den Sinn der verbotenen Cliquenbildung in seiner vollen Tragweite erfaßt haben."
Auffallend war zudem, dass sich viele Jungen der Edelweißgruppen „freiwillig zu den gefährlichsten Waffengattungen des Heeres" meldeten. Insofern lassen sich die
20 meisten Edelweiß-Aktivitäten als „oppositionelle Trotzreaktionen" einordnen, „zu denen Jugend stets neigt", wie es ein Kölner Oberstaatsanwalt im Januar 1944 ausdrückte.
Geht man von einem eng definierten Widerstandsbegriff aus, „der nur solches Handeln umfaßt, das auf den Sturz des NS-Regimes unmittelbar oder mittelbar hin-
25 zielte", dann war das oppositionelle Verhalten der „Edelweiß-Piraten" kein bewuster, politischer Widerstandskampf; legt man jedoch die Bewertung der Nationalsozialisten zugrunde, welche die „Edelweiß-Piraten" vorrangig als Verweigerer gegenüber

dem NS-System klassifizierten, so zählten diese Jugendlichen als Gegner der nationalsozialistischen Herrschaft sehr wohl zur Opposition gegen Hitler. Immerhin trugen Angehörige der „Edelweiß-Piraten"-Gruppe im Herbst 1944 zu einer lokalen Destabilisierung der NS-Herrschaft im Kölner Raum bei.

Bei einer Sitzung der Reichsarbeitsgemeinschaft für Jugendbetreuung und Jugenderziehung am 25. April 1944, an der auch Reichsjustizminister Otto Thierack und Reichsjugendführer Max Axmann teilnahmen, wurde dann auch nach über zweijähriger Zusammenarbeit die Bekämpfung der jugendlichen Cliquenbildungen als besonderes Problem bezeichnet. Zudem wurde ein bedenklicher Anstieg solcher Cliquengruppen und „Edelweiß-Piraten" mit „politischen Tendenzen" im ganzen Reichsgebiet konstatiert. Besonders kennzeichnend sei ihre „HJ-feindliche Einstellung". [...] Bei einer weiteren Tagung eines nachgeordneten Arbeitskreises der Reichsarbeitsgemeinschaft für Jugendbetreuung am 25. Juli 1944 wurde eine verstärkte Betreuung der 6- bis 10-Jährigen gefordert [...]. Daran anschließend verlangte der Reichsführer-SS Heinrich Himmler in einem streng vertraulichen, von SS-Obergruppenführer Ernst Kaltenbrunner unterzeichneten Erlass am 25. Oktober 1944 schärfere Maßnahmen zur Überwachung und „Bekämpfung jugendlicher Cliquen", die sich besonders „in letzter Zeit in verstärktem Maße" gebildet hätten. [...]

Obwohl feststand, dass das deutsche Strafrecht keine Bestimmung enthielt, „die die Cliquenbildung Jugendlicher an sich unter Strafe stellte", wurde nach Himmlers Verfügung eine Vielzahl von Rechtsnormen ausgewählt, mit deren Hilfe man „eine Strafbarkeit" begründen konnte. [...]

Es gelang der NS-Führung trotz Himmlers Straferlass vom 25. Oktober 1944 nicht, diese sich immer wieder bildenden jugendlichen Zusammenschlüsse völlig zu verhindern oder auszuschalten, obwohl sie viele Gruppen zerschlagen konnte. Zweifellos war nicht jeder Angehörige dieser Jugendgruppen ein bewusster Widerstandskämpfer gegen Hitler, gleichwohl wurden Edelweiß-Piraten, Cliquen, Swing-Gruppen und Meuten bis zum Kriegsende rücksichtslos als politische Gegner verfolgt. Denn nach Ansicht von NS-Stellen war der Kampf gegen die HJ als Staatsjugend nur die Vorstufe „für den Kampf um die Macht im Staat".

Allerdings darf die Härte der NS-Verfolgungsmaßnahmen gegenüber oppositionellen Jugendlichen nicht dazu verleiten, die Bedeutung des Jugendwiderstandes überzubewerten. Es war vielmehr ein charakteristisches Merkmal der deutschen Jugend, dass sie in überwiegender Zahl bis Kriegsende fest und überzeugt zum Nationalsozialismus hielt. So notierte sich Goebbels in seinem Tagebuch im Oktober 1944, als die Alliierten bereits die Reichsgrenze erreichten: Erfreulich seien die zahlreichen Freiwilligen-Meldungen des neuen Kriegsdienst-Jahrganges, der 1945 eingezogen werde. 375 000 Mitglieder der „Hitlerjugend" hätten sich freiwillig gemeldet. Sie stammten „zum weitaus überwiegenden Prozentsatz aus der Arbeiterschaft". Die Jugend sei „gänzlich unverdorben", konstatierte Goebbels. Deshalb rechnete der Reichspropagandaminister fest mit dem „Endsieg".

Gerd R. Ueberschär: Für ein anderes Deutschland. Der deutsche Widerstand gegen den NS-Staat 1933–1945. Frankfurt: Fischer Taschenbuch Verlag, 2. Aufl. 2006, S. 122–125.

zugelassene Hilfsmittel: Deutsches Wörterbuch

Lösungsvorschläge

Diese Aufgabe entspricht den folgenden aktuellen Schwerpunktthemen:
- *__Inhaltsfeld 5:__ Die Zeit des Nationalsozialismus – Voraussetzungen, Herrschaftsstrukturen, Nachwirkungen, Deutungen*
  - *Die Herrschaft des Nationalsozialismus in Deutschland und Europa (Motive und Formen der Unterstützung, der Anpassung und des Widerstandes am Beispiel der Jugendopposition)*

1. In der ersten Teilaufgabe sollen Sie zunächst das Material vorstellen. Hierzu müssen Sie neben Textsorte, Autor und Adressaten vor allem das Thema und das Erkenntnisinteresse des Verfassers benennen. Anschließend sollen der Inhalt des Textes und der gedankliche Aufbau strukturiert wiedergegeben werden. Sie können sich dabei an der Reihenfolge der Aspekte in der Vorlage (textdurchschreitendes Verfahren) orientieren oder an den einzelnen Argumenten, um den Aufbau des Textes deutlicher herauszuarbeiten.

Bei der vorliegenden Darstellung handelt es sich um einen Auszug aus einer **fachwissenschaftlichen Veröffentlichung** des Historikers **Gerd R. Ueberschär**. Seine Publikation erschien im Jahr 2006 unter dem Titel „Für ein anderes Deutschland. Der deutsche Widerstand gegen den NS-Staat 1933–1945". Der Text ist an **Fachkollegen** und eine **historisch interessierte Leserschaft** gerichtet. Ueberschär befasst sich in diesem Auszug mit dem **Jugendwiderstand** gegen den NS-Staat und geht insbesondere der Frage nach, welcher Stellenwert dieser speziellen Form des Widerstands aus historischer Perspektive beigemessen werden sollte.	Einleitung Text und Autor Thema Erkenntnisinteresse
Der Text von Ueberschär lässt sich in drei Sinnabschnitte gliedern. Zunächst geht der Historiker knapp auf die Verfolgung der Edelweißpiraten durch die Nationalsozialisten ein und nimmt ausgehend von der zeitgenössischen Perspektive eine erste Einordnung des jugendlichen Widerstands vor (vgl. Z. 1–22). Entsprechend des **drastischen Vorgehens** gegen die Jugendlichen seien die Kölner Edelweißpiraten in **britischen Medien** 1943 als „'politisch-oppositionelle Gruppe' gegen den Nationalsozialismus" (Z. 8 f.) dargestellt worden. Der Historiker weist jedoch darauf hin, dass nicht alle Mitglieder der Edelweißpiraten als „**bewusste[...] politische[...] Hitlergegner[...]**" (Z. 11 f.) angesehen werden könnten. Laut **nationalsozialistischer Verwaltung und Justiz** habe es sich bei den Aktivitäten der meisten Edelweißpiraten lediglich um „**Kraftprotzertum** des Entwicklungsalters" (Z. 14) oder um „oppositionelle Trotzreaktionen" (Z. 20) gehandelt.	strukturierte Wiedergabe Verfolgung „politisch-oppositionelle Gruppe" „Trotzreaktionen"

Im zweiten Sinnabschnitt (vgl. Z. 23–57) nimmt Ueberschär eine genauere Begriffsbestimmung von „Widerstand" vor und ordnet das jugendliche Verhalten vor diesem Hintergrund ein. Anschließend geht er auf die Maßnahmen gegen die Jugendlichen ein, die die Nationalsozialisten ergriffen. Lege man ein engeres Verständnis von Widerstand zugrunde, dann sei darunter nur ein Verhalten zu verstehen, welches das **NS-Regime** auf direktem Weg oder über Umwege **stürzen** wolle. Beides sei für die Edelweißpiraten nicht zutreffend. Basierend auf der Bewertung der NS-Stellen, die in den Jugendlichen „**Verweigerer gegenüber dem NS-System**" (Z. 27 f.) sahen, müsse man die Mitglieder der Edelweißpiraten jedoch durchaus zur „**Opposition gegen Hitler**" (Z. 29) rechnen. Als Beispiel nennt Ueberschär in diesem Zusammenhang, dass die Edelweißpiraten im Herbst 1944 die NS-Herrschaft im Raum Köln „lokal" destabilisiert hätten. Zur Spezifizierung seiner Aussagen führt der Historiker zudem zwei **Reichsarbeitskreise** und einen **Erlass** des SS-Obergruppenführers Ernst Kaltenbrunner aus dem Jahr 1944 an. Seitens der Nationalsozialisten habe man beispielsweise eine Zunahme „politische[r] Tendenzen" (Z. 37) bei einem Teil der Edelweißpiraten festgestellt. Verschärfte Maßnahmen wie eine **strengere Überwachung und Verfolgung** hätten den Jugendwiderstand eindämmen sollen. Man habe aber nur Teilerfolge erzielen können (vgl. Z. 50 ff.). Ueberschär macht hierbei darauf aufmerksam, dass **nicht alle Mitglieder** der Widerstandsgruppen „**bewusste[...] Widerstandskämpfer**" (Z. 53) gewesen, jedoch alle als „politische Gegner" (Z. 55) verfolgt worden seien. Die NS-Stellen hätten im Verhalten der Heranwachsenden vor allem eine Bedrohung der Hitler-Jugend in ihrer Funktion als „Staatsjugend" (Z. 56) gesehen. Nach Meinung der Nationalsozialisten habe der Kampf gegen die Nachwuchsorganisation einen Schritt hin zum „Kampf um die Macht im Staat" (Z. 57) dargestellt.

Im letzten Abschnitt formuliert der Autor schließlich ein **Fazit** zum Stellenwert des Jugendwiderstands (vgl. Z. 58–68). Seiner Ansicht nach hätten die von den Nationalsozialisten ergriffenen Maßnahmen nicht der **tatsächlichen Bedeutung** des jugendlichen Widerstands entsprochen. Daher dürfe man diese insgesamt **nicht zu hoch** veranschlagen, vor allem, da weite Teile der Jugendlichen bis zum Ende des Krieges fest zum NS-Regime gestanden hätten (vgl. Z. 60 ff.). Seine Einschätzung unterstreicht er am Ende seiner Ausführungen damit, dass sich mehrere hunderttausend Mitglieder der Hitler-Jugend 1945 freiwillig für den Kriegseinsatz gemeldet hätten.

2. Diese Teilaufgabe umfasst zwei Teile. In einem ersten Schritt wird von Ihnen erwartet, dass Sie die Formen des Widerstands gegen den Nationalsozialismus zunächst allgemein darstellen. Im Lösungsvorschlag wird dazu auf das Stufenmodell nach Detlev Peukert zurückgegriffen. Es bietet sich vor dem Hintergrund der Aufgabenstellung an, im Anschluss die allgemeinen Ausführungen anhand des Jugendwiderstands und einer weiteren Widerstandsgruppe zu konkretisieren. In der folgenden Lösung wurde der Widerstand vom 20. Juli 1944 als Beispiel gewählt. Achten Sie im zweiten Bearbeitungsschritt auch darauf, die Kriterien zu benennen, die Sie für den Vergleich heranziehen. Grundsätzlich sollten Sie sich um eine strukturierte und fachsprachlich präzise Darstellung bemühen.

Während der gesamten Zeit des Nationalsozialismus gab es verschiedene Personen und Gruppen, die diesem kritisch bis ablehnend gegenüberstanden. Es entschied sich jedoch gemessen an der Gesamtzahl der Bevölkerung nur ein **kleiner Teil** für den **Widerstand** gegen das NS-Regime. Wie der Text von Ueberschär zeigt, lässt sich der Begriff „Widerstand" dabei nur schwer fassen. In der Forschung finden sich mittlerweile viele Modelle, die einen umfassenderen Widerstandsbegriff zugrunde legen und damit **mehreren Formen widerständigen Verhaltens** Beachtung schenken. Im Folgenden sollen zunächst die Formen des Widerstands vorgestellt werden, bevor ein Vergleich zwischen dem Jugendwiderstand und dem militärischen Widerstand vom 20. Juli 1944 gezogen wird. Als **Vergleichspunkte** dienen neben den Formen auch die Motive, Widerstandsaktionen sowie die Reichweite der Widerstandsgruppen.	Einleitung
In Anlehnung an die Einteilung des Historikers **Detlev Peukert** lassen sich oppositionelle Verhaltensweisen mit den Kategorien „Nonkonformität", „Verweigerung", „Protest" und „Widerstand" beschreiben. Peukert nimmt dabei eine graduelle Abstufung der am NS-Regime vorgebrachten **Kritik** und des **Handlungsraumes**, in dem diese geäußert wurde, vor. Letzterer beginnt im privaten und endet im öffentlichen Bereich. Die Kritik reicht von partieller bis zu genereller Kritik am NS-System. Peukerts Ansatz trägt damit neben dem Widerstand im engeren Sinn, der auf einen **unmittelbaren Sturz des NS-Regimes** zielte, der gesamten Bandbreite widerständigen Verhaltens Rechnung. Dieses reichte beispielsweise von der Verweigerung des Hitlergrußes über das Verstecken von Verfolgten bis hin zu Sabotageakten.	Formen des Widerstands Einteilung nach Peukert
Wendet man das Modell Peukerts auf den Jugendwiderstand an, so ist dieser vor allem innerhalb der beiden Kategorien „Nonkonformität" und „Verweigerung" zu verorten. Wie auch im Textauszug von Ueberschär anklingt, existierten verschiedene Gruppen des Jugendwiderstands. Neben den erwähnten Edel-	Jugendwider-stand

weißpiraten gehörte zu diesen beispielsweise auch die „Swing-Jugend". Diesen Gruppen war gemeinsam, dass sie sich der nationalsozialistischen Durchdringung aller Lebensbereiche verweigerten, insbesondere dem **Zwangsdienst in der Hitler-Jugend**. Sie versuchten, ihren spezifischen **Lebensstil** gegen den **Totalitätsanspruch** der NS-Diktatur zu verteidigen. Die meist der oberen Mittelschicht entstammenden Swing-Gruppen wehrten sich beispielsweise vor allem gegen das Verbot der modernen anglo-amerikanischen Jazz-Musik und trafen sich privat oder in Clubs, um zu dieser Musik zu tanzen. Die Jugendlichen orientierten sich an der amerikanischen Mode und verwendeten in ihren Gesprächen Anglizismen. Sie wollten eine **Gegenkultur zur Hitler-Jugend** etablieren und sich vom normierten Alltag des NS-Systems abgrenzen. Von der Gestapo wurden sie als Gegner des Nationalsozialismus verfolgt, obwohl sie sich nicht politisch betätigten.

    Gemeinsamkeit

    „Swing-Jugend"

    Widerstandshandlungen

    Motive

Die von Ueberschär angeführten Edelweißpiraten waren lose Zusammenschlüsse Jugendlicher, die zumeist aus der Arbeiterschicht stammten. Sie fanden sich vor allem im Rheinland und im Ruhrgebiet. Auch sie wollten eine eigene Jugendkultur etablieren und sich Freiraum und eine **eigene Identität** schaffen. Den Zwangscharakter des NS-Staates sowie den Drill und die Militarisierung der Hitler-Jugend lehnten sie ab. Ihr abweichendes Verhalten äußerte sich im Tragen einer eigenen Kluft, kleinkriminellen Handlungen und in Treffen außerhalb der Hitler-Jugend. Die Haltung dieser Jugendlichen war ebenfalls **überwiegend unpolitisch**. Erst mit zunehmender Verfolgung durch den NS-Staat fand eine gewisse Politisierung statt. Manche Mitglieder verteilten beispielsweise Flugblätter und scheuten auch vor **geplanten Aktionen gegen NS-Organisationen** nicht zurück. Am berühmtesten ist heute der **Sprengstoff-Angriff** 1944 auf das Gestapo-Gebäude in Köln-Ehrenfeld, auf das Ueberschär in seinem Text Bezug nimmt (vgl. Z. 29–31). Ein Teil der Aktivitäten dieser Jugendgruppe geht damit über die beiden ersten Kategorien Peukerts hinaus und ist als „Protest" beziehungsweise „Widerstand" oder nach Ueberschär als „Opposition gegen Hitler" (Z. 29) zu klassifizieren. Die Reichweite der Widerstandsaktionen blieb aber **lokal** beschränkt.

    Edelweißpiraten

    Motive

    Widerstandshandlungen

    Formen

    Reichweite

Stark im kollektiven Gedächtnis verankert ist der militärische Widerstand um die **Gruppe des 20. Juli 1944**. Deren Wurzeln liegen in oppositionellen Kreisen um den Ex-Generalstabschef des Heeres **Ludwig Beck** sowie den früheren Leipziger Bürgermeister **Carl Goerdeler**. Diese verfügten über gute Kontakte zu führenden Offizieren der Wehrmacht, mit deren Hilfe sie die

    militärischer Widerstand – 20. Juli 1944

Beseitigung des NS-Regimes zu erreichen hofften. Dies war nach Meinung der Widerständigen nur durch eine gewaltsame Aktion möglich. Die Ausführung des geplanten Attentats auf Hitler übernahm Oberst **Claus Schenk Graf von Stauffenberg**. Er wollte den Diktator während einer Lagebesprechung im Führerhauptquartier Wolfsschanze mit einer **Bombe** töten. Dieser wurde aber nur leicht verletzt und der vorbereitete Staatsstreich scheiterte, nachdem sich die Nachricht von Hitlers **Überleben** verbreitet hatte.   *Widerstandshandlung*

Die Widerstandskräfte im Offizierskorps der Wehrmacht hatten sich nach langen **Gewissenskonflikten** gegen den im Fahneneid geleisteten unbedingten Gehorsam gegenüber Hitler entschieden. Viele der am Umsturz Beteiligten waren nach anfänglicher Zustimmung zum Nationalsozialismus vor dem Hintergrund der **Verbrechen des NS-Regimes**, der **Kriegsführung im Osten** und der sich **abzeichnenden Niederlage** in einen immer schärferen Gegensatz zum NS-Staat geraten. Sie folgten ihrem Gewissen und entzogen dem Unrechtsregime ihre Unterstützung. Aus Briefen ist bekannt, dass ein großer Teil der Widerstandskämpfer auch aus der **idealistischen Vorstellung** handelte, die **Ehre der deutschen Nation** zu retten und einen neuen Staat aufzubauen. Über die genaue Zukunft Deutschlands herrschte jedoch Uneinigkeit. Es wird heute davon ausgegangen, dass in staatlicher Hinsicht von vielen die **Restauration der politischen Verhältnisse des Kaiserreichs** angestrebt wurde. Unter anderem die diffusen Ziele haben dazu geführt, dass der militärische Widerstand in der historischen Forschung auch kontrovers diskutiert wird.   *Motive*

Im Falle des Gelingens wäre die Reichweite dieser Widerstandsgruppe sehr groß gewesen. Aufgrund der Verbindungen und des Einflusses auf die entscheidenden **Schaltstellen im Militär** war der militärische Widerstand wohl der einzige mit einer ernsthaften Chance, einen **Regimewechsel** zu erreichen. Aufgrund der weitgehenden Kritik am NS-Regime und des Ziels, dieses zu stürzen, handelt es sich beim Verhalten dieser Gruppe um **Widerstand im engeren Sinn**.   *Reichweite*

Formen

Aus der Beschreibung wird deutlich, dass es sich beim Jugendwiderstand und beim militärischen Widerstand insgesamt um zwei sehr **unterschiedliche Formen des Widerstands** handelte. Während es den Jugendlichen überwiegend um das **Schaffen eigener Lebensräume** ging, handelten viele der Widerstandskämpfer vom 20. Juli 1944 aus **moralischen Gründen**. Dementsprechend war ihre **Kritik** keine partielle, sondern eine generelle.   *Vergleich*

Motive

Im Jugendwiderstand fanden sich bei den Edelweißpiraten teilweise **gewaltsame Vorgehensweisen**, wodurch eine Überschneidung zum militärischen Widerstand entsteht. Es ist jedoch anzuführen, dass der jugendliche Widerstand zum überwiegenden Teil eher aus nonkonformem Verhalten und der Verweigerung gegenüber dem NS-Regime bestand, während es sich beim militärischen Widerstand um Widerstand im engeren Sinn handelte.
Widerstandshandlungen und Formen

In der Reichweite des Widerstands gibt es ebenfalls Unterschiede. Während die Jugendlichen **lokal begrenzte Aktionen** ausführten, konnte Stauffenberg aufgrund seiner Position in der Wehrmacht ein Attentat auf Hitler selbst verüben. Dies hätte im Falle des Gelingens einen **Staatsstreich** möglich gemacht, was das Ziel des 20. Juli 1944 war.
Reichweite

3. *Die dritte Teilaufgabe verlangt von Ihnen eine Stellungnahme. Sie müssen also die vorliegende Position prüfen und eine begründete Einschätzung zur Bedeutung des Widerstands abgeben. Machen Sie hierbei die Kriterien deutlich, die Sie zur Begründung Ihrer Einschätzung heranziehen.*

Ueberschär beurteilt in seiner Darstellung die **Bedeutung des Jugendwiderstands**. Er bezeichnet das Verhalten der Heranwachsenden als im weiteren Sinne „oppositionell[...]" (Z. 25), das harte Vorgehen seitens der Nationalsozialisten gegen den Jugendwiderstand dürfe aber seines Erachtens nicht zu einer Überbewertung verleiten (vgl. Z. 58 ff.). Die meisten Jugendlichen hätten nämlich auch am Kriegsende zum NS-Regime gestanden (vgl. Z. 60 f.). Im Falle der Edelweißpiraten weist Ueberschär darüber hinaus darauf hin, dass es sich bei deren Aktionen kaum um politischen Widerstand gehandelt habe (vgl. Z. 10–22).
Einleitung
Einschätzung des Historikers

Schließt man sich Ueberschärs enger Definition von Widerstand an, kann man dieser Einschätzung durchaus **zustimmen**. Die Jugendgruppen bezweckten mit ihrem Handeln nicht den **Sturz des Regimes**. Die Beweggründe der Mitglieder waren hauptsächlich **unpolitischer Natur**. Den meisten Jugendlichen ging es wie bereits ausgeführt um die Abgrenzung vom NS-System und um die Schaffung von Freiräumen.
zustimmende Aspekte
enge Definition von Widerstand

Auch ist dem Historiker darin zuzustimmen, dass die Diskrepanz zwischen den Handlungen der Jugendlichen und den von den Nationalsozialisten ergriffenen **Maßnahmen** sehr groß war. Dies wird beispielsweise an der „Swing-Jugend" und den Edelweißpiraten ersichtlich. Bereits das nonkonforme Verhalten der Jugendlichen führte zur Verfolgung durch die Gestapo bis hin zur Inhaftierung in **Konzentrationslagern**, die zum Teil eigens
harte Strafen

für widerständige Jugendliche errichtet worden waren. Sie sollten in den Arbeitslagern umerzogen werden.

Dennoch sind die Aussagen Ueberschärs in Teilen zu hinterfragen. Er führt an, dass es sich beim Jugendwiderstand weniger um „bewussten politischen" (Z. 11) Widerstand, als vielmehr um „Trotzreaktionen" (Z. 20) gehandelt habe. Die Unterscheidung zwischen der Verteidigung eigener Freiheiten und dem Kampf gegen das NS-Regime kann grundsätzlich zunächst nachvollzogen werden. Angesichts des Zwangscharakters des NS-Staates erscheint es aber schwierig, die persönlich gelagerten Motive der Jugendlichen gegenüber politischen Beweggründen zu relativieren. Ungeachtet der zugrunde liegenden Motive setzten die Widerstandshandlungen ein **Zeichen** zumindest gegen Teile des NS-Systems. In den Aussagen Ueberschärs kommt darüber hinaus nicht zum Tragen, dass die Handlungsmöglichkeiten vor allem der jüngeren Widerständigen naturgemäß begrenzt waren und damit die Reichweite ihrer Aktivitäten eingeschränkt war.

<small>relativierende Aspekte</small>

<small>Motive der Jugendlichen</small>

<small>beschränkte Handlungsmöglichkeiten</small>

Der Historiker führt zudem die häufigen Freiwilligenmeldungen von HJ-Mitgliedern für den Kriegsdienst 1945 ins Feld, um daran die hohe Zustimmung zum NS-Regime seitens der Jugendlichen zu belegen (vgl. Z. 60–65). Es ist aber einzuwenden, dass Widerstand in den meisten Fällen nur von einem kleinen Teil der Bevölkerung ausgeht. An der **Quantität** seiner Mitglieder sollte der Jugendwiderstand damit nicht gemessen werden. Wichtiger erscheint demgegenüber der **Mut** und der **Vorbildcharakter** der widerständigen Jugendlichen besonders in den Jahren der radikalisierten Diktatur. Mit dem Widerstand setzten die Heranwachsenden sich und zum Teil auch ihre Angehörigen einer **erheblichen Gefahr** aus. Dies gilt unterschiedslos für alle Formen und Personen des Widerstands. Nicht zuletzt bot sich in der Bundesrepublik Deutschland durch den Widerstand einzelner Personen und Gruppen nach Kriegsende zudem die Möglichkeit, an eine **demokratische Tradition** anzuknüpfen, die das Scheitern von Weimar und die Repressionen der Diktatur überdauert hatte.

<small>Mut und Vorbildcharakter</small>

Ueberschärs Bewertung ist folglich konsensfähig, wenn ein enger Widerstandsbegriff zugrunde gelegt wird. Es erscheint demgegenüber aber auch wichtig, gerade angesichts der drastischen Maßnahmen der Nationalsozialisten den **Mut** der Jugendlichen sowie den **Vorbildcharakter** aller Formen des Widerstands hervorzuheben.

<small>Fazit</small>

**Schriftliche Abiturprüfung Nordrhein-Westfalen Geschichte
Grundkurs – Aufgabe 6**

A: Interpretation sprachlicher oder nichtsprachlicher historischer Quellen

Aufgabenstellung

Interpretieren Sie die Bildquelle, indem Sie

1. sie analysieren.
2. sie in den historischen Kontext einordnen sowie die Bedeutung der Bildelemente erläutern.
3. die Aussagen des Karikaturisten vor dem Hintergrund der Jahre bis 1955 beurteilen.

M: „So, Schickelgruber heißen Sie?" (Stuttgarter Zeitung), 1955

„So, Schickelgruber heißen Sie? – Ja, dann steht Ihrer Bewerbung bei uns nichts im Wege."

Stuttgarter Zeitung

Hinweise zum Material:
Das abgebildete **Wappen** ist das Wappen Schleswig-Holsteins. Das Bundesland war bei der Wiedereinstellung ehemaliger NS-Beamter großzügig. Es wird für die damalige Zeit sogar oftmals von einer „Renazifizierung" in Bezug auf das Bundesland gesprochen.
Der Name „**Schickelgruber**" war der Geburtsname von Adolf Hitlers Vater. Er hat diesen später in „Hitler" ändern lassen.

zugelassene Hilfsmittel: Deutsches Wörterbuch

Lösungsvorschläge

Diese Aufgabe entspricht den folgenden aktuellen Schwerpunktthemen:
- *__Inhaltsfeld 5:__ Die Zeit des Nationalsozialismus – Voraussetzungen, Herrschaftsstrukturen, Nachwirkungen und Deutungen*
  - *Vergangenheitspolitik und „Vergangenheitsbewältigung" (Umgang mit dem Nationalsozialismus in den Besatzungszonen)*

1. Die erste Teilaufgabe verlangt von Ihnen die formale Analyse der Karikatur. Nennen Sie hierbei einleitend die Quellengattung, Erscheinungsort und -jahr, mögliche Adressaten, das Thema der Zeichnung und die Intention des Karikaturisten. Beschreiben Sie anschließend detailliert die einzelnen Bestandteile der Karikatur.

Bei der vorliegenden Bildquelle handelt es sich um eine **politische Karikatur**. Die Zeichnung eines namentlich nicht genannten Künstlers erschien 1955 in der **Stuttgarter Zeitung** und richtete sich somit vorwiegend an eine politisch interessierte Leserschaft in **Baden-Württemberg**. Thema der Karikatur ist die **(Wieder-)Einstellung** von ehemals aktiven Nationalsozialisten nach dem Ende des „Dritten Reichs". Dabei kritisiert der Karikaturist besonders den Umgang mit der NS-Vergangenheit im westdeutschen Bundesland Schleswig-Holstein.	Einleitung Quelle Adressaten Thema Intention
Die Karikatur setzt sich aus einem Bildteil und einer Bildunterschrift zusammen. Dargestellt ist eine **Büroszene**, unter der zu lesen ist: „So, Schickelgruber heißen Sie? – Ja, dann steht Ihrer Bewerbung bei uns nichts im Wege."	strukturierte Beschreibung der Bildelemente
Im Bildvordergrund sieht man zwei **männliche Personen**. Der Mann links ist mit einem langen **Mantel** bekleidet und hält einen Hut in der Hand. Sein Gesichtsausdruck sieht neutral bis bittend aus. Er wird laut der Bildunterschrift von der zweiten Person mit dem Namen „**Schickelgruber**" angesprochen und hat sich um eine Anstellung beworben. Vor ihm sitzt an einem mit dem Wappen Schleswig-Holsteins versehenen, massiven Schreibtisch ein **älterer Herr**, der offenbar im **öffentlichen Dienst** tätig ist. Er ist nach vorne geneigt, hält einen Stift in seiner Hand und lächelt den Bewerber freundlich an. Bekleidet ist dieser Mann mit **Anzug** und Krawatte. Neben ihm liegen Unterlagen auf dem Tisch.	Personen
Zusätzlich zum Schreibtisch ist im Bildhintergrund eine gewöhnliche Büroeinrichtung zu sehen. Von links nach rechts betrachtet befinden sich dort ein verschlossener Schrank, eine Kommode mit Schubladen, auf der drei Bücher liegen, und ein halboffenes **Regal**, in welchem sich Akten und Ordner befinden. An der Wand hängt mittig das **Wappen Schleswig-Holsteins**.	Büroeinrichtung

2. *Diese Teilaufgabe enthält zwei Operatoren. Zunächst sollen Sie die Karikatur in ihren historischen Kontext einordnen. Es wird also von Ihnen verlangt, den Umgang der Bundesrepublik Deutschland mit ehemaligen Nationalsozialisten in den 1950er-Jahren zu skizzieren. Nutzen Sie hierbei auch die zusätzlichen Informationen zur allgemeinen Situation in Schleswig-Holstein, die in den Hinweisen zum Material enthalten sind. Erläutern Sie dann vor diesem Hintergrund in einem zweiten Schritt die Bedeutung der einzelnen Bildelemente.*

Die Karikatur wurde zehn Jahre nach dem Ende des Zweiten Weltkriegs veröffentlicht. In diesem Zeitraum hatte sich die **politische Situation** in Deutschland bereits **stark verändert**. 1949 waren vor dem Hintergrund des immer stärker hervortretenden Ost-West-Konflikts aus den ehemaligen westlichen Besatzungszonen die **Bundesrepublik Deutschland** und aus der Sowjetischen Besatzungszone die **Deutsche Demokratische Republik** entstanden.

historischer Kontext

Teilung Deutschlands

Im Rahmen der alliierten Entnazifizierungspolitik hatten nach Kriegsende 1945 viele Personen in **nichtstaatlichen Positionen** sowie mehrere Hunderttausend **Beamte und Berufssoldaten** ihre Anstellung wegen ihrer aktiven Rolle im NS-System zunächst verloren. Durch entsprechende Beschlüsse der 1949 gewählten Bundesregierung, in deren Hand die Entnazifizierung überging, wurde eine Rückkehr in die jeweiligen Berufe und die Reintegration in die Gesellschaft jedoch schrittweise wieder möglich. Grund dafür war, dass für den Aufbau des westdeutschen Teilstaates dringend benötigtes **Fachpersonal** fehlte und die **Akzeptanz der neu gegründeten Bundesrepublik** durch die Wiedereingliederung großer Bevölkerungsteile erhöht werden sollte.

alliierte Entnazifizierungspolitik

Rückkehr in den Beruf und Reintegration

Hierzu wurde eine Reihe von Bundesgesetzen verabschiedet. Am 31. Dezember 1949 erließ die Bundesregierung ein erstes Straffreiheitsgesetz. Dieses sah eine **Amnestie** für alle vor September 1949 begangenen Straftaten vor, welche mit **Gefängnisstrafen** bis zu sechs Monaten oder **Bewährungsstrafen** bis zu einem Jahr geahndet worden waren. Dadurch wurden auch aufgrund nationalsozialistischer Taten Verurteilte amnestiert. Am 1. April 1951 folgte das sogenannte 131er-Gesetz. Dieses bezog sich auf den **Artikel 131** des Grundgesetzes, der unter anderem die Versorgung der entlassenen Beamten regelte. Das Gesetz legte die **Wiedereingliederung** ehemaliger Berufssoldaten und Beamter fest, sofern sie nicht in den Spruchkammerverfahren als „Hauptschuldige" oder „Belastete" eingestuft worden waren. Damit wurde ein Großteil der ehemaligen staatlichen Bediensteten wieder eingestellt. Drei Jahre später verabschiedete die Bundesregierung das zweite Straffreiheitsgesetz (17. Juli 1954),

erstes Straffreiheitsgesetz

„131er-Gesetz"

zweites Straffreiheitsgesetz

welches bewusst eine **Amnestie für Personen mit nationalsozialistischem Hintergrund** herbeiführte. Mit diesem Gesetz wurden Personen begnadigt, die gegen Kriegsende **Straftaten auf einen Befehl** hin begangen hatten und mit maximal drei Jahren Freiheitsentzug bestraft worden wären. Hierdurch sollten – so die Intention der Bundesregierung – die durch „Kriegs- und Nachkriegsereignisse geschaffenen außergewöhnlichen Verhältnisse" (§ 1) bereinigt und ein Schlussstrich unter die Zeit des „Dritten Reichs" gezogen werden. Dieses Ansinnen entsprach dem damals in der Bevölkerung weitverbreiteten **Wunsch** nach einem **Abschließen mit der NS-Vergangenheit**. Schlussstrichmentalität

Auch in ökonomischer Hinsicht setzte in den 1950er-Jahren in der Bundesrepublik Deutschland ein starker Wandel ein. Es entwickelte sich ein neuer **Wohlstand**. Dieser resultierte aus der wirtschaftlichen Hilfe der USA (**Marshall-Plan**) sowie aus den **sozialpolitischen Maßnahmen** der westdeutschen Regierung. Er trug neben den skizzierten politischen Entscheidungen zur Akzeptanz der **freiheitlich-demokratischen Grundordnung** bei. Die Auseinandersetzung mit der NS-Vergangenheit trat in den 1950er-Jahren zunehmend in den Hintergrund. Ein Verschweigen und Verdrängen der nationalsozialistischen Verbrechen war die Folge.

Randnotizen: wirtschaftliche Entwicklung; Marshall-Plan; Verdrängung

Vor dem Hintergrund dieser politischen, wirtschaftlichen und gesellschaftlichen Entwicklung muss die Karikatur betrachtet werden. Aufgrund der **Frisur** und des charakteristischen **Bartes** kann der Mann links in der Zeichnung als **Adolf Hitler** identifiziert werden. Der Bewerber macht sich nicht allzu viel Mühe, seine **Herkunft und seine Vergangenheit** zu verbergen. Er trägt lediglich einen langen Mantel und außerhalb des Büros wohl auch einen Hut, um nicht weiter aufzufallen. Auch seinen Namen hat der Bewerber nur in „Schickelgruber" geändert. Es handelt sich dabei um den **Geburtsnamen von Hitlers Vater**, der diesen später in „Hitler" ändern ließ.

Randnotizen: **Erläuterung der Bildelemente**; Bewerber

Die Figur repräsentiert in dieser Zeichnung die ehemals aktiven Nationalsozialisten auf der Suche nach einer Anstellung im Bundesland Schleswig-Holstein. Das Büro, in welchem das dargestellte Bewerbungsgespräch stattfindet, ist dabei entsprechend dem aufkommenden Wohlstand stilvoll eingerichtet. Es ist anzunehmen, dass der Arbeitsuchende eine umfassende Verschleierung seiner Vergangenheit angesichts der Reintegrationsmaßnahmen nicht für notwendig hält.

Randnotiz: Büro

Obgleich die **politische Gesinnung** des Bewerbers klar ist, steht seiner Anstellung offenbar tatsächlich nichts im Wege. Die Bildunterschrift legt den Schluss nahe, dass an einer Überprüfung genauer Hintergründe kein Interesse besteht. Dem älteren Herren, der einen Beamten oder Angestellten darstellt, muss bewusst sein, dass es sich bei dem vor ihm Stehenden um Adolf Hitler handelt. Dennoch hinterfragt er den vom Bewerber angegebenen Namen nicht weiter und erläutert, dass nichts gegen ein Beschäftigungsverhältnis spräche. Diese Aussage ist als Anspielung des Karikaturisten auf die **Politik der Rehabilitierung und Amnestierung** ehemaliger Nationalsozialisten zu verstehen. Das **freundliche Lächeln** des älteren Mannes trotz der NS-Vergangenheit seines Gegenübers lässt dabei auch erkennen, dass er keinerlei Probleme mit dessen Rolle im „Dritten Reich" hat. Das Verhalten des Angestellten beziehungsweise Beamten spiegelt folglich das **gesellschaftliche Klima der Verdrängung** wider. Auch das zweimal in der Karikatur vorhandene Wappen Schleswig-Holsteins weist auf den Umgang mit ehemaligen Nationalsozialisten in der Bundesrepublik Deutschland hin. Es symbolisiert die damals **großzügige Wiedereinstellung** dieser Personengruppe in Schleswig-Holstein.

Angestellter / Beamter

Insgesamt **kritisiert** der Karikaturist die **Wiedereingliederung** offensichtlicher ehemaliger NS-Aktivisten selbst aus den höchsten Führungszirkeln der NSDAP. Dabei verurteilt er, dass die nationalsozialistische Gesinnung und die begangenen Verbrechen dieser Personen einfach hingenommen werden.

zusammenfassendes Fazit

3. In der dritten Teilaufgabe wird von Ihnen eine Beurteilung der Aussagen des Zeichners vor dem Hintergrund der Jahre bis 1955 gefordert. Nennen Sie einführend kurz die zentrale Aussage des Zeichners und gehen Sie dann sowohl auf Aspekte ein, die seine These unterstützen, als auch auf Argumente, die diese widerlegen. Beziehen Sie in Ihre Ausführungen erneut die Hintergrundinformationen zu Schleswig-Holstein mit ein, die Sie den Hinweisen zum Material entnehmen können. Am Ende müssen Sie ein begründetes Fazit ziehen.

Der Zeichner der vorliegenden Karikatur vertritt die These, in der Bundesrepublik Deutschland und vor allem in Schleswig-Holstein seien nach dem Zusammenbruch des „Dritten Reichs" **ehemalige führende Nationalsozialisten ohne Bedenken (wieder) angestellt** worden. Die Karikatur kann darüber hinaus auch als genereller Vorwurf eines tendenziell sorglosen Umgangs und einer **mangelnden Auseinandersetzung** mit der nationalsozialistischen **Vergangenheit** in Westdeutschland gelesen werden.

Einleitung

Diese Sichtweise ist jedoch nicht uneingeschränkt zutreffend. Bundeskanzler Konrad Adenauer hatte bereits kurz nach seinem Amtsantritt deutlich gemacht, dass er das entstandene Unrecht so weit als möglich wiedergutmachen wolle. Als der Staat Israel 1951 finanzielle Hilfe benötigte und sich an die Bundesrepublik Deutschland wandte, sagte Adenauer seine Unterstützung zu. Auf diesem Wege sollte zumindest eine **materielle Entschädigung** stattfinden. Im Jahr 1952 wurde das sogenannte Wiedergutmachungsabkommen unterzeichnet und ein Jahr später mit einer knappen Mehrheit vom Deutschen Bundestag ratifiziert. Es wurden Zahlungen, Exportlieferungen und Dienstleistungen im Wert von 3,5 Milliarden DM vereinbart. Auch wenn das Abkommen bei einigen Abgeordneten und bei einem Großteil der Bevölkerung auf Widerspruch stieß, bleibt festzuhalten, dass es sich um einen frühen Versuch der Bundesrepublik Deutschland handelte, **Verantwortung für die Vergangenheit** zu übernehmen. Aufbauend auf dem Wiedergutmachungsabkommen konnten sich Westdeutschland und Israel zudem in der Folgezeit annähern.

einschränkende Aspekte
Wiedergutmachungsabkommen mit Israel

Auch die Kritik des Karikaturisten an der Wiedereinstellung aktiver Nationalsozialisten ist differenzierter zu sehen. Denn gerade die **oberste Führungsriege** des NS-Staates wurde nach dem Ende des Zweiten Weltkrieges in allen vier Besatzungszonen im Nürnberger Prozess von 1945/46 **zur Verantwortung** gezogen. Damals standen mehr als 20 Vertreter der nationalsozialistischen Führung vor Gericht, von denen die Richter zwölf zum Tode verurteilten – nur drei Angeklagte wurden freigesprochen. Dem ersten Nürnberger Prozess schlossen sich zahlreiche **Nachfolgeprozesse** an.

Nürnberger Prozess

Zudem sind für die Zeit vor der Amnestierung und Rehabilitierung umfassende Bemühungen in den westlichen Besatzungszonen erkennbar, die **Schuld** der einzelnen Deutschen festzustellen und diese angemessen zu bestrafen. Zunächst mussten die Deutschen in den westlichen Besatzungszonen umfangreiche Fragebögen zu ihrer persönlichen NS-Vergangenheit ausfüllen, welche in vielen Fällen auch zu **Berufsverboten** führten und Grundlage für einen möglichen anschließenden Gerichtsprozess waren. In diesen sogenannten **Spruchkammerverfahren** mussten sich rund drei Millionen Deutsche aufgrund ihrer NS-Vergangenheit verantworten.

Fragebogen

Gerichtsprozess

Es lassen sich jedoch auch Argumente finden, die die Aussagen der Karikatur stützen. So muss man festhalten, dass die Spruchkammerverfahren trotz des enormen bürokratischen Aufwands, den sie mit sich brachten, nur **wenig effektiv** waren – lediglich 10 % der Angeklagten wurden verurteilt und gerade einmal 1 % auch wirklich bestraft. Vor allem die Tatsache, dass in den Spruchkammerverfahren nicht das Gericht die Schuld, sondern die **Angeklagten ihre Unschuld** beweisen mussten, führte dazu, dass sich zahlreiche ehemals aktive Nationalsozialisten gegenseitig schriftlich ihre Unschuld bescheinigten und sich mit den „**Persilscheinen**" reinwaschen konnten. Auch kam es immer wieder vor, dass sich Menschen mit speziellen, für die Westalliierten nützlichen **Fachkenntnissen** nicht für ihre Taten während des „Dritten Reichs" verantworten mussten, da sie für den Aufbau des westdeutschen Staates gebraucht wurden. So wurde auch zahlreichen **Beamten** wie Richtern oder Lehrern nach einem anfänglichen Berufsverbot aufgrund ihrer NS-Vergangenheit rasch wieder Zugang zu ihrer ehemaligen Anstellung gewährt.

zustimmende Aspekte

fehlende Effektivität der Spruchkammerverfahren

Nicht zuletzt setzte mit Gründung der Bundesrepublik Deutschland eine weitreichende Amnestie ein, die zur **Reintegration ehemaliger NS-Anhänger** führte. Gerade in Schleswig-Holstein erfolgte die Wiedereingliederung früherer Nationalsozialisten in großem Umfang. Dies entsprach auch der vorherrschenden Stimmung in der deutschen Bevölkerung. Ähnlich wie der lächelnde Mann in der Karikatur verdrängte man oftmals die Frage nach der eigenen NS-Vergangenheit oder jener der Mitmenschen. Stattdessen zogen sich viele **ins Private zurück** und wollten einen **Schlussstrich** unter die Zeit des „Dritten Reichs" ziehen. Die beliebten **Heimatfilme** der 1950er-Jahre, in denen eine heile Idylle gezeigt wurde, sind ein Beispiel für die öffentlich stattfindende Verdrängung der jüngsten Vergangenheit.

Amnestie und Rehabilitierung

Verdrängung der Vergangenheit

Zusammenfassend lässt sich somit sagen, dass die **Aussage** der Karikatur – wie für diese Quellengattung charakteristisch – **überspitzt** dargestellt ist, denn aus der Führungsriege um Adolf Hitler stammende Personen konnten in der Bundesrepublik nicht Fuß fassen. Auch fehlte eine Auseinandersetzung mit der Vergangenheit nicht vollständig. Doch ist der **Kernaussage zuzustimmen**, dass die Entnazifizierungspolitik angesichts der mangelnden strikten Umsetzung zu **keinen großen Erfolgen** führte. In Schleswig-Holstein, aber auch im restlichen Westdeutschland, wurde zudem schnell zur **Verdrängung** der nationalsozialistischen Verbrechen übergegangen. Eine umfassendere Auseinandersetzung damit setzte in der Bundesrepublik Deutschland erst allmählich ab der **zweiten Hälfte** der 1950er-Jahre ein.

Fazit

> **Mündliche Abiturprüfung Nordrhein-Westfalen Geschichte**
> **Grundkurs – Aufgabe 7**

A: Interpretation sprachlicher oder nichtsprachlicher historischer Quellen

Aufgabenstellung

1. Analysieren Sie die vorliegende Quelle.
2. Ordnen Sie sie in den historischen Kontext ein.
3. Nehmen Sie zu Goebbels' Taktik vom Standpunkt des Konzepts der „wehrhaften Demokratie" Stellung.

M: Joseph Goebbels: „Was wollen wir im Reichstag?" in: „Der Angriff"[1] vom 30. April 1928

Wir sind doch eine antiparlamentarische Partei, lehnen aus guten Gründen die Weimarer Verfassung und die von ihr eingeführten republikanischen Institutionen ab, sind Gegner einer verfälschten Demokratie, die den Klugen und den Dummen, den Fleißigen und den Faulen über einen Leisten schlägt, sehen im heutigen System der Stimmenmajoritäten und der organisierten Verantwortungslosigkeit die Hauptursache unseres ständig zunehmenden Verfalls.

Was wollen wir im Reichstag? Wir gehen in den Reichstag hinein, um uns im Waffenarsenal der Demokratie mit deren eigenen Waffen zu versorgen. Wir werden Reichstagsabgeordnete, um die Weimarer Gesinnung mit ihrer eigenen Unterstützung lahm zu legen. Wenn die Demokratie so dumm ist, uns für diesen Bärendienst Freifahrkarten und Diäten zu geben, so ist das ihre eigene Sache. Wir zerbrechen uns darüber nicht den Kopf. Uns ist jedes gesetzliche Mittel recht, den Zustand von heute zu revolutionieren. Wenn es uns gelingt, bei diesen Wahlen[2] sechzig bis siebzig Agitatoren und Organisatoren unserer Partei in die verschiedenen Parlamente hineinzustecken, so wird der Staat selbst in Zukunft unseren Kampfapparat ausstatten und besolden. Eine Angelegenheit, die reizvoll und neckisch genug ist, sie einmal auszuprobieren.

Wir werden auch in den Parlamenten verparlamentisieren? So sehen wir aus! Glaubt einer von euch, dass wir, wenn wir in das Plenum des hohen Hauses einmarschieren, gleich mit Philipp Scheidemann Brüderschaft trinken? Haltet ihr uns für so miserable Revolutionäre, dass ihr fürchtet, wir würden vor einem dicken, roten Teppich und einer wohltemperierten Schlafhalle unsere geschichtliche Mission vergessen? Wer ins Parlament geht, kommt darin um! Jawohl, wenn er ins Parlament geht, um auch einer zu werden. Geht er jedoch hinein mit dem zähen und verbissenen Willen, auch hier seinen bedingungslosen Kampf gegen die zunehmende Verlumpung unseres öffentlichen Lebens mit der ihm angeborenen Rücksichtslosigkeit fortzuführen, dann wird er nicht verparlamentisieren, sondern er bleibt das, was er ist: ein Revolutionär. [...]

Man soll nicht glauben, der Parlamentarismus sei unser Damaskus[3]. Wir haben dem Gegner die Zähne gezeigt von den Podien der Massenversammlungen und von den Riesendemonstrationen unserer braunen Garde aus. Wir werden sie ihm auch zeigen in der bleiernen Sattheit eines parlamentarischen Plenums. Wir kommen nicht als Freunde, auch nicht als Neutrale. Wir kommen als Feinde! Wie der Wolf in die Schafherde einbricht, so kommen wir. Jetzt seid ihr nicht mehr unter euch! Und so werdet ihr keine reine Freude an uns haben!

Joseph Goebbels, „Was wollen wir im Reichstag?", in: Der Angriff vom 30. April 1928.

Anmerkungen:
1 „Der Angriff" war eine im Sommer 1927 von Joseph Goebbels (seit 1926 „Gauleiter" der Berliner NSDAP) gegründete und von ihm herausgegebene nationalsozialistische Propagandazeitung.
2 Gemeint sind die Reichstagswahlen vom 20. Mai 1928.
3 Paulus hatte sich durch die Erscheinung Christi vor Damaskus von einem Verfolger zu einem Gläubigen gewandelt.

Lösungsvorschläge

1. und 2.

Die Lösungsskizze auf der folgenden Seite zeigt Ihnen, unter welchen Gesichtspunkten die Teilaufgaben 1 und 2 (Analyse und Einordnung in den historischen Kontext) bearbeitet werden können. Eine solche Skizze kann Ihnen zudem bei Ihrem Prüfungsvortrag als Gedankenstütze dienen.

3. Teilaufgabe 3 kann im Sinne der folgenden Ausführungen beantwortet werden:

Die von Goebbels in seinem Artikel propagierte bzw. verteidigte **Legalitätstaktik** nimmt die Rechte und Freiheiten einer Demokratie in Anspruch und wendet diese gegen die Demokratie selbst mit der Absicht, diese zu zerstören und abzuschaffen. Dies wirft das Problem der **Abwehrbereitschaft und Abwehrfähigkeit** des politischen Systems der Weimarer Republik auf, die über keine wirksamen Mechanismen verfügte, politische Kräfte, die die Abschaffung der Demokratie zum Ziel hatten, zu bekämpfen. Im Gegensatz dazu stehen im **Konzept einer „wehrhaften Demokratie"** die Demokratie und ihre wichtigsten Elemente selbst nicht mehr zur Diskussion, sie können auch durch eine noch so große Mehrheit nicht aufgehoben werden. Unveränderbar sind insbesondere die **Grundrechte**, die in den Artikeln 1 bis 19 des Grundgesetzes der Bundesrepublik Deutschland formuliert werden, sowie die in Artikel 20 des Grundgesetzes aufgeführten vier Strukturprinzipien **Demokratie, Rechtsstaat, Sozialstaat** und **Bundesstaat**.

Skizze als Grundlage zur mündlichen Prüfung

Quellenart:
Zeitungsartikel mit dem Titel „Was wollen wir also im Reichstag?"

Veröffentlichungsort:
NS-Propagandazeitung „Der Angriff"

Datierung:
30. April 1928

Intention:
Rechtfertigung der Legalitätstaktik Inanspruchnahme demokratischer Rechte und Freiheiten gegen die Absicht ihrer Zerstörung und Abschaffung

Inhalt der Quelle:
- Definition der eigenen Partei (NSDAP) = „antiparlamentarische Partei", die die Weimarer Republik u. die republikanischen Institutionen ablehnt (Z. 1 - 2)
- (rhetorische) Frage: „Was wollen wir also im Reichstag?" (Überschrift u. Z. 7)
= Frage der eigenen, möglicherweise an diesem Vorgehen zweifelnden Anhänger
- (fortdauerndes) Ziel: Bekämpfung u. Zerstörung des Parlamentarismus (Z. 7 ff.)
- Methode: Einsatz legaler Mittel und Ausnutzen der erkannten Schwächen des parlament. Systems; daher auch Teilnahme an Parlamentswahlen und Anstreben von Mandaten: Ausstattung und Besoldung des „Kampfapparates" durch den Staat selbst (Z. 7 - 11)
- Parlamentarismus ist nicht „unser Damaskus" (Z. 29)
- am Schluss erneut: Drohung und Hohn

Autor:
Joseph Goebbels (1897 - 1945)
- promovierter Germanist
- Begründer der Propagandazeitung „Der Angriff"
- 1928 - 1945 Mitglied des Reichstags
- ab 1933 Leiter des Reichsministeriums für Volksaufklärung und Propaganda

Adressaten:
a) eigene Parteianhänger (Leser des „Angriff")
b) politische Gegner, deutsche Öffentlichkeit

Historischer Kontext:
- Nach seiner Entlassung wurde Hitler zum Sammelpunkt beim Wiederaufbau der NSDAP.
- Diese erhielt durch eine veränderte politische Strategie und einen anderen Parteiaufbau ein neues Profil.
- Die Putschtaktik wurde durch eine Legalitätstaktik ersetzt, ohne dass damit der politischen Gewalt abgeschworen wurde.
- politische Situation 1928

Rhetorische Strategie: Freund-Feind-Schema

Kennzeichnung der eigenen Seite („wir"):
- Revolutionäre (Z. 27 - 28)
- „zäh und verbissen" (Z. 24)
- „angeborene Rücksichtslosigkeit" (Z. 26)
- „Wir kommen nicht als Freunde, auch nicht als Neutrale. Wir kommen als Feinde!" (Z. 33 - 34)
- „wie der Wolf" (Z. 33)

Bezeichnungen für den politischen Gegner bzw. Feind („sie"):
- „verfälschte Demokratie" (Z. 3)
- System der Stimmenmajorität u. der organisierten Verantwortungslosigkeit (Z. 4 - 5)
- Verlumpung unseres öffentlichen Lebens (Z. 25 - 26)
- Parlament als „Schlafhalle" (Z. 22)
- „bleierne Sattheit eines parlamentarischen Plenums" (Z. 32)
- „Schafherde" (Z. 34)
- am Schluss der Rede direkte Ansprache: bedrohlich wirkendes „ihr" (Z. 34 - 35)

vorliegende Textquelle

**Mündliche Abiturprüfung Nordrhein-Westfalen Geschichte
Grundkurs – Aufgabe 8**

B: Analyse von Darstellungen und kritische Auseinandersetzung mit ihnen

Aufgabenstellung

1. Fassen Sie die Ausführungen Jarauschs geordnet zusammen.
2. Erläutern Sie ausgehend vom Begriff der „Bürgerrevolution" die Hintergründe für die krisenhafte Zuspitzung in der DDR im Jahre 1989.
3. Nehmen Sie zu der von Konrad Jarausch vorgenommenen Unterscheidung und Bewertung der Begriffe Stellung.

M: Konrad Jarausch[1]: Etiketten mit Eigenleben: Wende, Zusammenbruch, friedliche Bürgerrevolution

Zehn Jahre nach dem überraschenden Ende der DDR scheint die Frage, wie die dramatischen Ereignisse von 1989/90 genannt werden sollen, noch immer nicht eindeutig geklärt. [...] Welche Konnotationen haben die drei häufigsten Termini, worauf beruht ihre jeweilige Popularität, und was wäre schließlich die passendste Bezeichnung?

Am meisten wird das blasse Wort „Wende" im Volksmund gebraucht, um den Umbruch von der Massenausreise des Sommers 1989 bis zur Vereinigung im Herbst 1990 zu benennen. [...]

In wissenschaftlichen Werken, die sich mit der Auflösung des kommunistischen Systems beschäftigen, hat vor allem der Begriff „Zusammenbruch" Konjunktur. [...] Die Verwendung des Wortes „Zusammenbruch" lenkt den Blick vor allem auf die Statik des Machterhalts eines Systems sowie auf diejenigen „Prozesse" die quasi unaufhaltsam zu ihrem Kollaps führen. In Umschreibungen der Systemwechsel des 20. Jahrhunderts der Jahre 1918, 1933, 1945 oder 1989 ist immer wieder von solchen Zusammenbrüchen die Rede.

Dagegen stammt der Begriff der Revolution von den Dissidenten der Bürgerbewegung, die ihr Aufbegehren gegen die SED-Herrschaft durch Rückgriff auf einen geschichtsträchtigen Terminus legitimieren wollten. Auch das zeitliche Zusammentreffen mit dem zweihundertjährigen Jubiläum der Französischen Revolution regte die Phantasie in solcher Weise an. Schon während der Ereignisse selbst versuchten die Bürgerrechtler den besonderen Charakter dieses demokratischen Aufbruchs mit Adjektiven wie „friedlich", „samten", oder „protestantisch" zu beschreiben. [...]

Die jeweilige Popularität der Begriffe hängt von den Sinndeutungen der Ereignisse ab, die damit vermittelt werden sollen. [...]

Welcher dieser unterschiedlichen Begriffe beschreibt und interpretiert den ostdeutschen Umbruch von 1989/90 am zutreffendsten? Die Untertreibung „Wende" ist trotz ihrer Popularität als analytisches Konzept ungeeignet und auch der einleuchtende Begriff des Zusammenbruchs lässt die eigentlichen Prozesse und Akteure weitgehend im Dunkeln. Demgegenüber passt das Konzept einer Revolution […] schon eher auf das Aufbegehren von Regimekritikern, dem sich die Volksmassen anschlossen, da es einen völligen Systemwechsel erzwang, der in die Wiedervereinigung einmündete. Jedoch muss der Revolutionsbegriff genauer spezifiziert werden, denn es handelte sich um einen neuartigen Typus einer „Bürgerrevolution". Engagierte Bürgerrechtler und unzufriedene Normalbürger wirkten zusammen in dem friedlichen, von Medien vorangetriebenen und durch Verhandlungen beschleunigten Sturz der SED-Diktatur. Ein sich zu wenden versuchender Kommunismus brach daher nicht nur zusammen, sondern er wurde von einem revolutionären Aufbegehren gestürzt.

Konrad H. Jarausch, Etiketten mit Eigenleben. Wende, Zusammenbruch, friedliche Bürgerrevolution. In: „Das Parlament", Nr. 35–36/25. August/1. September 2000, S. 1.

Anmerkungen:
1 Konrad Jarausch (geb. 1941) ist Professor für Europäische Zivilisation an der University of North Carolina, Chapel Hill, sowie Direktor des Zentrums für Zeithistorische Forschung in Potsdam und Autor zahlreicher Bücher über die deutsche Geschichte.

Lösungsvorschläge

1. *In Teilaufgabe 1 soll nach einer kurzen einleitenden Vorstellung des Autors (Zeithistoriker) und des Textes (Sekundärliteratur, Titel, Erscheinungsort und -jahr) sowie einer Benennung des Themas (Begriffsklärung zur Umschreibung der Ereignisse in der DDR 1989/90) eine geordnete Zusammenfassung der Ausführungen des Autors Konrad Jarausch erfolgen. Hierzu können Sie die folgende tabellarische Zusammenstellung nutzen. In dieser werden in der ersten Spalte die drei Begriffe „Wende", „Zusammenbruch" und „Revolution" genannt und in der mittleren Spalte im Hinblick auf ihre Herkunft und den Verwendungszusammenhang erläutert, daneben sind in der rechten Spalte jeweils die Gründe Jarauschs für bzw. gegen die Verwendung der Begriffe zu entnehmen.*

Vorstellung des Autors und des Textes:
- Autor: Zeithistoriker
- wissenschaftlicher Text
- Thema: Begriffsklärung zur Umschreibung der Ereignisse in der DDR 1989/90

Begriff	Herkunft und Verwendungszusammenhang	Gründe für bzw. gegen die Begriffsverwendung nach Jarausch
„Wende"	im „Volksmund" populärer, aber eher blasser Begriff für die Ereignisse zwischen Sommer 1989 und Herbst 1990	Untertreibung; ungeeignet als Leitbegriff einer wissenschaftlichen Analyse
„Zusammenbruch"	• Verwendung im wissenschaftlichen Kontext • Fokus: Statik des Machterhalts eines politischen Systems • zur Umschreibung von Systemwechseln im 20. Jahrhundert: 1918 – 1933 – 1945 – 1989	lässt eigentliche Prozesse und handelnde Akteure im Dunkeln
„Revolution"	• Herkunft aus Kreisen der Dissidenten der Bürgerbewegung, und zwar nicht ohne Bezug zu den Ereignissen in Frankreich 200 Jahre früher (1789) • verwendet insbesondere zur Legitimation des Handelns der Bürgerbewegung • schon frühzeitig ergänzt durch Adjektive wie „friedlich", „samten", „protestantisch"	entspricht am ehesten dem Aufbegehren von Regimekritikern, dem sich die Massenbewegung mit dem Ergebnis eines völligen Systemwechsels anschließt

Jarausch fordert bei der von ihm insgesamt bevorzugten Verwendung des Begriffs „Revolution" allerdings eine Spezifizierung im Sinne des Begriffs **„Bürgerrevolution"**. Diese steht dem Autor zufolge für das **Zusammenwirken** von **engagierten Bürgerrechtlern** einerseits und **unzufriedenen Normalbürgern** andererseits, und zwar in einem „friedlichen, von Medien vorangetriebenen und durch Verhandlungen beschleunigten Sturz der SED-Diktatur" (Z. 33–35).

2. Anknüpfend an den Lösungsteil zu Aufgabe 1 kann nun eine Erläuterung der im Zusammenhang mit dem Begriff „Bürgerrevolution" genannten Aspekte erfolgen.

Als Hintergründe für die krisenhafte Zuspitzung in der DDR sind beispielsweise zu nennen:

- **Gerontokratie**: Herrschaft der alten Männer; Bezeichnung für die Überalterung der Führungen in Staat und Partei in den sozialistischen Staaten, vor allem in der UdSSR und der DDR
- **Abwehrhaltung gegenüber der Perestrojka** (russisch für: Umbau, Umgestaltung); umfassender Begriff für die seit 1985 von dem neuen sowjetischen Parteichef und späteren Staatspräsidenten Michail Gorbatschow eingeleitete Reformpolitik in der UdSSR
- **Botschaftsflüchtlinge**: im August und September 1989 suchen Tausende DDR-Bürger Zuflucht in den bundesdeutschen Botschaften in Budapest, Prag und Warschau sowie in der Ständigen Vertretung in Ost-Berlin. Unter dem Druck der wachsenden Flüchtlingszahlen und der Medien sowie angesichts des bevorstehenden 40. Jahrestages der DDR entschied die DDR-Führung Ende September, die Flüchtlinge in Zügen, die über die DDR fahren mussten, ausreisen zu lassen.
- ausweglose ökonomische Krise
- zunehmende Sammlung aufbegehrender Bürger/innen unter dem Schutz der **Kirchen**
- **40. DDR-Jubiläum** am 7. Oktober 1989 mit Militärparade und Festveranstaltung unter Anwesenheit des sowjetischen Parteichefs Gorbatschow
- **Massendemonstrationen**: vor allem in Form der „Montagsdemonstrationen", die seit Herbst 1989 ursprünglich in Leipzig, dann aber auch in der gesamten DDR stattfanden
- **Ablösung Honeckers** am 18. Oktober 1989
- „unbeabsichtigte" **Maueröffnung**: Am Abend des 9. November verkündete das SED-Politbüromitglied Schabowski in einer Presseerklärung eher beiläufig und völlig überraschend eine neue Regelung für die ständige Ausreise aus der DDR; daraufhin zogen Tausende Ost-Berliner zu den Grenzübergängen und verlangten erfolgreich deren Öffnung.

Dabei können Jarauschs Ausführungen aufgegriffen und ggf. differenziert werden. Hier einige Beispiele:

- die **Rolle der (West-)Medien** mit ihrer dauernden Berichterstattung über die Vorgänge und Entwicklungen in der DDR und in anderen Ostblock-Staaten

- der unglaubwürdige Erneuerungsversuch von **Egon Krenz**
- die Einrichtung des **„Zentralen Runden Tisches"** mit der Möglichkeit, die Forderungen der Oppositionsbewegungen nach einer neuen Verfassung, freien Wahlen und Auflösung des bisherigen MfS an die Öffentlichkeit zu bringen;
- die zunehmend auf Einheit zielenden Forderungen, die sich zum Beispiel in bei Demonstrationen gezeigten Plakaten mit der Aufschrift **„Wir sind ein Volk"** zeigten;
- der **10-Punkte-Plan** des Bundeskanzlers Helmut Kohl vom 28. 11. 1989, in der erstmals das Ziel einer Wiedervereinigung sowie mögliche Etappen auf dem Weg hierzu formuliert wurden;
- die **ersten freien Wahlen zur Volkskammer** am 18. März 1990 und die „erkaufte" Wiedervereinigung; etc.

3. Während Sie durch die Darlegungen zu Frage 2 Ihr Wissen über den historischen Kontext und die historischen Hintergründe unter Beweis gestellt haben, sollen Sie im dritten Lösungsschritt selbst begründet Stellung beziehen. Dabei können Sie der Begriffsunterscheidung Jarauschs grundsätzlich zustimmen, aber auch den Standpunkt des Autors zu modifizieren versuchen. Sie können demnach beispielsweise wie folgt argumentieren (hier thesenartig verkürzt):

- Der Autor Konrad Jarausch nimmt eine **plausible Begriffsherleitung** vor.
- Bei der Frage der angemessenen Begriffswahl ist dem Autor zu folgen, wenn er jeden der vorgeschlagenen Begriffe als zu einseitig ansieht.
- In der Tat wäre beispielsweise die Annahme eines zum Zusammenbruch des Regimes führenden **Automatismus**, der sich aus der ökonomischen und politischen Zwangslage der DDR ergeben würde, monokausal und **eindimensional**.
- Konrad Jarausch ist zu folgen, wenn er für eine **Modifikation des Begriffs „Revolution"** plädiert und stattdessen den Begriff der **„Bürgerrevolution"** vorschlägt.
- Das Erklärungsmodell Jarauschs erscheint differenzierter, da es von einem Zusammenwirken mehrerer Faktoren und damit einem **multikausalen Erklärungsansatz** ausgeht.

Mögliche Aspekte im zweiten Prüfungsteil (Prüfungsgespräch):
Im anschließenden Prüfungsgespräch könnte, anknüpfend an die Zeilen 12 bis 14 der Textvorlage auf weitere „Systemwechsel" im 20. Jahrhundert eingegangen werden, insbesondere auf das Datum 1933 und die Etablierung des Führerstaats. Dabei könnte die Aufgabe für Sie darin bestehen, eine überblicksartige Darstellung der Ursachen der nationalsozialistischen Machtübernahme zu geben, den behaupteten „revolutionären" Charakter des 30. Januar 1933 zu erörtern oder die Struktur der nationalsozialistischen Herrschaft zu umreißen.

Schriftliche Abiturprüfung NRW 2014/I – Geschichte
Grundkurs – Aufgabe 9

A: Interpretation sprachlicher oder nichtsprachlicher historischer Quellen

Aufgabenstellung   Punkte

Interpretieren Sie die Quelle, indem Sie

1. sie analysieren,   26

2. sie in den historischen Kontext seit 1949 einordnen (14 Punkte) und die in dem Text angesprochene außenpolitische Konzeption Adenauers anhand wichtiger außenpolitischer Stationen bis 1955 herausarbeiten (14 Punkte),   28

3. sich mit der Kritik an der Deutschland- und Außenpolitik Adenauers auseinandersetzen.   26

Gustav Heinemann: Der Weg zum Frieden und zur Einheit

Uns alle bewegt die Frage: Wie kann in Europa der Frieden bewahrt und die Einheit Deutschlands in Freiheit hergestellt werden? Man sagt uns, daß westdeutsche Aufrüstung und eine Eingliederung der Bundesrepublik in westliche Gemeinschaften der gewiesene Weg dazu sei. Ich halte diesen Weg für falsch und werde sagen, warum. [...]
5   Angesichts der Tatsache des zweigeteilten Deutschlands muß die Bemühung um eine Wiedervereinigung die beherrschende sein. Der Bundeskanzler denkt darüber anders. Für ihn ist westdeutsche Aufrüstung der Hebel für die Erlangung westdeutscher Souveränität. Er trifft sich darin mit der Konzeption der amerikanischen Politik erdumspannender Rüstung gegen die Sowjetunion.
10   Wenn der Weg des Bundeskanzlers zu Ende gegangen sein wird, so sehe ich ein dreifaches Ergebnis voraus.
  Das eine Ergebnis wird sein, daß die Bundesrepublik eine Scheinsouveränität erlangt. Einige Leute hatten sich vorgestellt, daß man uns zuerst Gleichberechtigung und Souveränität geben würde, aus der heraus wir sodann in freier Entscheidung
15 unseren Weg selber bestimmen dürften. Das ist naiv. Wir werden nicht in den Stand von 1914 zurückversetzt werden, nachdem wir der Welt so viel Leid angetan und zwei Kriege verloren haben. Wir müssen es nüchtern sehen, daß man uns vom Westen aus ähnlich beurteilt, wie wir den Osten beurteilen. Was zur Diskussion steht, ist allein dieses: Man braucht uns in etwa und will uns darum einen verbesserten Status
20 geben; aber man hat es nur mit dem halben Deutschland zu tun, und man hat dieses Deutschland aus der bedingungslosen Kapitulation vollständig in der Hand. Auf diese Weise kann man den Nutzen und die Sicherung kombinieren und unsere Rechte dosieren. Man wird Verträge mit uns schließen, bei denen wir *scheinbar* als Partner dastehen. Aber diese Verträge werden in veränderter Form viele der Bindungen wei-

terführen, die uns aus der bedingungslosen Kapitulation aufliegen. Wenn wir diese neue Form der Bindungen unterschrieben haben, wird man uns für gleichberechtigt erklären. Wir werden es aber nicht sein. Das ist die Illusion dieser Außenpolitik.

Ein anderes Ergebnis wird die vertiefte Spaltung Deutschlands und eine erhöhte Kriegsgefahr sein. Unbestreitbar wird westdeutsche Aufrüstung verschärfend und keinesfalls entspannend wirken. Rußland wird reagieren. Wir stehen vor der Frage, ob wir durch das, was hier in Westdeutschland geschehen soll, nicht gerade die Lawine in Gang setzen, vor der wir uns schützen wollen. Rußland hat wiederholt erklärt, daß es eine westdeutsche Aufrüstung keinesfalls dulden werde. […] Noch bewahrt das Fehlen westdeutscher Divisionen die Sowjetunion vor nervösen Reaktionen und noch zwingt es die amerikanische Politik, defensiv zu bleiben. Wir sollten das dringendste Interesse daran haben, daß sich das nicht ändert.

Das dritte Ergebnis, das ich kommen sehe, wird das Verschwinden der Deutschlandfrage von der internationalen Gesprächsbühne sein. In der englischen Zeitung *Manchester Guardian* war […] zu lesen: „[…] Wenn Westdeutschland erst einmal bewaffnet ist, gibt es keine Grundlage mehr für eine Verständigung mit seinem östlichen Bruder." Wenn demgegenüber gesagt wird, daß der Weg zur Wiederherstellung der deutschen Einheit gerade über die Eingliederung der Bundesrepublik in das „Vereinigte Europa" führe, so frage ich: Wo ist das „Vereinigte Europa"? Ein militärischer Oberbefehlshaber ist noch lange kein Vereinigtes Europa; auch ein Zusammenführen von Eisen und Kohle ist es noch nicht. […]

Wie wird unser Platz in einem sogenannten Vereinigten Europa sein, wenn wir vorher Eisen, Kohle, westdeutsches Land und westdeutsche Soldaten ausliefern, wenn wir nur mit dem halben Deutschland als Partner erscheinen?

Wer wird uns von den übrigen Partnern im sogenannten Vereinigten Europa helfen wollen, wieder ein ganzes Deutschland zu werden?

Wenn ich nach Dresden oder Rostock oder Berlin will, steige ich nicht in einen Zug nach Paris oder Rom ein. Wenn gegenwärtig kein Zug nach Berlin fährt, so muß ich halt warten. Es ist gar nichts gewonnen, wenn ich in entgegengesetzter Richtung abfahre, nur um zu fahren. Weder in Paris noch in Rom oder Brüssel treffen wir Leute, die Wert darauf legen, uns nach Berlin zu bringen! […]

Ich fasse zusammen, daß ich also in der Außenpolitik so, wie die Bundesregierung sie betreibt, eine Gefährdung des Friedens und keinen Weg zur Wiederherstellung der deutschen Einheit sehen kann. Die Aufrüstung wird uns keine Gleichberechtigung verschaffen, wohl aber die Spaltung Deutschlands vertiefen und neue Kriegsgefahren bringen. Die Deutschlandfrage aber wird sich in einem Sinne erledigen, den wir niemals gutheißen können. Was aber soll denn geschehen?

Wir wollen die Wiedervereinigung Deutschlands zu einem einheitlichen Staatswesen der Freiheit und der Menschenrechte. Wir wollen diese Wiedervereinigung ohne Krieg. Infolgedessen wollen wir sie auf dem Wege der Verhandlung. Ob dieser Weg heute oder morgen zum Ziele kommt, wollen wir redlich ausprobiert sehen.

Gustav Heinemann: Der Weg zum Frieden und zur Einheit. Rede auf der ersten öffentlichen Kundgebung der „Notgemeinschaft für den Frieden Europas" in Düsseldorf, 21. 11. 1951. (Rechtschreibung und Zeichensetzung entsprechen der Vorlage.)

Hinweise zum Redner:
Gustav Heinemann (1899–1976) war 1949 zunächst Innenminister der Bundesrepublik. Als Adenauer während des Koreakrieges die Bereitschaft der Bundesrepublik zu einem Wehrbeitrag verkündete, trat Heinemann aus Protest im Oktober 1950 zurück und gründete die „Notgemeinschaft für den Frieden Europas", später dann die Gesamtdeutsche Volkspartei. Nachdem diese bei Wahlen erfolglos geblieben war, trat er 1957 in die SPD ein. In der Großen Koalition diente Heinemann als Justizminister, 1969 wurde er zum Bundespräsidenten gewählt.

Zugelassene Hilfsmittel: Wörterbuch zur deutschen Rechtschreibung

Lösungsvorschläge

Diese Aufgabe entspricht den folgenden aktuellen Schwerpunktthemen:
- *Inhaltsfeld 6: Nationalismus, Nationalstaat und deutsche Identität im 19. und 20. Jahrhundert*
  - *Nationale Identität unter den Bedingungen der Zweistaatlichkeit*

1. *Die Lösung der Teilaufgabe soll zunächst die Quelle vorstellen. Dazu bestimmen Sie die Quellengattung (hier: politische Rede), benennen den Redner und die Adressaten sowie Ort und Zeitpunkt der Rede; ferner sollen Sie jeweils in knapper Form die historisch-politische Situation sowie Thema und Intention der Rede umreißen. Schließlich müssen die Hauptaussagen der Quelle so herausgearbeitet werden, dass Inhalt und gedanklicher Aufbau deutlich werden. Bei einigen Punkten können Sie auf die Erläuterungen zum Material zurückgreifen.*

Bei der vorliegenden Quelle handelt es sich um einen Auszug aus einer **politischen Rede**, die Gustav Heinemann anlässlich der Gründungsversammlung der „Notgemeinschaft für den Frieden Europas" am 21. November 1951 in Düsseldorf hielt. Heinemann, der nach dem Krieg zunächst der CDU angehörte und 1949 Innenminister im ersten Kabinett Adenauers war, gründete diese Organisation, um sich von Adenauers Bereitschaft zu einem **Wehrbeitrag der Bundesrepublik** zu distanzieren. Diese hatte im Oktober 1950 zu Heinemanns Rücktritt aus dem Kabinett geführt. Mit seiner Rede will er sowohl die Teilnehmer der Kundgebung als auch die gesamte deutsche Öffentlichkeit erreichen. Um seine eigene Position von der Adenauers abzugrenzen und um für die von der „Notgemeinschaft" vertretene Deutschlandpolitik zu werben, enthält seine Rede eine **kritische Betrachtung von Adenauers Deutschland- und Außenpolitik**.
Einleitend formuliert Heinemann die zentrale Frage, wie der **Frieden in Europa** bewahrt und zugleich die **Einheit Deutschlands in Freiheit** wiederhergestellt werden könne (vgl. Z. 1 f.). Die Vorstellung, dass beide Ziele durch eine „westdeutsche Aufrüstung" (Z. 2 f.) und eine „Eingliederung der Bundesrepublik in westliche Gemeinschaften" (Z. 3) zu erreichen seien, hält er für falsch.
Im folgenden Abschnitt grenzt er sich entschieden von der Politik des Bundeskanzlers Konrad Adenauer ab. Während **Heinemann** die **Wiedervereinigung Deutschlands als vorrangiges Ziel** betrachtet, wirft er Adenauer vor, in Übereinstimmung mit der gegen die Sowjetunion gerichteten US-amerikanischen Poli-

63

tik eine Aufrüstung der Bundesrepublik zu betreiben, um diese als „Hebel für die Erlangung westdeutscher Souveränität" (Z. 7f.) zu nutzen. Als Konsequenzen dieser Politik prognostiziert Heinemann in dem nun folgenden längeren Abschnitt seiner Rede drei Entwicklungen (vgl. Z. 10–45).

Erstens warnt Heinemann davor, dass die von Adenauer verfolgte Politik im Ergebnis lediglich zu einer „**Scheinsouveränität**" (Z. 12) **der Bundesrepublik** führen werde, da der Westen einem „halben Deutschland" (Z. 20) weiterhin erhebliche Bindungen und Einschränkungen seiner Souveränität auferlegen und die Bundesrepublik nur „*scheinbar* als Partner" (Z. 23) akzeptieren werde.

Zweitens wird die Politik Adenauers, so befürchtet Heinemann, „die **vertiefte Spaltung** Deutschlands und eine **erhöhte Kriegsgefahr**" (Z. 28f.) zur Folge haben. Eine westdeutsche Aufrüstung werde „verschärfend und keinesfalls entspannend" (Z. 29f.) wirken und von der Sowjetunion unter keinen Umständen akzeptiert werden (vgl. Z. 32f.).

Drittens sagt Heinemann das „**Verschwinden der Deutschlandfrage von der internationalen Gesprächsbühne**" (Z. 37f.) voraus, da im Falle einer westdeutschen Bewaffnung keine Verständigungsmöglichkeit mit dem anderen Teil Deutschlands mehr bestehen werde. Die Vorstellung, eine Wiedervereinigung über den Beitritt Westdeutschlands in ein Vereinigtes Europa zu erreichen, dessen baldige Existenz er bezweifelt, hält Heinemann für illusorisch.

Im letzten Teil seiner Ausführungen stellt Heinemann zusammenfassend nochmals fest, dass die derzeitige **Außenpolitik der Bundesregierung** lediglich den **Frieden gefährde** (vgl. Z. 57) und „keinen Weg zur Wiederherstellung der deutschen Einheit" (Z. 57f.) darstelle. Eine Aufrüstung Westdeutschlands wird seiner Ansicht nach nicht zu einer Gleichberechtigung in Europa führen, sondern vielmehr die deutsche Spaltung vertiefen und die Kriegsgefahr erhöhen. Das Ziel einer „**Wiedervereinigung Deutschlands** zu einem einheitlichen Staatswesen der Freiheit und der Menschenrechte" (Z. 62f.) ist Heinemann zufolge nur „**ohne Krieg**" (Z. 64) und **auf dem Verhandlungsweg** zu erreichen.

2. *In der zweiten Teilaufgabe soll in einem ersten Lösungsschritt eine Einordnung der Quelle in den historischen Kontext seit 1949 erfolgen. Damit ist eine enge zeitliche Eingrenzung vorgegeben. Für eine gute bis sehr gute Lösung sollten Sie dabei auf vier Aspekte eingehen. Im folgenden Lösungsvorschlag sind dies die Gründung der Bundesrepublik und die der DDR, die zunächst eingeschränkte Souveränität der Bundesrepublik sowie die Diskussion über die Frage eines westdeutschen Verteidigungsbeitrages.*
Im zweiten Schritt der Lösung von Teilaufgabe 2 soll die außenpolitische Konzeption Adenauers anhand wichtiger Stationen bis 1955 herausgearbeitet werden. Hierzu werden in der Beispiellösung die Aspekte Wiederbewaffnung und europäische Integration thematisiert.

Im Verlauf des Jahres 1949 erfolgte eine **doppelte Staatsgründung:** Nach der Verabschiedung des **Grundgesetzes**, dem Gründungsakt der **Bundesrepublik**

Deutschland am 23. Mai 1949, ergaben die **ersten Wahlen** zum deutschen Bundestag eine knappe Mehrheit für die bürgerlichen Parteien. Am 7. September 1949 trat der Bundestag zu seiner ersten Sitzung zusammen und wählte eine Woche später den CDU-Vorsitzenden **Konrad Adenauer** zum **Kanzler** der Bundesrepublik Deutschland.
Nach der Gründung der Bundesrepublik und vor dem Hintergrund des sich weiter verschärfenden Ost-West-Konfliktes **forcierte die Sowjetunion die Bildung eines eigenen deutschen Teilstaates**. Vier Wochen nach dem Zusammentritt des ersten deutschen Bundestages wurde auf dem Gebiet der Sowjetischen Besatzungszone die Deutsche Demokratische Republik (DDR) gegründet. Bereits Ende Mai 1949 wurde der Entwurf einer Verfassung für den ostdeutschen Staat angenommen. Am 7. Oktober 1949 erfolgte schließlich mit Zustimmung der Sowjetunion die Einsetzung des Deutschen Volksrates als **Provisorische Volkskammer** und die endgültige Verabschiedung der **DDR-Verfassung**. Während in der **Bundesrepublik die Soziale Marktwirtschaft** eingeführt wurde, trieb die **DDR** nach einer Bodenreform und Kollektivierungsmaßnahmen den **Ausbau der Planwirtschaft** voran, sodass in den beiden Teilen Deutschlands nunmehr unterschiedliche politische und wirtschaftliche Systeme existierten.
Die neu gegründete Bundesrepublik zeichnete sich durch eine **eingeschränkte Souveränität** aus. Durch das am 21. September 1949 in Kraft getretene **Besatzungsstatut** behielten sich die Westalliierten ein Einspruchsrecht gegenüber der Gesetzgebung der Bundesrepublik vor sowie die letzte Verfügungsgewalt und Entscheidungshoheit in Fragen der Außenpolitik, bei Fragen, die Gesamtdeutschland betrafen, und bei Verfassungsänderungen.
Der **Korea-Krieg**, der durch den Angriff des kommunistischen Nordkorea auf den Südteil des Landes im Juni 1950 ausgelöst worden war, bewirkte schließlich ein Umdenken in der westlichen Sicherheitspolitik gegenüber der neuen Bundesrepublik. Die **Furcht vor sowjetischen Expansionsbestrebungen** führte dazu, dass die bisherigen Bedenken gegen eine militärische Einbeziehung der Bundesrepublik in das westliche Verteidigungsbündnis in den Hintergrund traten. Bundeskanzler Adenauer sah hierin eine Chance, für die junge Bundesrepublik eine größere Unabhängigkeit zu erlangen, und verknüpfte **Verhandlungen über einen deutschen Verteidigungsbeitrag** mit der Aufhebung des Besatzungsstatuts.
Im Oktober 1950 schlug der französische Ministerpräsident **René Pleven** die Schaffung einer **europäischen Armee** unter Einbeziehung deutscher Kontingente und unter einem supranationalen Kommando vor. Die Idee zu diesem Plan stand im Zusammenhang mit der Debatte um die deutsche Wiederbewaffnung, die in Frankreich mit Skepsis und Sorge betrachtet wurde, da man ein Wiedererstarken Deutschlands fürchtete. Eine Einbindung Deutschlands in multinationale Streitkräfte hielt man deshalb für den geeigneten Weg, um ein Anwachsen der militärischen Macht Deutschlands kontrollieren zu können.
Die Frage eines deutschen Wehrbeitrages im Rahmen einer **Europäischen Verteidigungsgemeinschaft (EVG)** und die damit verbundenen Folgen bestimmten 1951 die politische Diskussion. Im September des Jahres einigten sich die drei Westmächte auf die Eingliederung der Bundesrepublik in ein kontinentaleuropä-

isches Verteidigungsbündnis. Vor diesem Hintergrund ist auch die Rede Heinemanns zu sehen. Adenauers Ziel war eine möglichst rasche Aufnahme der Bundesrepublik in das europäisch-atlantische Bündnissystem. Hiervon versprach er sich Sicherheit gegenüber der Sowjetunion, die er im Einklang mit der amerikanischen Außenpolitik als aggressiv und expansionistisch einschätzte. Durch die Bereitschaft zu einem militärischen Beitrag erwartete Adenauer eine Erhöhung des politischen Gewichtes der Bundesrepublik. Nur so hielt Adenauer eine deutsche Wiedervereinigung überhaupt für möglich. Somit hatte für **Adenauer** die **Westintegration Vorrang vor der Wiedervereinigung.**

Neben der transatlantischen Partnerschaft mit den USA bildete die **europäische Integration** und die **enge Partnerschaft mit Frankreich** einen Eckpfeiler der Außenpolitik Adenauers. 1950 legte der französische Außenminister **Robert Schuman** einen Plan vor, wonach die deutsche und die französische Montanindustrie dem nationalen Zugriff entzogen und einer europäischen Behörde unterstellt werden sollte. Damit sollte der europäische Frieden gesichert und Frankreich gleichzeitig Einfluss auf die westdeutsche Montanindustrie ermöglicht werden. Die Verhandlungen über den Schuman-Plan führten 1951 zur Gründung der **Europäischen Gemeinschaft für Kohle und Stahl (EGKS)**. Diese erste supranationale europäische Organisation wurde Wegbereiterin für die 1958 gegründete Europäische Wirtschaftsgemeinschaft (EWG).

Ein weiterer Schritt im Sinne der Westbindung und der Eingliederung der Bundesrepublik in die Gemeinschaft freier Staaten stellte im Jahr 1951 der Beitritt als gleichberechtigtes Mitglied zum **Europarat** (gegründet 1949) dar. Dessen ausdrückliches Ziel war es, die Einheit und Zusammenarbeit in Europa zu fördern.

Als die französische Nationalversammlung 1954 die Ratifizierung des EVG-Vertrages ablehnte und damit die Pläne für eine Europaarmee gescheitert waren, erfolgte 1955 der Abschluss der **Pariser Verträge** und die **Aufnahme der Bundesrepublik in das nordatlantische Verteidigungsbündnis (NATO)** sowie die Gründung der Westeuropäischen Union (WEU). Zusammen mit den Pariser Verträgen trat auch der **Deutschlandvertrag** in Kraft, der ein Ende des bisher geltenden Besatzungsstatuts sowie die Übertragung der fast vollständigen Souveränität an die Bundesrepublik bedeutete. Ausgenommen hiervon blieben lediglich die Verantwortlichkeiten der drei Westmächte in Bezug auf Berlin und Deutschland als Ganzes. Das Recht zur Aufstellung eigener Streitkräfte führte 1956 zur Errichtung der **Bundeswehr** und zur Einführung der **allgemeinen Wehrpflicht**.

3. *Diese Aufgabe fordert Sie dazu auf, sich mit der Kritik an der Deutschland- und Außenpolitik Adenauers auseinanderzusetzen. Sie sollen also argumentativ zu Heinemanns außenpolitischen Vorschlägen Stellung nehmen. Dabei sollte ein durchgängiger Bezug zu den Ausführungen der Quelle gewahrt bleiben. Am Ende der Argumentation erfolgt ein abwägendes Urteil.*

Gustav Heinemann, der bereits im Oktober 1950 von seinem Amt als Innenminister zurückgetreten war, übte scharfe und grundsätzliche Kritik an der Deutsch-

land- und Außenpolitik von Bundeskanzler Adenauer. Hauptsächlich warf er Adenauer vor, durch seine Politik eine Wiedervereinigung unmöglich zu machen und durch die Wiederaufrüstung den europäischen Frieden zu gefährden.
Heinemann geht von der Möglichkeit aus, die Bundesrepublik hätte sich dem Wunsch der Westmächte, v. a. der USA, nach einem westdeutschen militärischen Beitrag im Rahmen des westlichen Bündnisses entziehen können. Dabei übersieht er jedoch, dass die Bundesrepublik zum damaligen Zeitpunkt (und auch noch nach 1955) außen- und sicherheitspolitischen Beschränkungen unterlag. Eine völlig unabhängige Außenpolitik konnte die Bundesrepublik im Jahr 1950 aufgrund des geltenden **Besatzungsstatuts** und der dadurch **eingeschränkten Souveränität** noch gar nicht betreiben.
Allerdings führte **Adenauers starre Haltung in der Deutschlandpolitik** dazu, dass tatsächliche oder vermeintliche Möglichkeiten zur Wiedervereinigung nicht in Erwägung gezogen wurden. In diesem Zusammenhang ist die **Stalin-Note** von 1952 zu nennen. Diese enthielt einen Vorschlag der Sowjetunion für einen Friedensvertrag mit Gesamtdeutschland. Bedingung dafür sollte allerdings die Neutralisierung des wiedervereinigten Landes sein. Diese lehnte Adenauer ebenso wie die Westmächte ab, da er in der sowjetischen Initiative lediglich den Versuch sah, die sich anbahnende Westintegration der Bundesrepublik zu verhindern.
Heinemann spricht in seiner Rede davon, dass Adenauers Politik nur zu einer „**Scheinsouveränität**" (Z. 12) der Bundesrepublik führen und das „halbe[...] Deutschland" (Z. 20) kein ernst zu nehmender Partner sein werde. Tatsächlich blieb die deutsche Souveränität selbst nach 1955 noch beschränkt, auch wenn das Besatzungsstatut bis dahin schon weitestgehend aufgehoben worden war. Bis zur Wiedervereinigung 1990 behielten sich die **Alliierten** aber bestimmte Kontrollrechte vor, sodass Heinemann in diesem Kritikpunkt zugestimmt werden muss.
Ebenso ist seinen Befürchtungen hinsichtlich eines „**Verschwinden[s] der Deutschlandfrage** von der internationalen Gesprächsbühne" (Z. 37 f.) Recht zu geben, da die bestehenden Möglichkeiten zur Wiedervereinigung erst Jahrzehnte später wieder diskutiert wurden.
Die politische Entwicklung hat Heinemann aber auch in einigen Punkten widerlegt. Obwohl alliierte Vorbehaltsrechte bestehen blieben, erlangte die Bundesrepublik durch die **Westintegration** eine **weitgehende Souveränität** und konnte in der Folgezeit aufgrund ihrer zunehmenden **wirtschaftlichen Stärke** ihren **Einfluss auf die europäische und atlantische Politik** ausbauen. Ebenso darf nicht vergessen werden, dass durch Adenauers Bemühungen eine **Integration Westdeutschlands** in das europäische Staatengefüge erreicht wurde, die nur ein Jahrzehnt nach dem Ende des Zweiten Weltkrieges nicht selbstverständlich war und durch die die deutsche Wirtschaft nachhaltig stabilisiert wurde. Der weitere Verlauf der europäischen Integration widerlegte Heinemanns pessimistische Befürchtungen genauso wie das **Ausbleiben einer kriegerischen Auseinandersetzung in Europa**. Zwar führten die beiden Supermächte USA und Sowjetunion im Verlauf des Kalten Krieges immer wieder sog. **Stellvertreterkriege** (z. B. Korea-Krieg), jedoch kam es nie zu einem direkten militärischen Zusammenstoß zwischen Ost- und Westdeutschland.

Darüber hinaus müssen auch die Risiken bedacht werden, die die von Heinemann vorgeschlagene Politik mit sich gebracht hätte. Diese Überlegungen müssen zwar rein hypothetisch bleiben, es ist aber nicht von der Hand zu weisen, dass die Schaffung eines neutralisierten und blockfreien Deutschlands zu einer Verringerung oder zu einem Wegfall des amerikanischen Militärschutzes für Deutschland, vielleicht sogar für Westeuropa geführt hätte. Somit hätte **Deutschland** über kurz oder lang zum **Spielball sowjetischer Machtinteressen** werden können. Eine dauerhafte (west-)europäische Integration wäre ohne Mitwirkung Deutschlands an einem Verteidigungsbündnis ebenfalls nicht zu erwarten gewesen.

Abschließend ist festzuhalten, dass **Heinemanns** Befürchtungen und Risikoeinschätzungen in der gegebenen Situation des Jahres 1950 ernst zu nehmende Argumente darstellten, die von einem **Wunsch nach Frieden** und einer **baldigen deutschen Einheit** getragen wurden. Daher ist Gustav Heinemanns Haltung von hohem moralischen Verantwortungsbewusstsein geprägt. Die tatsächlichen Entwicklungen in der Folgezeit haben Heinemanns Befürchtungen aber nicht bestätigt, auch wenn noch fast vier Jahrzehnte vergingen, bis unter veränderten weltpolitischen Rahmenbedingungen im Jahr 1989 ein Ende der Zweistaatlichkeit und eine Wiedervereinigung Deutschlands möglich wurden.

Schriftliche Abiturprüfung NRW 2014/II – Geschichte
Grundkurs – Aufgabe 10

A: Interpretation sprachlicher oder nichtsprachlicher historischer Quellen

Aufgabenstellung Punkte

Interpretieren Sie die Bildquelle, indem Sie

1. sie analysieren, 26

2. sie in den Kontext der europäischen Politik seit 1890 einordnen (12 Punkte) sowie die Bedeutung der Bildelemente erläutern (16 Punkte), 28

3. die Aussagen des Zeichners zur Rolle Bismarcks sowie zur Rolle Großbritanniens in der europäischen Politik beurteilen. 26

**M: Gustav Brandt: Der Nachfolger des „ehrlichen Maklers"
bei der Balkankonferenz 1912**

Gustav Brandt: Der Nachfolger des „ehrlichen Maklers" bei der Balkankonferenz 1912.
Aus: Kladderadatsch, Berlin, LXV. Jahrgang, 52. Ausgabe, 29. Dezember 1912, Erstes Beiblatt.

Bildunterschrift:
John Bull: „Sehr geschätzte Herren!
Ich habe die alte „ehrliche Maklerfirma" von „Bismarck & Co." übernommen und bitte, gestützt auf meine Herzensgüte und meine langjährige Erfahrung, das europäische Vertrauen auf mich übertragen zu wollen.

Anmerkungen zum Material:
1. Kladderadatsch: In Berlin von 1848–1944 wöchentlich erscheinende satirische Zeitschrift, die sich im Kaiserreich im Bürgertum und bei Konservativen großer Beliebtheit erfreute.
2. Balkankonferenz: Im Oktober 1912 war auf dem Balkan ein Krieg der verbündeten Balkanstaaten gegen das Osmanische Reich ausgebrochen, der nach wenigen Wochen mit einer vernichtenden Niederlage des Osmanischen Reiches endete. In der Folge kam es zu einer schweren europäischen Krise wegen des Umgangs mit den europäischen Besitzungen des Osmanischen Reiches. In dieser Situation bot sich Großbritannien als Vermittler an und berief im Dezember eine Botschafterkonferenz nach London ein, die unter Vorsitz des britischen Außenministers Sir Edward Grey bis zum Mai 1913 eine Kompromisslösung erarbeitete, die jedoch durch einen weiteren Balkankrieg im selben Jahr hinfällig wurde.
3. John Bull: seit dem 18. Jahrhundert übliche Personifikation Großbritanniens.
4. „ehrlicher Makler": Sprichwörtlich gewordenes Zitat aus einer Rede Bismarcks vom 19. 02. 1878, in der dieser die Rolle des Deutschen Reiches beim Berliner Kongress als die eines Vermittlers kennzeichnete.

Zugelassene Hilfsmittel: Wörterbuch zur deutschen Rechtschreibung

Lösungsvorschläge

Diese Aufgabe entspricht den folgenden aktuellen Schwerpunktthemen:
- *Inhaltsfeld 4: Die moderne Industriegesellschaft zwischen Fortschritt und Krise*
  - *Vom Hochimperialismus zum ersten „modernen" Krieg der Industriegesellschaft*

1. *Bei der Lösung von Teilaufgabe 1 wird erwartet, dass Sie die Quelle zunächst kurz vorstellen. Hierbei sind Angaben zur Quellengattung, zum Zeichner und zum Adressaten, außerdem zu Erscheinungsort und -jahr zu machen. Außerdem sollen in knapper Form der historische Bezugsrahmen genannt sowie Thema und Intention umrissen werden. Anschließend soll die Bildquelle in ihrem Aufbau und mit ihren Hauptelementen detailliert und systematisch beschrieben werden.*

Bei der zu bearbeitenden Bildquelle handelt es sich um eine **Karikatur** des Zeichners Gustav Brandt, die am 29. Dezember 1912 in der Zeitschrift „**Kladderadatsch**" erschienen ist und im Kaiserreich vor allem im **Bürgertum** und von **Konservativen** gelesen wurde. An diese Leserschaft wendet sich der Zeichner mit seiner großformatigen Karikatur, die auf die Botschafterkonferenz Bezug nimmt, die während der **Balkankrise** in London tagte. Thema der Karikatur ist die Politik Großbritanniens zur Lösung des Balkankonflikts im Vergleich zur Außenpolitik des Deutschen Reiches unter Bismarck in den 1870er-Jahren. Der Karikaturist, dessen Darstellung als gezeichneter politischer Kommentar gesehen werden kann, übt **Kritik an der Rolle Englands in der europäischen Politik** und warnt davor, sich von der angeblich von Großbritannien beanspruchten Rolle eines „ehrlichen Maklers" täuschen zu lassen.

Die Karikatur besteht aus einem Bildteil sowie einer Über- und Unterschrift. Unter der Überschrift „Der Nachfolger des ‚ehrlichen Maklers' bei der Balkankonferenz 1912" ist im Zentrum eine einzelne massig wirkende Person zu sehen. Wie der Bildunterschrift zu entnehmen ist, handelt es sich dabei um die Figur des **John Bull**, der üblicherweise als **Verkörperung Großbritanniens** fungiert. Die

recht **grobschlächtige Gestalt** präsentiert sich dem Betrachter stehend und mit lässig gekreuzten Beinen. Bekleidet ist John Bull mit einer Hose und Stulpenstiefeln sowie einem Frack, darunter trägt er Weste, Hemd und Fliege. An der Weste hängen links und rechts zwei große blinkende Edelsteine.
Der fast kahle Kopf wird von einem weißen Backenbart eingerahmt. Das Gesicht zeigt einen starken Bartschatten und eine winzige, dunkle Nase. Die Augen sind nach oben gerichtet, der Mund ist zu einem Grinsen verzogen. Insgesamt erinnert das Gesicht John Bulls an das eines Zirkusclowns. John Bulls Körper erscheint massig; Schultern und Hände sehen übermäßig breit bzw. groß aus. Mit seiner riesenhaften linken Hand stützt sich John Bull auf einen am Boden stehenden **Globus**, dessen Fuß sich unter seinem Gewicht verbiegt. Seine rechte Hand, die er unter die Weste geschoben hat, ruht in Höhe des Herzens auf seiner Brust.
John Bull scheint sich auf einer Bühne oder auf einer Art Podest zu befinden. Links im Hintergrund ist ein Vorhang zu erkennen. Das Licht fällt von oben auf John Bull, sodass er einen dunklen Schatten auf die hintere Bühnenwand wirft. Darüber hängt ein **Porträt Bismarcks**, der im Profil und mit einem Helm dargestellt ist. Vor diesem Hintergrund wendet sich John Bull mit den im Untertitel der Karikatur abgedruckten Worten an ein imaginäres Publikum: „Sehr geschätzte Herren! Ich habe die alte ‚ehrliche Maklerfirma' von ‚Bismarck & Co.' übernommen und bitte, gestützt auf meine Herzensgüte und meine langjährige Erfahrung, das europäische Vertrauen auf mich übertragen zu wollen."

2. *In Teilaufgabe 2 muss die Karikatur zunächst in den historischen Kontext eingeordnet werden. Für eine gute bis sehr gute Lösung sprechen Sie vier unterschiedliche Ereignisse und Entwicklungen der europäischen Politik seit 1890 an. Diese sollten ein aussagekräftiges Bild der damaligen Zeit vermitteln und breite historische Kenntnisse deutlich machen.*
In einem zweiten Schritt wird auf die Bedeutung der Bildelemente eingegangen. Dabei müssen Sie auf die Beschreibung Bezug nehmen und die Besonderheiten der Quellengattung Karikatur berücksichtigen.

Seit den 1890er-Jahren war die internationale Politik durch zahlreiche Krisen und Spannungen gekennzeichnet, die zu einer **Bedrohung des gesamteuropäischen Gleichgewichts** führten. Dies war zum einen die Folge des **Hochimperialismus**, der zunächst vor allem zwischen England und Frankreich aufgrund ihrer jeweiligen kolonialpolitischen Interessen zu erheblichen Spannungen führte. Während Frankreich den Auf- und Ausbau seines Kolonialreiches in Afrika in west-östlicher Richtung vorantrieb, versuchte England, ein zusammenhängendes Herrschaftsgebiet von Kapstadt bis Kairo aufzubauen. In Asien kollidierten die britischen Kolonialinteressen mit dem russischen Expansionsdrang nach Süden.
Zum anderen sorgte aber auch der **„Neue Kurs" der deutschen Außenpolitik** nach der Entlassung Bismarcks 1890 für eine Verschärfung der angespannten Lage. Zentrale Prinzipien der Außenpolitik Bismarcks wie das Streben nach einem Ausgleich mit Russland oder der Verzicht auf eine aggressive Flotten- und Kolonialpolitik wurden unter **Wilhelm II.** aufgegeben. Dieser propagierte statt-

dessen einen **weltpolitischen Geltungsanspruch für Deutschland**, das sich mithilfe von Kolonien seinen legitimen „**Platz an der Sonne**" sichern sollte. Teils um die machtpolitischen Ambitionen zu untermauern und eine erfolgreiche weltweite Außenpolitik zu ermöglichen, teils als Antwort auf die vermeintliche Einkreisungspolitik der europäischen Großmächte betrieb das Reich ab 1900 ein umfangreiches **Flottenbauprogramm**. Besonders Großbritannien sah sich durch die deutschen Rüstungspläne in seiner Stellung als Seemacht bedroht. Folge war ein **Rüstungswettlauf**, der das deutsch-britische Verhältnis erheblich belastete; Versuche einer Rüstungsbegrenzung scheiterten.

Nach der **Abkühlung des deutsch-russischen Verhältnisses** kam es bereits 1894 zu einer französisch-russischen Annäherung. Vor dem Hintergrund der deutschen Flottenpolitik und der deutschen kolonialpolitischen Ambitionen gelangten England und Frankreich in der 1904 geschlossenen „**Entente cordiale**" zu einem Ausgleich ihrer Kolonialinteressen: Frankreich erkannte das britische Interesse an Ägypten und dem Sudan an, England akzeptierte Frankreichs Anspruch auf Marokko.

Ein **russisch-britischer Interessenausgleich** in Mittelasien (Persien, Afghanistan) ermöglichte schließlich 1907 den Abschluss des Vertrages von Sankt Petersburg, der die „Entente cordiale" (zwischen Großbritannien und Frankreich) und den Zweierverband (zwischen Russland und Frankreich) zu einer „**Triple Entente**" weiterentwickelte. Die damit verbundene Ausrichtung gegen die deutschen Weltmachtpläne wurde von Deutschland als **Einkreisung** interpretiert. Das Auftreten Deutschlands in der ersten und zweiten Marokkokrise (1905/06 bzw. 1911) verstärkte die Spannungen mit Frankreich weiter.

Auf dem europäischen Kontinent bildete der **Balkan** eine andauernde Krisenregion. Auch nach der Neuordnung der Grenzen auf dem **Berliner Kongress** 1878 kam es in den folgenden Jahrzehnten immer wieder zu Konflikten. Dabei stellte das **Streben der Balkanvölker nach nationaler Einheit und Souveränität** einen dauerhaften Unruheherd dar. Die zunehmende Schwäche des Osmanischen Reiches trug darüber hinaus zur Destabilisierung des Balkans bei. 1908 annektierte Österreich-Ungarn die bereits seit 1878 besetzten osmanischen Provinzen Bosnien und Herzegowina. Im Oktober 1912 griffen die verbündeten Balkanstaaten Montenegro, Bulgarien, Serbien und Griechenland das Osmanische Reich an, das innerhalb weniger Wochen eine vernichtende Niederlage erlitt. Seine Besitzungen wurden im Folgenden neu aufgeteilt, was zu einer schweren europäischen Krise führte. Um diese beizulegen, bot sich Großbritannien als Vermittler an und lud die Botschafter aller beteiligten Länder 1913 nach London ein. Auf der Konferenz wurde eine Kompromisslösung ausgearbeitet, die aber aufgrund eines erneuten Balkankrieges nie umgesetzt werden konnte.

Die vorliegende Karikatur, die insbesondere vor dem Hintergrund der angespannten deutsch-britischen Beziehungen zu sehen ist, lässt John Bull als die Verkörperung Großbritanniens verschlagen und bedrohlich erscheinen. **Großbritannien wird als diplomatisch unaufrichtig dargestellt**. Mit der auf sein Herz gelegten Hand scheint John Bull seine von ihm selbst behauptete „Herzensgüte" unter-

streichen zu wollen, während sein nach oben gerichteter Blick scheinheilig und heuchlerisch wirkt. Außerdem erweckt die unter die Weste geschobene Hand den Eindruck von Geheimnistuerei und unterstellt John Bull (und damit Großbritannien), etwas verbergen zu wollen.
Insgesamt besteht ein erheblicher **Kontrast zwischen der Darstellung John Bulls und seiner Aussage** in der Bildunterschrift. Dort behauptet er, als „ehrlicher Makler" fungieren zu wollen, wofür ihn seine „langjährige Erfahrung" und „Herzensgüte" prädestinieren würden. Die bildliche Darstellung straft diese Selbstbeschreibung jedoch Lügen und entlarvt ihn als **Heuchler und Falschspieler**, dem es eigentlich nur um das Erreichen eigener Ziele geht. Dies verdeutlicht zum Beispiel John Bulls massige linke Pranke, die beinahe den gesamten Globus umschließt und als schweres Gewicht auf der Welt lastet. Damit soll auf **Großbritanniens globalen Herrschaftsanspruch** verwiesen werden, der laut der Karikatur wie ein gigantischer Schatten auf die Welt fällt.
Wie die Juwelen an John Bulls Kleidung und seine stattliche Körperfülle zeigen sollen, nutzt Großbritannien offenbar seine Macht zur eigenen Bereicherung. Das mit wenigen Strichen gezeichnete Porträt des früheren Reichskanzlers Bismarck steht in deutlichem Kontrast zu der theatralisch auftretenden Figur des John Bull. Im Gegensatz zu diesem erscheint **Bismarck nüchtern und weitblickend**. Geschickt lässt der Zeichner John Bull selbst das **positive Bismarck-Bild** formulieren, wenn er für sich den Anspruch erhebt, als dessen Nachfolger in der Rolle eines „ehrlichen Maklers" zu fungieren, wodurch er Bismarck als verehrungswürdiges Vorbild eines Diplomaten charakterisiert.
Die **Karikatur** ist in ihrer Tendenz **antibritisch** und betrachtet die Rolle Großbritanniens mit Skepsis und Ablehnung. Sie unterstellt der britischen Außenpolitik, auf der Botschafterkonferenz in London vornehmlich eigene Interessen zu verfolgen und damit die bestehenden Krisen zu verstärken.

3. *In diesem Lösungsteil wird von Ihnen eine Auseinandersetzung mit der Karikatur unter zwei Gesichtspunkten verlangt. Beurteilt werden sollen die Aussagen des Zeichners zur Rolle Bismarcks sowie zur Rolle Großbritanniens in der europäischen Politik. Dabei sollten sowohl zutreffende als auch nichtzutreffende Aspekte beider Rollenzuweisungen thematisiert werden. Am Ende des Lösungsteils sollte eine knappe bewertende Zusammenfassung stehen.*

Der Karikaturist beschäftigt sich in der vorliegenden Zeichnung mit der **Politik Großbritanniens**, der er Scheinheiligkeit und eine letztlich nur auf den eigenen machtpolitischen Vorteil abzielende Politik vorwirft. Brandt spricht Großbritannien die Ehrlichkeit ab und zieht die Vorstellung ins Lächerliche, die britische Politik könne in der Nachfolge Bismarcks als Versuch eines „ehrlichen" Interessenausgleichs verstanden werden. Obwohl es zutrifft, dass Großbritannien sich selbst als Weltmacht verstand und diese Position auch verteidigen wollte, übersieht der Zeichner, dass die britische Außenpolitik mit dem Grundsatz der „**balance of power**" das Ziel verfolgte, eine hegemoniale Stellung einer einzelnen Macht zu verhindern. Somit müsste Großbritannien eher an einem Interessenausgleich gelegen sein statt an einer Erweiterung der eigenen Machtposition, die neue Konflikte heraufbeschwören würde. Brandt unterschlägt zugleich die Tatsache, dass das deutsch-britische Verhältnis ganz wesentlich durch die deutsche Außenpolitik belastet worden war. **Deutschlands Übergang zur Weltpolitik** und eine **Flottenrüstung**, die Englands Vormachtstellung zur See gefährdete, stellten aus britischer Sicht eine **Störung des europäischen Gleichgewichts** dar.

Der Sicht des Zeichners auf die **Rolle Bismarcks in der europäischen Politik** ist in einigen Punkten durchaus zuzustimmen. So war Bismarck nach der Reichseinigung um eine gesamteuropäische Stabilität und den Verzicht auf weitere deutsche Expansion bemüht. Er selbst formulierte 1877 im sog. **Kissinger Diktat** diese außenpolitischen Ziele. Dabei sollte jegliche gegen das Deutsche Reich gerichtete Bündniskonstellation und insbesondere die Gefahr eines Zusammengehens Frankreichs und Russlands verhindert werden. Dem diente ein **komplexes Bündnissystem**, dessen Kern der Zweibund mit Österreich bzw. der um Italien erweiterte Dreibundvertrag darstellte, und das durch den Rückversicherungsvertrag mit Russland 1887 ergänzt wurde.

Der in der Karikatur aufgegriffene Begriff des „ehrlichen Maklers" geht zurück auf **Bismarcks Rolle als Schlichter beim Berliner Kongress** von 1878. Die Ergebnisse dieser europäischen Konferenz, die Bismarck den Ruf eines ehrlichen Vermittlers eintrugen, waren allerdings nicht allseits positiv beurteilt worden. Vielmehr gingen die Vereinbarungen der Konferenz stark zulasten Russlands, das sich um die Früchte seines Sieges über das Osmanische Reich gebracht und seinen Expansionsdrang in Richtung auf die Meerengen des Bosporus gestoppt sah. Die Bestimmungen des Berliner Kongresses führten zu zeitweiligen Belastungen des deutsch-russischen Verhältnisses und trugen zudem den Keim für zukünftige Konflikte auf dem Balkan bereits in sich. Auch Bismarck muss also kritisch betrachtet werden, da er auf dem Berliner Kongress 1878 **nicht nur als „ehrlicher Makler"** agierte, sondern bei seiner Neuordnung der Verhältnisse auf dem Balkan durchaus deutsche Interessen vertrat. Zwar wollte Deutschland nicht expandieren und Kolonien erwerben, aber es war Bismarck sehr daran gelegen, die Konflikte der übrigen europäischen Länder stets am Köcheln zu halten. So wollte er sie von Bündnissen untereinander abhalten, die eventuell gegen Deutschland gerichtet sein könnten. Weiterhin spielten die **nationalen Interessen der Balkanvölker** in seinen Überlegungen **keine Rolle**, sodass auch ihm der Ruf eines „ehrlichen Maklers" nur bedingt zugeschrieben werden kann.

Auch wenn Überzeichnung und Zuspitzung zu den Merkmalen politischer Karikaturen gehören, stellt die vorliegende Bildquelle die komplexen Zusammenhänge nur einseitig dar. Der Karikaturist verschweigt die **deutsche Mitverantwortung für die politisch angespannte Lage in Europa** und wird zugleich mit der anti-britischen Tendenz seiner Zeichnung den Motiven der britischen Außenpolitik nicht ausreichend gerecht.

Schriftliche Abiturprüfung NRW 2015/I – Geschichte
Grundkurs – Aufgabe 11

A: Interpretation sprachlicher oder nichtsprachlicher historischer Quellen

Aufgabenstellung   Punkte

Interpretieren Sie die Quelle, indem Sie

1. sie analysieren,   26

2. ausgehend vom Text Hitlers Strategien in den Jahren 1930–1932 erläutern *(14 Punkte)* und die Haltung des Verfassers zu Hitler einerseits sowie zum Nationalsozialismus andererseits charakterisieren *(14 Punkte)*,   28

3. vor dem Hintergrund der weiteren Entwicklung bis 1934 die durch den Verfasser vorgenommene Einschätzung der NSDAP sowie Hitlers überprüfen.   26

M: Ein Diktator, der es nicht wird: Hitler

[…]
Hitler ist eigentlich nur ein Zerrbild Mussolinis. […] Er möchte gern Mussolini nachahmen, aber er tut es wie ein Mann des Nordens; wie eben ein Deutscher einen Mann des Südens, einen Lateiner, nachzuahmen meint. Er glaubt an die Möglichkeit,
5 Mussolini zu modernisieren, indem er ihn ins Deutsche überträgt, womit man das klassische System nicht einmal ironisieren kann. Sein Heldenideal ist ein Julius Cäsar[1] in Tirolertracht. Man wundert sich, das Klima des Deutschlands von Weimar so günstig für ein Zerrbild Mussolinis zu sehen, das sogar das italienische Volk erheitern würde. […]
10 Die Kampforganisation der NSDAP ist der revolutionären Organisation des Faschismus von 1919 bis 1922, der Jahre vor dem Staatsstreich, genau nachgebildet. Das Netz der Hitlerschen Zellen, dessen Zentrum München ist, erstreckt sich über ganz Deutschland. Die nationalsozialistischen Stoßtrupps, aus ehemaligen Soldaten zusammengesetzt und militärisch organisiert, bilden das revolutionäre Gerüst der
15 Partei. In den Händen eines Führers, der sich ihrer zu bedienen verstünde, könnten sie eine sehr ernste Gefahr für das Reich darstellen. […]
Diese Veteranen des Weltkriegs, die davon träumten, zur Eroberung des Reiches auszuziehen und sich unter den Hakenkreuzfahnen für die Freiheit des deutschen Vaterlandes zu schlagen, sehen sich darauf beschränkt, den ehrgeizigen Plänen und
20 den persönlichen Interessen eines beredten und zynischen Politikers zu dienen, der unter Revolution nichts anderes versteht als einen abgedroschenen Kleinkrieg gegen die kommunistischen roten Garden, als eine unendliche Reihe ruhmloser Zusammenstöße mit Arbeitern in Sonntagskleidern oder ausgehungerten Arbeitslosen, als die

Eroberung des Reiches durch die Wahl, unterstützt von einigen Revolverschüssen an den Rändern der Großstädte.

In Königsberg, Stuttgart, Frankfurt, Köln, Düsseldorf, Essen haben Offiziere der Hitlerschen Sturmabteilungen mir gestanden, daß sie sich zum Range der Prätorianergarde[2] eines revolutionären Führers herabgedrückt fühlen, der sich darin übt, gegen seine eigenen Anhänger die Polizeimaßnahmen anzuwenden, deren er sich eines Tages wird zu bedienen haben, um dem deutschen Volke seine persönliche Diktatur aufzuzwingen. In der nationalsozialistischen Partei werden Gewissensfreiheit, das Gefühl der persönlichen Würde, Intelligenz, Kultur mit diesem dummen und brutalen Haß verfolgt, der die Diktatoren dritter Ordnung kennzeichnet. [...]

Es ist sicher, daß er, indem er auf die Gewalt, auf die aufständische Tat, auf den bewaffneten Kampf zur Eroberung des Staates verzichtet, sich immer mehr vom revolutionären Geist seiner Anhänger entfernt; es ist sicher, daß alles, was der Nationalsozialismus auf parlamentarischem Boden gewinnt, er auf revolutionärem verliert. Hitler weiß aber genau, daß er auf diese Weise sich der Sympathie immer größerer Wählermassen versichert und für sein politisches Programm die Zustimmung der großen Mehrheit der Kleinbürger gewinnt, die er braucht, um seine gefährliche Rolle als Catilina[3] aufzugeben und die viel sicherere des Diktators durch Volksbeschluß spielen zu können. [...]

Es ist überraschend, daß Hitler noch nicht gegen einen allgemeinen Aufstand seiner Stoßtruppen zu kämpfen gehabt hat. Die Teilmeutereien, die in ganz Deutschland in den Kampfgruppen Hitlers einander folgen, sind vielleicht nur die ersten Anzeichen einer unvermeidlichen Krise. Der Opportunismus während einer Revolution ist ein Verbrechen, das gesühnt werden muß. Wehe den Diktatoren, die sich an die Spitze einer revolutionären Armee stellen und vor der Verantwortung eines Staatsstreichs zurückschrecken. Es mag vorkommen, daß es ihnen gelingt, sich durch List und Zugeständnisse auf legale Weise in den Besitz der Macht zu bringen, aber die Diktatoren, die das Resultat einer *Combinazione*[4] sind, bleiben halbe Diktatoren. Sie haben keinen Bestand. Das Gesetz einer Diktatur besteht in ihrer revolutionären Gewalt: der Staatsstreich gibt ihr die Kraft, sich auf festem Grunde aufzubauen. Vielleicht ist es das Schicksal Hitlers, durch ein parlamentarisches Kompromiß [sic!] zur Macht zu gelangen. Will er der Revolte seiner Kampfgruppen zuvorkommen, so bleibt ihm nichts anderes übrig, als sie von der Eroberung des Staates abzulenken und sie ihre revolutionäre Rolle statt auf der Bühne der Innenpolitik auf der Bühne der Außenpolitik spielen zu lassen. Sind die Ostgrenzen nicht seit einiger Zeit das Hauptthema Hitlers? Aber die Tatsache, daß die Zukunft Deutschlands eher von einem parlamentarischen Kompromiß abhängt als von einem Staatsstreich, ist von größter Bedeutung. Ein Diktator, der nicht wagt, sich durch revolutionäre Gewalt in den Besitz der Macht zu bringen, wird Westeuropa, das entschlossen ist, seine Freiheit bis zum Äußersten zu verteidigen, keine Furcht einjagen.

Curzio Malaparte: Der Staatsstreich. Leipzig und Wien: E. P. Tal & Co. 1932, S. 219–238.
(Rechtschreibung und Zeichensetzung folgen dem Original.)

Anmerkungen:
1 Julius Cäsar: römischer Politiker, der sich nach einem Bürgerkrieg zum Diktator auf Lebenszeit ernennen ließ
2 Prätorianergarde: Leibgarde der römischen Kaiser
3 Catilina: römischer Politiker, der im Jahre 63 v. Chr. einen erfolglosen Staatsstreich unternahm
4 Combinazione (ital.): Verbindung, Zusammenschluss

Hinweise zum Autor und zum Text:
Curzio Malaparte (1898–1957), Schriftsteller und Journalist, hieß eigentlich Kurt Erich Suckert und stammte aus einer nach Italien eingewanderten deutschen Familie. Er nahm 1922 aktiv am faschistischen Umsturz in Italien teil, der Benito Mussolini an die Macht brachte. Sein aus Essays bestehendes Buch *Technique du coup d'État* („Die Technik des Staatsstreichs") beschreibt verschiedene Putschversuche und Revolutionen des 20. Jahrhunderts. Malaparte versucht in skizzenhafter Form, die Bedingungen für die erfolgreiche Errichtung einer Diktatur zu bestimmen. Das Buch erschien zuerst 1931 in Paris, wurde dann aber rasch in verschiedene Sprachen übersetzt, darunter 1932 unter dem Titel „Der Staatsstreich" auch ins Deutsche.

Zugelassene Hilfsmittel: Wörterbuch zur deutschen Rechtschreibung

Lösungsvorschläge

Diese Aufgabe entspricht den folgenden aktuellen Schwerpunktthemen:
- *Inhaltsfeld 5: Die Zeit des Nationalsozialismus – Voraussetzungen, Herrschaftsstrukturen, Nachwirkungen und Deutungen*
  - *Politische und ideologische Voraussetzungen des Nationalsozialismus*
  - *Die Herrschaft des Nationalsozialismus in Deutschland und Europa*

1. In der Lösung zur ersten Teilaufgabe stellen Sie die Quelle kurz vor. Dabei nennen Sie den Autor und die Adressaten sowie Erscheinungsort und -jahr, bestimmen die Quellengattung und nehmen eine kurze Einordnung in den situativen Kontext vor. Ferner sollen Sie Thema und Intention der Veröffentlichung herausstellen, um schließlich in systematischer Form den Inhalt und die Argumentationsstruktur des Textes wiederzugeben. Dabei ist eine methodisch korrekte Arbeit mit der Textgrundlage besonders wichtig.

Bei dem zu bearbeitenden Material handelt es sich um einen Auszug aus Curzio Malapartes Veröffentlichung „Der Staatsstreich". Das Buch erschien 1931 zunächst in Frankreich unter dem Titel „Technique du coup d'État", im darauffolgenden Jahr dann auch in deutscher Sprache. Der Text ist der Quellengattung des (politischen) Essays zuzuordnen.

Der Autor nahm 1922 aktiv am faschistischen Umsturz in Italien teil, der Benito Mussolini an die Macht brachte. In seinem Essay geht er nun den **Voraussetzungen für eine solche Umwälzung in Deutschland** durch Hitler und die NSDAP nach. Mit seinem Buch wendet er sich in einer Zeit, in der in weiten Teilen Europas totalitäre Staaten entstanden, an eine politisch interessierte Leserschaft. In Deutschland wurde sein Werk während der politischen und wirtschaftlichen Krisenjahre der Weimarer Republik veröffentlicht, als die NSDAP unter Hitlers Führung große Wahlerfolge erzielte.

Im vorliegenden Auszug setzt sich der Autor mit dem Verhältnis von **Staatsstreich und Diktatur** auseinander. Malaparte übt scharfe **Kritik an Hitlers Strategie, auf legalem Weg die Macht im Staat zu erlangen.**
Unter der als Prophezeiung zu verstehenden Überschrift „Ein Diktator, der es nicht wird" kennzeichnet der Autor den NSDAP-Führer bereits im ersten Textabschnitt als „Zerrbild Mussolinis" (Z. 2), das nur Heiterkeit und Spott hervorrufe. Im folgenden Absatz charakterisiert Malaparte die **NSDAP als eine Organisation nach dem Vorbild der italienischen Faschisten** vor deren Staatsstreich von 1922 (vgl. Z. 10 f.). Er geht auf ihre Organisationsstruktur ein, die sich von München ausgehend über ganz Deutschland erstrecke (vgl. Z. 12 f.). Die aus ehemaligen Weltkriegssoldaten bestehende **SA** sieht er als das „revolutionäre Gerüst" (Z. 14) der Partei an, mit dessen Hilfe ein fähigerer Mann als Hitler nach Einschätzung des Autors in der Lage wäre, einen Staatsstreich in Deutschland durchzuführen (vgl. Z. 15 f.). Hitler allerdings missbrauche diese „nationalsozialistischen Stoßtrupps" (Z. 13) nur für seinen persönlichen Machtzuwachs.
In der Vorstellung des NS-Führers, die Macht im Reich durch Wahlen zu erobern, sieht Malaparte einen schweren Fehler (vgl. Z. 36 f., Z. 47 ff.). Er **kritisiert Hitlers Verzicht auf revolutionäre Gewalt** und verspottet die Aktionen der NSDAP als „Kleinkrieg gegen die kommunistischen roten Garden" (Z. 21 f.) und als „Reihe ruhmloser Zusammenstöße mit Arbeitern" (Z. 22 f.).
Zwar sind Malaparte die **Motive Hitlers für seine Legalitätstaktik** bewusst, zugleich aber kritisiert er dessen Verzicht auf die gewaltsame Eroberung des Staats (vgl. Z. 34 ff.). Auf diese Weise könne er zwar breite Wählerschichten überzeugen, verliere aber seine Glaubwürdigkeit bei kampfbereiten Parteigenossen (vgl. Z. 34 ff.). Als Beleg für die daraus resultierende Unzufriedenheit innerhalb der SA führt Malaparte entsprechende Aussagen von SA-Offizieren an (vgl. Z. 26 ff.). Außerdem erwähnt er „Teilmeutereien" (Z. 44) der SA gegen Hitler, in denen er die „ersten Anzeichen einer unvermeidlichen Krise" (Z. 45 f.) sieht.
Malaparte glaubt, dass eine legale, möglicherweise „durch List und Zugeständnisse" (Z. 49 f.) erreichte Machtübernahme nur „halbe Diktatoren" (Z. 51) hervorbringe. Dies begründet er damit, dass das Gesetz der Diktatur in ihrer revolutionären Gewalt bestehe, sodass sich nur auf der Basis eines Staatsstreichs eine dauerhafte Diktatur errichten lasse (vgl. Z. 52 f.). Er bezweifelt also, dass Hitler, sollte er die Macht erreichen, sich lange an der Spitze des Staats halten würde.
Des Weiteren warnt er vor einer **Revolte der SA** nach einer Machtübernahme auf parlamentarischem Weg, der Hitler nur durch ein Ablenken der SA von der Innenpolitik auf die Außenpolitik zuvorkommen könne. Aus diesem Grund hält er einen baldigen Krieg im Osten für wahrscheinlich (vgl. Z. 58 f.). Abschließend stellt Malaparte fest, dass ein Diktator, der auf die revolutionäre Gewalt und einen Staatsstreich zur Machteroberung verzichte, auch den westeuropäischen Staaten „keine Furcht einjagen" (Z. 63) werde. Damit verleiht er erneut seinen Zweifeln an einem dauerhaften Erfolg einer Diktatur Hitlers Ausdruck.

2. Die zweite Teilaufgabe umfasst zwei Lösungsschritte. Zunächst geht es darum, Hitlers Strategie im Zeitraum von 1930 bis 1932 zu erläutern. Dazu sollen Sie auf Ihre historischen Kenntnisse über den Wechsel der Taktik Hitlers sowie über seine politischen Erfolge im erwähnten Zeitabschnitt zurückgreifen. In einem zweiten Lösungsteil müssen Sie Malapartes Haltung gegenüber Hitler und der NSDAP charakterisieren, d. h. in ihrer Eigenart beschreiben. Auch hier ist ein Bezug auf entsprechende Textstellen erforderlich.

Ohne von dem Ziel abzurücken, in Deutschland eine nationalsozialistische Diktatur zu errichten, ersetzte Hitler nach dem **gescheiterten Putschversuch** vom November 1923 die bisherige Putschtaktik durch eine **Legalitätstaktik**. Malaparte bezeichnet dies verächtlich als „parlamentarischen Kompromiß" (Z. 60). In den folgenden Jahren betonte Hitler immer wieder, dass er keinen Staatsstreich plane und nur auf legalem Weg die Macht übernehmen wolle. In den zahlreichen Wahlkämpfen der Weimarer Republik nutzte Hitler das Mittel der Propaganda ebenso wie **neuartige Wahlkampfmethoden**. So setzte er 1932 z. B. ein Flugzeug ein, um an möglichst vielen Orten kurz nacheinander auftreten zu können und die Dynamik der „Bewegung" zu unterstreichen.

Schon im September 1930 zeigte sich der **Erfolg des nationalsozialistischen Wahlkampfs**, als die NSDAP hinter der SPD zur zweitstärksten Partei im Reichstag wurde. Große Stimmengewinne erzielten die Nationalsozialisten auch bei Kommunal- und Landtagswahlen in Preußen, Bayern, Württemberg, Anhalt oder Hamburg. Den Höhepunkt ihrer Popularität erreichte die NSDAP schließlich bei den **Reichstagswahlen** im Juli 1932, als sie **stärkste Partei** wurde und bis zur „Machtergreifung" auch blieb. Malaparte hat also recht, wenn er Hitler die „Sympathie immer größerer Wählermassen" (Z. 38 f.) prognostiziert.

Der **Führerkult** um Adolf Hitler, der sich als Heilsbringer präsentierte, wurde zum bestimmenden Element der **nationalsozialistischen Propaganda**. So bezeichnet auch Malaparte Hitler als „beredten und zynischen Politiker[...]" (Z. 20), der es durch das Anheizen von Emotionen und das Schüren von Ängsten verstehe, große Teile des Volks auf seine Seite zu ziehen. Immer wieder wurde den Wählern die durch den Versailler Vertrag erlittene „Schmach" vor Augen geführt, die genauso wie der wirtschaftliche Niedergang nur von Hitler abgewendet werden könne.

Trotz der Absage an eine gewaltsame Erhebung zur Erlangung der Staatsgewalt blieben auch der **Straßenterror** und die organisierte Gewaltanwendung gegen politische Gegner ein von der NSDAP eingesetztes Mittel der Auseinandersetzung. Darauf spielt Malaparte in den Zeilen 21 ff. an. Die paramilitärisch organisierte SA, die seit 1930 unter der Führung von Ernst Röhm stand, bestimmte das öffentliche Bild der Partei mit. Bei Wahlkämpfen schützte sie mit brutalen Methoden eigene Veranstaltungen oder betrieb die gewaltsame Störung sowie Sprengung von Zusammenkünften politischer Gegner. Dadurch trug sie zur **Radikalisierung des politischen Klimas** bei und wurde vor der Reichspräsidentenwahl im Sommer 1932 zumindest kurzzeitig verboten.

An vielen Stellen seines Textes wird Malapartes Haltung zu Hitler und zum Nationalsozialismus deutlich. So äußert er sich in seinen Ausführungen wiederholt abfällig, voller Spott und mit Verachtung über Hitler. Beispielsweise nennt er den NSDAP-Führer ein „Zerrbild Mussolinis" (Z. 2), einen „Diktator[…] dritter Ordnung" (Z. 33) oder einen „Diktator[…] durch Volksbeschluß" (Z. 41). Seiner Meinung nach ist **Hitler als Person ungeeignet, eine dauerhafte Diktatur in Deutschland zu etablieren** (vgl. Z. 15 f.). So lehnt er auch Hitlers Vorgehen mit „Polizeimaßnahmen" (Z. 29) gegen seine eigenen Parteigenossen ab und kritisiert, dass in der NSDAP Werte wie Gewissensfreiheit, Intelligenz, Kultur und persönliche Würde mit Füßen getreten würden (vgl. Z. 31 ff.). Die **Legalitätsstrategie** Hitlers bewertet Malaparte als **Feigheit und Opportunismus** (vgl. Z. 46 ff.). Insgesamt entsteht der Eindruck, als wolle Malaparte durch seine **abwertende Darstellung Hitlers** Mussolini und den italienischen Faschismus in ein besonders positives Licht rücken.

Für die **Organisationsstruktur der NSDAP** findet Malaparte dagegen anerkennende Worte. Er hält sie für **wirkungsvoll** (da dem Vorbild der italienischen Faschisten nachgebildet) und äußert sich positiv über ihre radikalen Vorstellungen und Ziele (vgl. Z. 10 ff.). Der **SA** attestiert er revolutionäre Schlagkraft sowie Kampfbereitschaft und sieht in ihr die eigentliche **Triebkraft** der nationalsozialistischen Bewegung (vgl. Z. 13 ff.).

Bei aller Ablehnung Hitlers und seiner Strategie stimmt Malaparte in wichtigen Punkten mit der **Ideologie des Nationalsozialismus** überein. Dies drückt sich in seiner **antidemokratischen und antiparlamentarischen Haltung** aus (vgl. Z. 53 ff.), aber auch in dem von ihm vertretenen **Führerprinzip** (vgl. Z. 15 f.) und seiner **Bewunderung für Krieg und Kampfbereitschaft** (vgl. Z. 13 ff.).

Zusammenfassend lässt sich feststellen, dass Malaparte die Errichtung einer Diktatur in Deutschland durchaus gutheißt, Hitler aber für ungeeignet hält, dieses Ziel umzusetzen. Seiner Meinung nach muss eine Diktatur auf einem Umsturz beruhen und kann nicht auf legalem Weg erreicht werden.

3. *Die Teilaufgabe 3 fordert Sie durch den Operator „überprüfen" dazu auf, die Aussagen Malapartes auf ihre Angemessenheit hin zu untersuchen. Als zeitlichen Rahmen gibt die Aufgabenstellung die Entwicklung bis 1934 vor. Zeigen Sie also anhand historischer Sachverhalte bis 1934, inwiefern Malapartes Einschätzungen zuzustimmen ist, aber auch, inwiefern diese relativiert werden müssen. Am Ende Ihrer Ausführungen sollte eine zusammenfassende Beurteilung erfolgen.*

Malaparte beschreibt in seinem 1932 veröffentlichten Buch die Ziele Hitlers sowie seine politische Taktik zur Erlangung der Macht. Im Folgenden soll anhand der weiteren historischen Entwicklung überprüft werden, inwiefern Malaparte mit seinen Einschätzungen Recht hat.

Zuzustimmen ist Malaparte, wenn er Hitler zur Erlangung der Macht eine **Legalitätstaktik** unterstellt. Nach seinem gescheiterten Putschversuch 1923 verlegte der NS-Führer sich tatsächlich darauf, über Wahlerfolge seiner Partei die Weimarer Republik von innen auszuhöhlen. Auch wenn er dabei nicht nur mit legalen Mitteln vorging, so muss Malaparte doch zugestimmt werden, dass Hitler **nicht durch einen gewaltsamen Staatsstreich** die Macht erlangte.

Was Hitlers Verhältnis zur SA angeht, kam es nach der „Machtergreifung" tatsächlich zu erheblichen **Spannungen zwischen Hitler und der SA-Führung**. Letztere forderte eine „zweite Revolution" mit einer radikalen sozialen Umgestaltung. Zudem wollte Röhm die SA zu einer Volksmiliz machen, der die zahlenmäßig kleinere Reichswehr einverleibt werden sollte. Damit wurden Röhm und die SA für Hitler, der zur Umsetzung seiner militärischen Pläne auf eine Zusammenarbeit mit der Reichswehr setzte, zu einer Bedrohung. Aus diesem Grund ließ Hitler vom 30. Juni bis zum 2. Juli 1934 die Führungsriege der SA durch die SS ermorden. Als Rechtfertigung seines Vorgehens führte Hitler an, einen drohenden Putschversuch des homosexuellen SA-Stabschefs Ernst Röhm („**Röhm-Putsch**") verhindert zu haben. Die Mordaktion ließ Hitler nachträglich als Staatsnotwehr durch den Reichstag legitimieren. Mit der Ausschaltung der SA-Führung entledigte sich Hitler des gefährlichsten innerparteilichen Machtfaktors und erhob sich zum unumschränkten Führer seiner Partei.

Malaparte liegt also richtig, wenn er beschreibt, wie skrupellos und unerbittlich Hitler gegen seine eigenen Weggefährten vorging. Dass er diese **Terrormaßnahmen** später auch zur Unterdrückung der Bevölkerung einsetzen würde, wird von Malaparte ebenfalls richtig vorausgesehen. Noch im Februar 1933 begann die **brutale Verfolgung politischer Gegner**, die in den ab März 1933 errichteten Konzentrationslagern inhaftiert wurden. Im Laufe der Zeit entstand ein System aus Überwachung, Bespitzelung und Denunziation, um jegliche Kritik an der NS-Herrschaft auszuschalten.

Neben diesen zutreffenden Voraussagen muss Malapartes Einschätzung aber auch **relativiert** werden. So unterschätzt er ganz entschieden die Fähigkeit Hitlers, nach der verfassungsgemäßen Übertragung der Macht eine Diktatur in Deutschland zu errichten. Malaparte verspottet Hitler vielmehr als „**Diktator[…] dritter Ordnung**" (Z. 33). Außerdem ist er der Auffassung, Hitler werde, wenn er auf legalem Weg an die Macht kommen sollte, immer nur ein „halbe[r] Diktator[…]" (Z. 51) bleiben. Dabei verkennt Malaparte allerdings, dass Hitler mit aller Konsequenz seine Machtmittel zum **Auf- und Ausbau einer Diktatur** nutzte.

Schon mit der „Verordnung zum Schutz von Volk und Staat", die unmittelbar nach dem Brand des Reichstags am 28. Februar 1933 in Kraft trat, wurden wesentliche **Grundrechte** wie die Freiheit der Person, die Meinungs- und Pressefreiheit oder das Postgeheimnis **beseitigt**. Bei den Reichstagswahlen vom 5. März konnte Hitler entgegen seiner Hoffnungen nicht die absolute Mehrheit der Sitze erobern. Jedoch verschaffte er sich mit dem „Gesetz zur Behebung der Not von Volk und Reich" vom 23. März 1933 die Grundlage für die Errichtung einer Diktatur auf scheinbar legaler Basis. Das „**Ermächtigungsgesetz**" erlaubte es der Regierung, ohne Zustimmung des Parlaments Gesetze zu erlassen, was einer vollständigen Entmachtung der gewählten Abgeordneten gleichkam.

Eine Festigung der Diktatur erfolgte dann unverzüglich in den nächsten Wochen und Monaten durch die „**Gleichschaltung**". Im Zuge dieser lückenlosen Erfassung von Staat und Gesellschaft durch die NSDAP und ihre Unterorganisationen wurden auch die einzelnen **Länderregierungen entmachtet sowie die Gewerkschaften zerschlagen** und in die Deutsche Arbeitsfront eingegliedert. Mit dem „Gesetz gegen die Neubildung von Parteien" vom 14. Juli 1933 wurde die NSDAP schließlich zur einzigen politischen Partei in Deutschland erklärt. Damit war das **demokratische Mehrparteiensystem abgeschafft**.

Als der amtierende Reichspräsident Hindenburg am 2. August 1934 starb, übernahm Hitler als „**Führer und Reichskanzler**" das Reichspräsidentenamt. Dies bedeutete, dass die Soldaten der Reichswehr von nun an auf Hitler als neuem Oberbefehlshaber des Heeres vereidigt wurden. Spätestens zu diesem Zeitpunkt war Hitlers **Weg zur Alleinherrschaft abgeschlossen**. Malaparte verkennt Hitlers Durchschlagskraft bei der Errichtung der Diktatur also vollkommen.

Demgegenüber **überschätzt** Malaparte offenbar die Machtmöglichkeiten und die **Bedeutung der SA**. So vermutet er, dass Hitler bald einen Krieg im Osten anfangen werde, um die SA durch einen Kriegseinsatz von einem innenpolitischen Putschversuch abzulenken. Solche Vorstellungen entsprachen aber zu keinem Zeitpunkt den realen machtpolitischen Gegebenheiten.

Viel bedrohlicher als die SA erwies sich Hitler selbst bereits kurz nach seiner Machtübernahme für Europa. So äußerte er sich nur vier Tage nach seiner Ernennung zum Reichskanzler vor den ranghöchsten Offizieren der Reichswehr über die gewaltsame Eroberung von „Lebensraum im Osten". Auch der Austritt Deutschlands aus dem Völkerbund im Oktober 1933 deutet **Hitlers wahre Gefährlichkeit für Europa** bereits an.

Insgesamt beurteilt Malaparte die vorhandenen Spannungen und Konflikte innerhalb der NSDAP zwar richtig, **unterschätzt aber Hitlers Skrupellosigkeit und seine Bereitschaft zu einem radikalen Vorgehen** vollkommen. Diesem Irrtum unterlagen auch diejenigen, die wie von Papen, Vizekanzler im Kabinett Hitlers, glaubten, Hitler durch die Einbindung in die Regierungsverantwortung „zähmen" zu können. Stattdessen war es umgekehrt Hitler, der die nicht der NSDAP angehörenden Minister unterdrückte und schließlich entmachtete.

Schriftliche Abiturprüfung NRW 2015/II – Geschichte
Grundkurs – Aufgabe 12

A: Interpretation sprachlicher oder nichtsprachlicher historischer Quellen

Aufgabenstellung Punkte

Interpretieren Sie die Bildquelle, indem Sie

1. sie analysieren, 26

2. sie in den historischen Kontext seit 1945 einordnen (*12 Punkte*) sowie die Bedeutung der Bildelemente erläutern (*16 Punkte*), 28

3. die Aussagen des Zeichners aus damaliger und heutiger Sicht beurteilen. 26

M: Ludwig Wronkow: Gretchens[1] Wunschtraum ist erfüllt, 1948

Balalaika (typisch russ. Saiteninstrument)

unification (engl.): Vereinigung

Gretchens Wunschtraum ist erfüllt
Bei zwei Liebhabern besteht immer die Hoffnung, dass sie eines Tages aufeinander losgehen. Und den Dolch liefert Gretchen.
Zeichnung von Wronkow.

Ludwig Wronkow: Gretchens Wunschtraum ist erfüllt. In: Aufbau/Reconstruction. An American Weekly published in New York. 14. Jahrgang, Nr. 38, 17. 9. 1948, S. 5.

Anmerkung:
1 Figur aus Goethes Drama „Faust". Gretchen gilt zum einen als typisch deutscher Name, zum anderen aber auch als Symbol der Unschuld.

Hinweise zum Zeichner und zur Zeitschrift:
Ludwig Wronkow (1900–1982) war ein deutscher Karikaturist jüdischer Herkunft. Er verließ 1933 Deutschland und arbeitete fortan vor allem für die Wochenzeitschrift „Aufbau/Reconstruction". Diese war eine in deutscher Sprache in New York erscheinende Zeitschrift der deutsch-jüdischen Gemeinde.

Zugelassene Hilfsmittel: Wörterbuch zur deutschen Rechtschreibung

---

Lösungsvorschläge

Diese Aufgabe entspricht den folgenden aktuellen Schwerpunktthemen:
- *Inhaltsfeld 5: Die Zeit des Nationalsozialismus – Voraussetzungen, Herrschaftsstrukturen, Nachwirkungen und Deutungen*
  - *Vergangenheitspolitik und „Vergangenheitsbewältigung" (Umgang mit dem Nationalsozialismus in den Besatzungszonen)*

1. Die erste Teilaufgabe erfordert eine Bestimmung der Quellengattung, das Eingehen auf Zeichner und Adressaten sowie die Nennung von Erscheinungsort und -zeitpunkt. Weiterhin müssen Sie das Thema der Darstellung knapp wiedergeben. Hieran schließt sich eine systematisch angelegte und detaillierte Beschreibung der Karikatur und ihrer Bestandteile an. Vor diesem Hintergrund soll außerdem die Intention des Zeichners herausgearbeitet werden.

Die zu bearbeitende Bildquelle ist eine **politische Karikatur**. Sie stammt von Ludwig Wronkow, einem deutsch-jüdischen Karikaturisten, und trägt den Titel „Gretchens Wunschtraum ist erfüllt". Die Zeichnung ist am 17. September 1948 in der Wochenzeitschrift „Aufbau/Reconstruction" in New York erschienen. Deren überwiegend deutsch-jüdische Leser sind in erster Linie als Adressaten der Zeichnung zu betrachten. Thematisch warnt die Karikatur vor einer **drohenden Auseinandersetzung zwischen den beiden Supermächten USA und Sowjetunion** um Deutschland. Zudem macht Wronkow auf die **nationalsozialistische Gesinnung** aufmerksam, die seiner Meinung nach immer noch in Deutschland vorherrscht. Die Karikatur ist während der Berlin-Blockade in einer angespannten internationalen Lage entstanden.

Die Quelle besteht neben dem bereits erwähnten Titel aus einem Bildteil und einer Bildunterschrift. Die Zeichnung zeigt **drei Personen**: Eine **junge Frau** sitzt zwischen **zwei Soldaten** auf einer aus Ziegelsteinen lose zusammengefügten Mauer. Den Bildhintergrund bildet die **Ruinenlandschaft** einer Großstadt, die am Brandenburger Tor als Berlin zu erkennen ist.

Die junge Frau ist mit einem Dirndl bekleidet. Aus ihrem Dekolleté ragt unübersehbar ein **Dolch** hervor. Sie hat helle Haare, die zu einem Zopf geflochten sind. Ihr Gesicht ist seltsam verformt und sie scheint zu schielen, denn sie sieht mit jeweils einem Auge die neben ihr sitzenden Soldaten direkt an. Auf dem Kopf trägt sie einen kleinen **Wikingerhelm mit einem Totenkopf**. Ihre Arme sind stark behaart und enden in **wolfsartigen Klauen**. Ihre Schuhe, die Pantoffeln ähneln, sind mit **Hakenkreuzen** verziert.

An ihrer rechten Seite sitzt ein **amerikanischer Soldat**. Mit seiner linken Hand hält er sich einen großen Geldschein mit der Aufschrift „**Westmark**" vor die Brust. In seiner rechten Hand befindet sich ein **Damenstrumpf**, auf dem „Nylon" steht. Sein Blick ist lächelnd auf das Dekolleté der Frau gerichtet.
Der links von der Frau sitzende Mann trägt einen Helm mit Sowjetstern und schwere Stiefel. Dadurch ist er als **Soldat der Roten Armee** identifizierbar. Er spielt auf einer **Balalaika**, einem typisch russischen Saiteninstrument, auf dem neben einem Notenschlüssel auch der Begriff „unification" (englisch für „**Vereinigung**") in Großbuchstaben zu erkennen ist. Unter seinem rechten Arm hält auch er einen Geldschein, allerdings mit der Aufschrift „**Ostmark**". Er wendet sich ebenfalls aufmunternd lächelnd der jungen Frau zu. Beide Männer scheinen um die in der Mitte sitzende Frau zu werben.
Der Text unter der Zeichnung besteht aus dem Titel der Karikatur „Gretchens Wunschtraum ist erfüllt", darunter stehen die erläuternden Sätze: „Bei zwei Liebhabern besteht immer die Hoffnung, dass sie eines Tages aufeinander losgehen. Und den Dolch liefert Gretchen."

2. Die zweigliedrige Aufgabenstellung der Teilaufgabe 2 verlangt in einem ersten Lösungsschritt die Einordnung der Karikatur in den historischen Kontext seit 1945. Hierbei ist die Entwicklung der deutschen Frage bis zum Erscheinen der Zeichnung zu berücksichtigen. Beziehen Sie dabei auch die internationalen Rahmenbedingungen mit ein. In einem zweiten Lösungsschritt müssen Sie die Bedeutung der einzelnen Bildelemente in ihrem Zusammenhang erklären.

Die **bedingungslose Kapitulation Deutschlands** im Mai 1945 bedeutete das Ende des Zweiten Weltkriegs in Europa. Deutschland wurde, wie zuvor bereits vereinbart, zunächst in drei, bald darauf unter Einbeziehung Frankreichs in **vier Besatzungszonen** aufgeteilt. Die oberste Befehlsgewalt übten jeweils die alliierten Militärgouverneure in ihren Zonen aus. Die ehemalige Reichshauptstadt Berlin erhielt einen Sonderstatus und wurde in vier Sektoren aufgeteilt.
Auf der **Potsdamer Konferenz** vom 17. Juli bis zum 2. August 1945 verhandelten die „Großen Drei" (USA, Großbritannien und die Sowjetunion) über die Zukunft Deutschlands und die europäische Nachkriegsordnung. Für die Behandlung Deutschlands legte das Potsdamer Abkommen als **zentrale Grundsätze** die Demilitarisierung, die Denazifizierung, die Dezentralisierung, die Demontage und die Demokratisierung fest. Allerdings wurden in den einzelnen Besatzungszonen sehr bald erhebliche **Unterschiede in der Umsetzung** dieser Prinzipien deutlich. Darin manifestierte sich der schon zuvor erkennbare **Gegensatz zwischen der Sowjetunion und den USA**. Dieser internationale Ost-West-Konflikt beeinflusste die Deutschlandpolitik beider Mächte entscheidend. So verkündeten die USA im März 1947 in der sog. **Truman-Doktrin**, den sowjetischen Einfluss in der Welt zurückdrängen zu wollen. Damit ging eine verstärkte Einbindung der westlichen Besatzungszonen in das amerikanische Wirtschaftssystem

einher, da für die USA die **ökonomische Konsolidierung Westdeutschlands Vorrang vor der Einheit** hatte.

Dies hatte sich bereits im Januar 1947 angedeutet, als die amerikanische und die britische Zone in Form der Bizone einen gemeinsamen Wirtschaftsraum gebildet hatten. Dieser wurde im März 1948 mit dem französischen Besatzungsgebiet zur **Trizone** erweitert. Außerdem leisteten die USA mit dem **Marshall-Plan** finanzielle Hilfe zum Wiederaufbau der Westzonen, was den Graben zur sowjetisch besetzten Zone (SBZ), in der weiterhin Demontagen durchgeführt wurden, immer größer werden ließ.

Im Zusammenhang mit dem Staatsgründungsvorhaben der Westalliierten wurde für die Trizone der Plan einer **Währungsreform** gefasst, die am 20. Juni 1948 in Kraft trat. Bereits am 23. Juni ordnete daraufhin die Sowjetunion für die Ostzone eine eigene Währungsreform an. Zugleich reagierte die UdSSR auf den Schritt des Westens mit einer **Blockade der Berliner Westsektoren**. Bis zu deren Ende im Mai 1949 standen zur Versorgung des abgeschotteten Teils der Stadt mit Kohle, Nahrungsmitteln und Rohstoffen nur noch drei Luftkorridore zur Verfügung.

Ebenfalls in der Folge des Beschlusses einer Weststaatsgründung bekamen die Ministerpräsidenten der Trizone mit den **Frankfurter Dokumenten** den Auftrag zur **Ausarbeitung einer Verfassung** für einen föderativen westdeutschen Bundesstaat auf parlamentarisch-demokratischer Basis.

Parallel zu den Entwicklungen im Westen wurde in der Ostzone die **Gründung der DDR** vorbereitet. Dabei wollte die UdSSR weiterhin den Anschein erwecken, an einem deutschen Gesamtstaat festzuhalten. So hoffte man, die Verantwortung für die sich abzeichnende Teilung den Westmächten zuschieben zu können.

Die in der Karikatur dargestellte Szene spielt sich vor dem Hintergrund der düsteren, in Trümmern liegenden **Ruine Berlins** ab. Die Hauptstadt des ehemaligen Deutschen Reichs steht dabei stellvertretend für das besiegte, in weiten Teilen vom Bombenkrieg zerstörte Deutschland. Außerdem trafen hier zugleich die Einfluss- und Interessensphären der beiden Supermächte aufeinander.

Die junge Frau im Dirndl in der Bildmitte, der der Zeichner den Namen „**Gretchen**" gibt, repräsentiert das **Deutschland der Nachkriegszeit**. Ihr Name, der an die Mädchengestalt in Goethes „Faust" erinnern soll, sowie weitere Attribute wie ihre Jugend und ihr zum Zopf geflochtenes Haar erwecken auf den ersten Blick den **Anschein der Unschuld und der Harmlosigkeit**. Bei näherer Betrachtung erweist sich „Gretchen" und damit das von ihr symbolisierte Deutschland jedoch als „**Wolf im Schafspelz**". Die von der Frau zur Schau gestellten **nationalsozialistischen Symbole** wie das Hakenkreuz, das Totenkopf-Zeichen der SS oder der Dolch stehen für die Verbrechen des Nationalsozialismus. Die Wolfsgestalt, die an den behaarten Armen und klauenartigen Händen erkennbar ist, unterstreicht zusätzlich die **Gefahr**, die von einem nach außen unschuldig wirkenden Deutschland ausgeht. Sein wahres Wesen, so scheint es, kann jederzeit wieder zum Vorschein kommen.

Die junge Frau spielt ihre Reize aus, um die beiden Soldaten, denen sie „schöne Augen" macht, für sich einzunehmen. Die abgebildeten Männer konkurrieren ihrerseits mittels unterschiedlicher Angebote und Versprechungen um „Gretchens" Aufmerksamkeit und Zuneigung. Sie repräsentieren die **Großmächte USA und Sowjetunion** und nehmen offenbar die wahre Natur der Frau nicht wahr oder übersehen diese absichtlich. Während der **amerikanische Soldat** „Gretchen" mit Nylon-Strümpfen und der Westmark als Zeichen für **Wohlstand** und den **„American Way of Life"** zu beeindrucken versucht, stellt der **sowjetische Soldat** „Gretchen" die **Einheit Deutschlands** in Aussicht. Die Ostmark versteckt er deshalb unter seinem Arm. Vordergründig soll Deutschland glauben, bei einer Zusammenarbeit mit der sowjetischen Besatzungsmacht könne die Einheit wiederhergestellt werden.

Der Karikaturist drückt also aus, dass die Großmächte **Deutschland** in ihr jeweiliges politisches und wirtschaftliches System und damit **in ihren Einflussbereich integrieren** wollen. Dabei scheinen beide nicht zu bemerken oder nicht bemerken zu wollen, dass **Deutschland** – so die Sichtweise des Karikaturisten – **immer noch der nationalsozialistischen Ideologie anhängt**. Der Zeichner spielt hier auch auf die in Deutschland weiterhin unbehelligt lebenden Alt-Nazis an, die der **Entnazifizierung oder einer juristischen Verfolgung entgangen** sind.

Für das Verständnis der im Bild gezeichneten Situation und ihre politische Deutung sind die Bildunterschrift sowie der erklärende Text von entscheidender Wichtigkeit. Darin unterstellt der Karikaturist, dass „Gretchen" das politische Liebeswerben der beiden Großmächte sehr willkommen ist („Gretchens Wunschtraum"). Sie hofft darauf, dass die **USA und die Sowjetunion**, die noch wenige Jahre zuvor gemeinsam gegen das nationalsozialistische Deutschland Krieg geführt haben, sich nun wegen ihres Streits um Deutschland **in einen Krieg gegeneinander verstricken** („eines Tages aufeinander losgehen"). Deutschland wird dabei die **Rolle des Anstifters** zugeschrieben („Und den Dolch liefert Gretchen."). Damit ist die Karikatur als eine vorrangig an die amerikanische Öffentlichkeit gerichtete **Warnung** zu verstehen, sich nicht wegen Deutschland in einen Krieg gegen die Sowjetunion treiben zu lassen. Vielmehr sollten die USA sich mehr der **Bekämpfung eines in Deutschland immer noch virulenten Nationalsozialismus** widmen, anstatt über der Beschäftigung mit dem Antikommunismus die Gefahr eines Wiederauflebens des Faschismus in Deutschland zu unterschätzen.

3. *Die Aufgabenstellung verlangt von Ihnen eine Beurteilung der Aussagen des Zeichners. Sie sind also dazu aufgefordert, zu überprüfen, inwiefern den Behauptungen des Karikaturisten zuzustimmen ist, inwiefern diese aber auch relativiert werden müssen. Dabei sind unterschiedliche Vorgehensweisen möglich: Sie können nacheinander darlegen, wie die Aussagen aus damaliger und heutiger Sicht zu bewerten sind. Der vorliegende Lösungsvorschlag nimmt eine Gliederung nach zutreffenden und unzutreffenden Aspekten vor, um inhaltliche Wiederholungen zu vermeiden. Gehen Sie jedoch, wenn es sich anbietet, bei der Ausführung der einzelnen Punkte auf deren zeitliche Gebundenheit ein.*

Da eine Karikatur stets mit Überzeichnungen arbeitet, stellt sich die Frage, inwiefern Wronkow die politische Lage der Nachkriegszeit **aus damaliger und aus heutiger Perspektive zutreffend** erfasst hat. Aus Sicht eines zeitgenössischen Betrachters thematisiert Wronkow mit dem **Ringen der Großmächte um Deutschland ein aktuelles politisches Problem**. Tatsächlich hatten nach dem Ende des Zweiten Weltkriegs sowohl die USA als auch die Sowjetunion ein Interesse daran, Deutschland als Verbündeten zu gewinnen. Je stärker die ideologischen Gegensätze zwischen den beiden Besatzungsmächten zutage traten, desto angespannter wurde die politische Lage in Deutschland. So war zum Erscheinungszeitpunkt der Karikatur die **Berlin-Blockade** in vollem Gange, mit der die Sowjetunion eine weitere Annäherung Deutschlands an den Westen verhindern wollte. Die USA versorgten daraufhin über drei Luftkorridore („Rosinenbomber") die Westberliner Bevölkerung mit dem Nötigsten. Durch dieses Engagement warben die Vereinigten Staaten um Westdeutschland als Bündnispartner. Somit stellt der Karikaturist durchaus treffend die **Werbemittel** dar, mit denen die beiden Großmächte sich um Deutschland bemühten. Die **USA** setzten vornehmlich ihre ökonomische Anziehungskraft und die **Aussicht auf wirtschaftlichen Wohlstand** ein. Dies symbolisieren der Nylonstrumpf und die Westmark. Die **sowjetische Seite** dagegen trat, wie auch auf der Zeichnung mit bildlichen Mitteln dargestellt, zumindest in ihren offiziellen Verlautbarungen für den **Erhalt eines gesamtdeutschen Staats** ein. Dass diese Bestrebungen allerdings **nicht allzu ernsthaft verfolgt** wurden, zeigt Wronkow durch die Ostmark, die der russische Soldat auf der Karikatur halb versteckt unter den Arm geklemmt hat. Allein die **Währungsreform**, die in der SBZ nur drei Tage später stattfand als in den Westzonen, weist darauf hin, dass die UdSSR eigentlich eine Oststaatsgründung anstrebte.

Bedenkt man, dass die Karikatur von einem Deutschen jüdischer Herkunft stammt, ist seiner dargestellten **Befürchtung eines Wiedererstarkens des Nationalsozialismus** aus damaliger Sicht sicher recht zu geben. Nicht wenige jüdische Leser der Zeitschrift sahen darin vermutlich eine besondere Gefahr. Ihre Ängste schienen vor allem deshalb berechtigt, weil die **Entnazifizierung nur unvollständig durchgeführt** worden war. Viele ehemalige NS-Funktionäre blieben in ihren Ämtern, sodass ein Fortbestehen der nationalsozialistischen Weltanschauung in den Köpfen der Deutschen nicht ausgeschlossen war.

Trotz all dieser zutreffenden Aspekte müssen einige Behauptungen des Zeichners als **zu starke Vereinfachungen** zurückgewiesen werden. Beispielsweise stellt der Karikaturist die beiden Großmächte in Gestalt der zwei freundlichen Soldaten als naiv und in ihrer Verliebtheit in „Gretchen" als nahezu blind für alle möglichen Gefahren dar. Diese Sichtweise dürfte schon von einem zeitgenössischen Betrachter als unzutreffend wahrgenommen worden sein. Das **Werben der Besatzungsmächte um Deutschland** war keineswegs ein Zeichen von Verblendung, sondern eine Reaktion auf die politischen Möglichkeiten und **Ausdruck der eigenen Interessenlage**.

Auch dass der Zeichner „Gretchen" und damit Deutschland den Wunsch unterstellt, die beiden **Besatzungsmächte in einen Krieg gegeneinander zu verwickeln**, dürfte beim zeitgenössischen Betrachter auf Kritik oder Unverständnis gestoßen sein. Sicher wurde ein **neuerlicher Krieg damals von niemandem gewünscht**. Vielmehr hoffte die große Mehrheit der Deutschen, ihr Land wieder aufbauen und in Zukunft in Frieden leben zu können. Deutschland als heimlichen Aggressor oder „Wolf im Schafspelz" darzustellen, entspricht also weder aus zeitgenössischer noch aus gegenwärtiger Perspektive den Tatsachen.

Insgesamt erweckt der Karikaturist den Eindruck, als sei Deutschland die **Ursache für den Antagonismus** der Großmächte gewesen, was eine historisch **nicht haltbare Auffassung** ist. Vielmehr resultierte die Feindschaft aus dem bereits zu Kriegszeiten bestehenden Ost-West-Gegensatz, ohne dass dieser von Deutschland ausgelöst oder provoziert worden wäre. Entgegen den Befürchtungen des Karikaturisten hat eine **militärische Auseinandersetzung zwischen den USA und der Sowjetunion nicht stattgefunden**.

Aus gegenwärtiger Sicht hat sich die Annahme des Karikaturisten, der Nationalsozialismus könne in Deutschland wieder erstarken, letztlich nicht bewahrheitet. Außer in Randgruppen spielt **nationalsozialistisches Gedankengut in der deutschen Politik und Gesellschaft keine Rolle mehr**. Stattdessen hat sich die Bundesrepublik mithilfe der Vereinigten Staaten zu einer gefestigten Demokratie entwickelt. Allerdings konnte Wronkow 1948 noch nicht ahnen, in welchem Maß das amerikanische Demokratiemodell die Bundesrepublik prägen würde.

Insgesamt bringt die Karikatur **Befürchtungen und Warnungen eines Zeitgenossen** zum Ausdruck, die vor dem Hintergrund des erst kurze Zeit zurückliegenden Kriegs durchaus nachvollziehbar sind. Auch wenn diese vor allem aus heutiger Sicht relativiert werden müssen, stellt die Karikatur eine **interessante Meinungsäußerung aus der Nachkriegszeit** dar.

Schriftliche Abiturprüfung NRW 2016/II – Geschichte
Grundkurs – Aufgabe 13

A: Interpretation sprachlicher oder nichtsprachlicher historischer Quellen

Aufgabenstellung Punkte

Interpretieren Sie die Bildquelle, indem Sie

1. sie analysieren, 26

2. sie in den historischen Kontext einordnen *(14 Punkte)* sowie die Bedeutung der Bildelemente erläutern *(12 Punkte)*, 26

3. die Aussagen des Zeichners aus damaliger und aus heutiger Sicht beurteilen. 28

M: David Low: „Let the German people decide!"

Alfred Hugenberg (1865–1951), Parteivorsitzender der DNVP und Besitzer eines Presseimperiums, prominentes Mitglied in Hitlers Regierung bis Juni 1933.	Notice Parties opposing Hitler are severely discouraged Hier etwa: „Achtung: Von Parteien, die gegen Hitler sind, wird dringend abgeraten!"

David Low: „Let the German people decide!" In: Evening Standard, 1. März 1933, S. 10.

Erläuterungen zum Material:
Polling Booth – Vote here: Wahllokal. Hier wählen!
Reaction: Reaktion
„Let the German People decide!": „Lasst das deutsche Volk entscheiden!"

Erläuterung zum Zeichner und zum Erscheinungsort:
David Low (1891–1963): bedeutender britischer Karikaturist, der für zahlreiche große britische Zeitungen arbeitete, von 1927 bis 1950 vor allem für den Evening Standard.
Evening Standard: große Londoner Tageszeitung, geschätzt vor allem wegen ihrer detaillierten Auslandsberichterstattung.

Zugelassene Hilfsmittel: Wörterbuch zur deutschen Rechtschreibung

Lösungsvorschläge

Diese Aufgabe entspricht den folgenden aktuellen Schwerpunktthemen:
- **Inhaltsfeld 5:** *Die Zeit des Nationalsozialismus – Voraussetzungen, Herrschaftsstrukturen, Nachwirkungen und Deutungen*
  - *Politische und ideologische Voraussetzungen des Nationalsozialismus*
  - *Die Herrschaft des Nationalsozialismus in Deutschland und in Europa*

1. *Die Teilaufgabe 1 verlangt von Ihnen eine Vorstellung der Bildquelle. Sie sollten dabei auf die Quellengattung, den Titel, den Erscheinungsort und -zeitpunkt, den Karikaturisten und die Adressaten eingehen. Bestimmen Sie zudem den Anlass und das Thema der Karikatur sowie die Intention des Zeichners. Anschließend müssen Sie eine möglichst genaue und systematische Beschreibung der Bildelemente vornehmen, die sich z. B. am Bildaufbau orientieren kann.*

Bei der vorliegenden Bildquelle handelt es sich um eine **politische Karikatur** mit dem Titel „Let the German people decide!" („Lasst das deutsche Volk entscheiden!"). Sie wurde von dem britischen Karikaturisten **David Low** gezeichnet und am **1. März 1933** in der **Londoner Tageszeitung** „The Evening Standard" veröffentlicht, die zu dieser Zeit besonders bekannt für ihre ausführliche Auslandsberichterstattung war. Folglich richtet sich die Karikatur vornehmlich an eine **politisch interessierte Leserschaft** in Großbritannien. Die Zeichnung erschien anlässlich der in Deutschland bevorstehenden **Reichstagswahlen vom 5. März 1933** und thematisiert deren unfreien und undemokratischen Charakter. Low warnt auf diese Weise vor einer Entwicklung Deutschlands zu einem reaktionären und diktatorischen Staat.	Einleitung Quelle Adressaten Thema Intention
Die Karikatur besteht aus dem bereits zitierten Titel „Let the German people decide!" als Bildunterschrift und aus einem Bildteil. Dieser enthält im Wesentlichen zwei Elemente, nämlich eine überproportional groß gezeichnete **männliche Figur** und die Darstellung eines von vielen bewaffneten Kräften gesicherten **Wahllokals**. Der Mann nimmt ungefähr das linke Drittel der Zeichnung ein und befindet sich im Vordergrund. Das Wahllokal umfasst die übrigen zwei Drittel der Karikatur und bildet den Hintergrund.	strukturierte Beschreibung der Bildelemente
Von dem Mann **links in der Karikatur** sind aufgrund des oberen und linken Bildrandes nur der **Oberkörper** und ein **Teil des Kopfes** zu erkennen. Er schmunzelt und hat einen weißen Schnurrbart sowie ein Doppelkinn. Zudem trägt er eine Brille und ist mit Hemd, Krawatte und einem Anzug bekleidet, auf dessen Revers die Aufschrift „**Reaction**" („Reaktion") zu lesen ist. In der linken Tasche des Sakkos steckt eine kleine mensch-	Personen im Vordergrund

liche Figur, die die Größe einer Spielzeugpuppe hat. Sie steht aufrecht und streckt den linken Arm steil nach oben. Aufgrund einer Hakenkreuzbinde am Oberarm, dem Seitenscheitel sowie dem für **Hitler** typischen Zweifingerbart kann sie als dieser identifiziert werden.

Bei dem Wahllokal **rechts im Bild** handelt es sich um ein Gebäude, das aus vier nach vorn geöffneten Kabinen und einem Flachdach besteht. Über dem Gebäude weht eine große **Hakenkreuzflagge**. Auf dem vorderen Rand des **Daches** steht über die gesamte Breite des Gebäudes hinweg „Polling Booth – Vote here" („Wahllokal. Hier wählen!"). In einer der Kabinen sitzt – erkennbar an der Kopfbedeckung – ein **Polizist**. Vor ihm ist ein **Maschinengewehr** aufgestellt, welches nach vorn über eine Wahlurne hinweg zielt. Oberhalb des Mannes hängt ein **Schild** mit der Aufschrift „Notice. Parties oppposing Hilter are severely discouraged" („Achtung: Von Parteien, die gegen Hitler sind, wird dringend abgeraten!").

Wahllokal

Auch alle weiteren Personen auf der Karikatur sind **uniformiert und überwiegend bewaffnet**. Zivilisten oder mögliche Wähler sind hingegen nicht zu sehen. Auf dem **Dach** des Gebäudes sitzen **sechs Männer**, die das Gelände vor und hinter dem Wahllokal beobachten. Vier davon tragen eine SA-Uniform, zwei eine Polizeiuniform. Die beiden links außen Sitzenden schauen nach vorn und sind mit einem Gewehr bzw. einer Axt bewaffnet. Die übrigen vier Männer blicken nach hinten, darunter ein Polizist, der auf dem Rücken ein Gewehr trägt.

Polizei und SA

Rechts und links vom Wahllokal steht in **drohender Haltung** je eine weitere Gruppe uniformierter Polizisten und SA-Männer. Man kann als **Waffen** Gewehre, Schlagstöcke, ein Seil und einen Stein erkennen. Noch ein Stück weiter vor dem Wahllokal zwischen der Person im Vordergrund und den Bewachern des Wahllokals wurde als Absperrung ein nachlässig aufgebauter **Stacheldrahtzaun** errichtet. Er wird von einem Polizisten mit Gewehr und einem SA-Mann mit Schlagstock, die rechts vor dem Zaun stehen, gesichert.

2. *In dieser Teilaufgabe sollen Sie die Karikatur zunächst in den historischen Kontext einordnen. Hier sind vor allem die Vorgeschichte der Machtübertragung an die Nationalsozialisten und die Phase bis zu den Wahlen vom 5. März 1933 zu berücksichtigen. Im zweiten Lösungsschritt müssen vor dem Hintergrund der bisherigen Aufgabenlösungen die einzelnen Bildelemente der Karikatur erläutert werden (überw. AFB II).*

Die Karikatur bezieht sich auf die Situation in Deutschland vor den **Reichstagswahlen vom 5. März 1933**. Darüber hinaus sind für das Verständnis der Bildaussage aber auch die Hintergründe des **nationalsozialistischen Aufstiegs** wichtig.

<small>Einordnung in den historischen Kontext</small>

Die Endphase der Weimarer Republik war von der **Weltwirtschaftskrise** seit 1929 und von einem zunehmenden **Vertrauensverlust** in das demokratische System geprägt. Während die demokratischen Parteien an Zuspruch verloren und 1930 die letzte Regierung mit parlamentarischer Mehrheit scheiterte, erstarkten die **antidemokratischen Kräfte** rechts wie links. Diese Lage nutzten rechtskonservative Kreise um den Reichspräsidenten Paul von Hindenburg, um ein **autoritäres Präsidialregime** zu errichten. Zwischen 1930 und 1933 setzte Hindenburg die Reichskanzler Heinrich Brüning, Franz von Papen und Kurt von Schleicher ein, deren Maßnahmen per **Notverordnungen** nach Artikel 48 der Weimarer Verfassung auch gegen die Parlamentsmehrheit durchgesetzt werden konnten. So waren diese Regierungen zwar scheinbar legal, beruhten tatsächlich aber auf einer Ausschaltung des Reichstages.

<small>Präsidialregime</small>

In dieser Situation gewannen auch die **Nationalsozialisten** zunehmend an Zustimmung. Der Erfolg beruhte unter anderem auf aggressiver Propaganda und auf ihrer Taktik, die Macht über Wahlen zu erlangen und sich so scheinbar an die Weimarer Verfassung zu halten („Legalitätstaktik"). Im Juli 1932 wurden die Nationalsozialisten **stärkste Fraktion** im Reichstag. Zeitweise schlossen sie sich auch mit anderen nationalkonservativen und rechtsextremen Gruppierungen in der 1931 von Alfred Hugenberg gegründeten „Harzburger Front" gegen die Weimarer Republik zusammen.

<small>Propaganda und Legalitätstaktik</small>

<small>Harzburger Front</small>

Obwohl **Hindenburg** Hitler zunächst ablehnte, gab er Anfang 1933 dem Drängen einflussreicher industrieller Kreise und konservativer Politiker nach und ernannte **Hitler zum Reichskanzler**. In der neuen Regierung sollte Hitler von nationalkonservativen Politikern eingerahmt und damit von der Durchsetzung seiner radikalen Ziele abgehalten werden („Zähmungskonzept"). So bestand diese Regierung mehrheitlich aus deutschnationalen und konservativen Ministern, darunter unter anderem **Alfred Hugenberg**. Mit Wilhelm Frick und Hermann Göring waren nur zwei Nationalsozialisten Teil des Kabinetts.

<small>Zähmungskonzept</small>

Direkt nach der „Machtergreifung" am 30. Januar 1933 machten die Nationalsozialisten sich jedoch daran, mit scheinbar legalen Mitteln und durch Terrormaßnahmen **Demokratie und**

<small>„Machtergreifung"</small>

Rechtsstaat in Deutschland weiter zu **untergraben**. Als Erstes ließen sie durch Hindenburg den Reichstag auflösen und **Neuwahlen** für den 5. März 1933 ansetzen, mit dem Ziel, eine Zwei-Drittel-Mehrheit im Reichstag zu erlangen. Im nun beginnenden **Wahlkampf** schufen die Nationalsozialisten ein Klima der Einschüchterung, indem sie **politische Gegner verfolgten**. Basis war die staatlich geduldete Gewalt der SA, von der Teile im Februar zur Hilfspolizei ernannt worden waren. Diese Terrormaßnahmen wurden unmittelbar nach dem Reichstagsbrand vom 27. Februar 1933 verschärft. Die Nationalsozialisten beschuldigten die **Kommunisten** der Brandstiftung und erwirkten vom Reichspräsidenten die Notverordnung zum „Schutz von Volk und Staat" (28. Februar 1933). Diese setzte **wesentliche Grundrechte** wie beispielsweise die persönliche Freiheit **außer Kraft**. Tausende von Kommunisten, Sozialdemokraten und anderen politischen Gegnern wurden inhaftiert, gefoltert und verurteilt. In dieser Zeit entstanden auch die ersten Konzentrationslager, um politische Gegner in „**Schutzhaft**" zu nehmen. — Reichstagsbrand / Notverordnung / Konzentrationslager

Vor dem Hintergrund dieser Entwicklung kommentiert David Low in seiner Karikatur die bevorstehenden Reichstagswahlen vom 5. März 1933 und macht zugleich eine Voraussage zur weiteren politischen Entwicklung in Deutschland. Die Märzwahlen werden als **undemokratische Scheinveranstaltung** charakterisiert. Eine freie und geheime Stimmabgabe ist wegen der **einsehbaren Wahlkabinen** und der **bewachten Wahlurne** gar nicht möglich. Das Wahllokal ist zudem so **schwer gesichert**, dass eventuelle Anti-Hitler-Wähler eingeschüchtert und davon abgeschreckt werden, ihre Stimme abzugeben. Dieser Eindruck wird durch das **Schild**, das Wähler demokratischer Parteien ausdrücklich davon abhalten soll, ihre Stimme abzugeben, verstärkt. Deshalb sind auf der Karikatur auch keine Wähler zu sehen. — Erläuterung der Bildelemente / Wahllokal

Der undemokratische Charakter der Wahlen wird in der Zeichnung weiter dadurch hervorgehoben, dass die bewaffneten Kräfte aus Polizei und SA bestehen. **Staatliche Organe und Parteitruppen** treten gemeinsam und gewaltsam für die Ziele der rechten Parteien ein und symbolisieren so die **Abschaffung der Rechtsstaatlichkeit**. Die Bildunterschrift, dass man das deutsche Volk entscheiden lassen möge, steht dabei in größtmöglichem Widerspruch zur tatsächlichen Situation und stellt daher einen **sarkastischen Kommentar** Lows zur politischen Lage dar. — Polizei und SA

Als starken Mann in dieser Situation charakterisiert Low Alfred Hugenberg, den **Mann im Vordergrund** der Karikatur. Hugenberg war als Parteivorsitzender der DNVP zu diesem Zeitpunkt **Mitglied in der Regierung Hitler**. Er repräsentiert – erkennbar an der Aufschrift auf seinem Revers – die **reaktionären Kräfte**, die den Aufstieg Hitlers unterstützt hatten und die ihn im Rahmen des „Zähmungskonzeptes" für ihre Zwecke instrumentalisieren wollten. Darauf verweist auch die **Hitlerfigur** in der Sakkotasche: Nach Low hat Hugenberg sich Hitler „in die Tasche gesteckt". Die **Größenverhältnisse** zeigen zudem, dass Hugenberg für mächtiger als Hitler gehalten wird, auch wenn dieser sich stolz brüstet und nach außen stark gibt. Hugenbergs **Gesichtsausdruck** lässt erkennen, dass er mit der Entwicklung sehr zufrieden ist und dass er nichts gegen die gewaltsame Manipulation der Wahlen einzuwenden hat.

Alfred Hugenberg

Insgesamt charakterisiert Low Deutschland im März 1933 also als einen **undemokratischen Staat**. Die kommenden Wahlen werden seiner Auffassung nach an diesem Zustand nichts ändern, weil sie in einem **Klima der Einschüchterung und Gewalt** stattfinden. Auf diese Weise sind ein Sieg der Hitler unterstützenden reaktionären Parteien und damit der weitere Weg Deutschlands in eine Gewaltherrschaft aus Lows Sicht vorgezeichnet. Auffällig ist, dass Low dabei **Hugenberg** als **treibende Kraft** und mächtigen Mann dieser Entwicklung sieht, während Hitler und die NSDAP eher als ausführende Hilfskräfte dargestellt werden.

zusammenfassendes Fazit

3. *In der dritten Teilaufgabe geht es darum, auf der Grundlage des historischen Kontextwissens zu überprüfen, ob man den Aussagen Lows zustimmen kann, ob sie abzulehnen sind oder ob sie relativiert werden müssen. Wichtig ist dabei zu berücksichtigen, welche Entwicklungen für die Zeitgenossen absehbar waren und welche erst aufgrund von Kenntnissen über die Zeit nach dem Erscheinen der Karikatur zuverlässig beurteilt werden können (AFB III).*

Wie sich aus der Darstellung des historischen Kontextes ergeben hat, stellt Low das politische Klima in Deutschland im März 1933 zutreffend dar. Der Wahlkampf war geprägt von **gewaltsamen Auseinandersetzungen** auf den Straßen. Kommunisten, Sozialdemokraten und andere politische Gegner wurden seit der Reichstagsbrandverordnung willkürlich verfolgt und verhaftet. Die Notverordnung vom 28. Februar 1933 zeigt ebenso wie die Ernennung der SA zur Hilfspolizei außerdem, dass **rechtsstaatliche und demokratische Normen** durch die Regierung Hitler **beseitigt** wurden.

zustimmende Aspekte

politisches Klima

Auch der weitere Verlauf der nationalsozialistischen **Machtsicherung** lässt aus heutiger Sicht erkennen, dass Low mit der Befürchtung recht hatte, Deutschland befinde sich auf dem Weg in einen undemokratischen Zwangsstaat. Zentral ist hier das **Ermächtigungsgesetz**, das am 24. März 1933 verkündet wurde. Es räumte der Regierung das Recht ein, ohne Zustimmung des Parlamentes Gesetze zu erlassen, und setzte damit faktisch die Gewaltenteilung außer Kraft. Die notwendige Zwei-Drittel-Mehrheit wurde durch die Zustimmung der bürgerlichen Parteien und durch das Fehlen der verhafteten oder untergetauchten kommunistischen Abgeordneten erreicht. Weitere Stationen in der Aushöhlung und Abschaffung des demokratischen Rechtsstaates waren das **Gesetz zur Gleichschaltung der Länder** im März 1933, die **Auflösung der Gewerkschaften** im Mai 1933 und das **Verbot der SPD** beziehungsweise die **Selbstauflösung aller Parteien** außer der NSDAP im Juni/Juli 1933. Zugleich wurden die ersten antijüdischen Maßnahmen getroffen: Am 1. April 1933 kam es zum **Boykott jüdischer Geschäfte** und am 7. April 1933 wurden mit dem „**Gesetz zur Wiederherstellung des Berufsbeamtentums**" jüdische und oppositionelle Beamte aus dem Staatsdienst entlassen. Mit dem Tod Hindenburgs und der Vereinigung der Ämter von Reichskanzler und Reichspräsident in der Person Hitler im Sommer 1934 war der Weg zur **Einparteiendiktatur** abgeschlossen.

Gleichschaltung

Gesetze

antijüdische Maßnahmen

Allerdings lassen sich auch Gesichtspunkte aufführen, die die Deutung Lows einschränken. So deutet Low durch die aggressive Rednerpose der Hitlerfigur in der Zeichnung allenfalls an, dass der relative Wahlerfolg der NSDAP auch auf intensivierten und systematischen Propagandamaßnahmen im Wahlkampf beruhte. Aufwendig inszenierte **Massenveranstaltungen**, rhetorisch manipulierende **Wahlkampfreden** und die Nutzung des Massenmediums **Rundfunk** verbreiteten die nationalsozialistische Ideologie. Der Appell an Emotionen, das Evozieren einfacher Feindbilder und die Aufwertung der meisten Deutschen im rassistischen NS-Weltbild als Arier **mobilisierten** – wie schon vor 1933 – viele **Wähler**, die Verlierer der **Weltwirtschaftskrise** waren oder sich als solche fühlten. Hierzu trugen darüber hinaus auch das „Führertum" und das Prinzip von Exklusion und Inklusion im Rahmen der „Volksgemeinschaft" bei.

einschränkende Aspekte

Propaganda

Das Ergebnis der **Märzwahlen** zeigt jedoch aus der Rückschau, dass die Propaganda- und Terrormaßnahmen der NSDAP und der SA **nur bedingt Erfolg** hatten: Die Anhänger von Parteien, die gegen Hitler waren, wurden nicht – wie von Low befürchtet – von der Wahl abgehalten. Immerhin erlangten diese Parteien

Ergebnis der Märzwahlen

zusammen noch fast 50 % der Stimmen. Die NSDAP verfehlte mit ca. 44 % die absolute Mehrheit und war zunächst auf die DNVP (8 %) angewiesen.

Auch hat Low in der vorliegenden Karikatur das Kräfteverhältnis zwischen **Rechtskonservativen und Nationalsozialisten** nicht zutreffend eingeschätzt. Nicht Hugenberg und die reaktionären Kräfte waren die Mächtigen in der Regierung, sondern Hitler und die NSDAP. Dies belegen die Maßnahmen vor den Märzwahlen. Noch stärker sichtbar wird das tatsächliche Machtverhältnis jedoch an der für Low noch nicht erkennbaren Schnelligkeit und Radikalität etwa in der **Gleichschaltung** und in der **Ausschaltung aller anderen Parteien**. Am sogenannten Tag von Potsdam beschwor Hitler am 22. März 1933 zwar noch einmal symbolisch die **Einheit zwischen altem Preußentum und seiner „Bewegung"**, doch diente diese Inszenierung in erster Linie dazu, konservative Kräfte mit dem neuen Regime zu versöhnen und die Unterstützung für das tags darauf eingebrachte Ermächtigungsgesetz zu sichern. Das Zähmungskonzept der Nationalkonservativen beruhte also auf einer deutlichen Fehleinschätzung Hitlers und der NSDAP.

Kräfteverhältnis

Tag von Potsdam

Insgesamt zeigt Lows Karikatur den **kritischen Blick** eines ausländischen Beobachters auf Deutschland in der Frühphase der nationalsozialistischen Herrschaft. Er sieht klar den **undemokratischen und gewaltsamen Charakter** der Regierung Hitler. Auch seine Warnung vor einer Verschärfung der Gewaltherrschaft ist – wie die weitere Entwicklung der Jahre 1933/34 zeigt – sehr berechtigt. Unzutreffend ist allerdings seine Einschätzung der **Rolle Hugenbergs** und der reaktionären Kräfte. Nicht die konservativen Kräfte binden Hitler in ihre Politik ein, sondern Hitler instrumentalisiert die Konservativen für seine Zwecke. Hier unterschätzt Low die treibende Kraft der Nationalsozialisten bei der Ausschaltung von Demokratie und Rechtsstaat auf dem Weg in eine **totalitäre und rassistische Diktatur**.

Fazit

Schriftliche Abiturprüfung NRW 2016/III – Geschichte
Grundkurs – Aufgabe 14

B: Analyse von und kritische Auseinandersetzung mit Darstellungen

Aufgabenstellung   Punkte

1. Analysieren Sie den Text.   26
2. Arbeiten Sie Idee und Problematik des deutschen Nationsbegriffs zu Beginn des 19. Jahrhunderts heraus *(8 Punkte)* und erläutern Sie ausgehend vom Text die Hoffnungen und Enttäuschungen der deutschen Nationalbewegung bis 1820 *(18 Punkte)*.   26
3. Setzen Sie sich mit der vom Autor vorgenommenen Beurteilung des Deutschen Bundes auseinander.   28

M: Hagen Schulze: Der Weg zum Nationalstaat. Die deutsche Nationalbewegung vom 18. Jahrhundert bis zur Reichsgründung.

[...]
Die Freiwilligenverbände fühlten sich während der knapp anderthalb Jahre währenden Freiheitskriege als „Nation in Waffen". In der Gestalt des gefallenen Dichters Theodor Körner und der unerkannt in Männerkleidung vor dem Feind gebliebenen[1]
5 Eleonore Prohaska besaß die entstehende Nationalbewegung ihre Märtyrer. Die politischen Ziele der in den Freikorps versammelten Jugendlichen und Bürger scheinen offensichtlich zu sein, faßt man die allgegenwärtige programmatische, meist in Liedform gefaßte Lyrik ins Auge, die das entscheidende Ausdrucksmittel jener Freiwilligen darstellte: von „Vaterland", „Deutschland" und „Freiheit" ist da im wesentlichen
10 die Rede – aber was hieß das konkret? [...]
Ein Begriff von Nation im Sinne späterer Einigungsparolen ist in dieser Epoche noch nicht genau auszumachen; das deutsche Vaterland der Freiheitskriege besaß keine feste Gestalt, es war poetisch, historisch und utopisch, ein Ideal, das in seiner irdischen Inkarnation einstweilen den Namen Preußen oder Österreich trug. Der Auf-
15 ruf Friedrich Wilhelms III. an sein Volk, „Preußen und Deutsche" zu sein, der ihm ironischerweise bei den Rheinbundfürsten das Verdikt des Jakobiners[2] eintrug, bezeichnete das einstweilen unproblematische Ineinander-Aufgehen Preußens und Deutschlands.
Der Begriff Freiheit war dabei durchaus ambivalent. Entgegen späteren Zeugnis-
20 sen drückt dieser Begriff in der Dichtung und Programmatik der Freiheitskriege nirgendwo das Verlangen nach liberalen Verfassungsformen, sondern durchweg nach nationaler Befreiung von feindlicher Unterdrückung aus. [...] Es ist deshalb durchaus fragwürdig, wenn später die nationale Bewegung der Freiheitskriege je nach Standpunkt als Zeuge liberal-oppositionellen Geistes oder als Vorläuferin des kleindeut-

schen Nationalstaats verstanden worden ist. Die von der Geschichtswissenschaft in aller Regel behauptete Einbahnstraße zwischen 1813 und 1871 beruht tatsächlich auf einer teleologischen[3] Fehlinterpretation; viel spricht dafür, daß die Geschichte anders verlaufen wäre, hätten die deutschen Fürsten, hätte vor allem der preußische König die Reformen fortgesetzt und das Versprechen einer Repräsentation zumindest des gebildeten und besitzenden Teils der Bürgerschaft wahrgemacht.

[…]

Die Chance, die Loyalität der am politischen Diskurs beteiligten Schichten an die deutschen Einzelstaaten zu binden, wurde in den auf die Freiheitskriege und den Wiener Kongreß folgenden Jahren vertan. Schon unmittelbar nach Kriegsende kündigte sich das an. Auf den enormen kollektiven seelischen Aufschwung folgte die Ernüchterung, die Poesie begann zu verblassen. […] Mit der Einnahme von Paris und dem abermaligen Sieg über Napoleon bei Waterloo sollte der Rausch mit einemmal beendet sein, die jungen Leute sollten Vernunft annehmen, zurückkehren in die Hörsäle, Kontore und Werkstätten und der Weisheit der bürokratischen und fürstlichen Obrigkeit trauen, die in Wien daranging, die alte Ordnung Europas zu restaurieren, die Träume der Jugend von der Einheit und Freiheit des Vaterlandes zu zerreden und, wie es manchem schien, zu verraten. […]

Die Hoffnung auf die Entstehung eines deutschen Nationalstaats blieb, aber sie besaß keine politische Perspektive mehr, seit sich die europäischen Mächte auf dem Wiener Kongreß darauf geeinigt hatten, die europäische Mitte, wie schon nach dem Dreißigjährigen Krieg[4], nicht als kompakten Machtstaat, sondern als politisch zersplittertes Feld des europäischen Interessenausgleichs zu ordnen. Der Deutsche Bund, der mit der Unterzeichnung der Bundesakte am 8. Juni 1815 das Tageslicht erblickte, ein lockeres Bündnis der 39 souveränen deutschen Staaten und Städte, war ordentlicher Nachfolger des alten Reiches, aber ihm mangelte es an Legitimität. In einem Zeitalter, in dem der nationale Machtstaat mit zunehmender Machtteilhabe der besitzenden Klassen in Europa der Normalfall war, in dem als Echo der Amerikanischen und Französischen Revolutionen die Idee der „nation une et indivisible[5]", gepaart mit dem Glauben an das Recht auf Freiheit und Glückseligkeit des einzelnen Staatsbürgers, europäisches Gemeingut der Gebildeten war, stellte der Deutsche Bund, präsent eigentlich nur in einem anachronistischen Gesandtenkongreß in Frankfurt und einer „Zentralkommission zur Untersuchung revolutionärer Umtriebe" in Mainz ein vorsintflutliches Monstrum dar: im besten Fall wegen seiner Vielzahl von Zollschranken, Währungen und Maßsysteme ein Ärgernis für Handel und Wandel, im schlimmsten ein Repressionsinstrument im Namen des fürstlichen Legitimismus und der nationalen Zersplitterung.

[…]

Hagen Schulze: Der Weg zum Nationalstaat. Die deutsche Nationalbewegung vom 18. Jahrhundert bis zur Reichsgründung. 5. Auflage, München: C. H. Beck 1997, S. 68–74 (erste Auflage 1985). (Rechtschreibung und Hervorhebungen wie im Original.)

Hinweise zum Autor:
Hagen Schulze (1943–2014), deutscher Historiker und bis zu seiner Emeritierung Professor für Neuere Geschichte in Berlin, Autor zahlreicher Veröffentlichungen zur deutschen Geschichte des 19. und 20. Jahrhunderts.

Anmerkungen:
1 vor dem Feind gebliebenen: im Kampf getöteten.
2 Jakobiner: Anhänger einer radikalen politischen Gruppierung in der Französischen Revolution.
3 Teleologie: Auffassung, nach der Ereignisse oder Entwicklungen durch bestimmte Zwecke oder Endzustände im Voraus bestimmt sind und sich darauf zubewegen.
4 Dreißigjähriger Krieg (1618–1648): verheerender Krieg der europäischen Neuzeit. Die im Westfälischen Frieden festgelegten Ergebnisse bestimmten die politische Struktur des Heiligen Römischen Reiches Deutscher Nation bis zu seinem Ende.
5 nation une et indivisible: frz: einheitliche und unteilbare Nation.

Zugelassene Hilfsmittel: Wörterbuch zur deutschen Rechtschreibung

Lösungsvorschläge

Diese Aufgabe entspricht den folgenden aktuellen Schwerpunktthemen:
- *Inhaltsfeld 6: Nationalismus, Nationalstaat und deutsche Identität im 19. und 20. Jahrhundert*
  - *Die „Deutsche Frage" im 19. Jahrhundert*
- *Inhaltsfeld 7: Friedensschlüsse und Ordnungen des Friedens in der Moderne*
  - *Europäische Friedensordnung nach den Napoleonischen Kriegen*

1. *Diese Teilaufgabe verlangt von Ihnen die Vorstellung des vorliegenden Materials. Benennen Sie hierzu den Autor, den Titel, die Textsorte, den Erscheinungszeitpunkt und die Adressaten. Gehen Sie darüber hinaus auch auf das Thema des Textes ein, um im Anschluss daran den Inhalt und den Aufbau des Textes strukturiert wiederzugeben.*

Der vorliegende Textauszug wurde von dem deutschen **Historiker Hagen Schulze** verfasst und ist einer erstmals 1985 veröffentlichten historischen **Darstellung** entnommen. Der Autor thematisiert im Textausschnitt ausgehend von den Begriffen „Nation" und „Freiheit" die Enttäuschung der **Nationalbewegung** infolge der politischen Entwicklung nach den Befreiungskriegen (1813–1815). Zudem befasst sich der Historiker mit der Bedeutung des damals gegründeten **Deutschen Bundes**, den er negativ beurteilt. Schulze wendet sich mit seiner Publikation an ein **Fachpublikum** und an die **geschichtlich interessierte Öffentlichkeit**.	Einleitung Text Thema Adressaten
Der Textauszug Schulzes lässt sich in **drei Sinnabschnitte** gliedern. Im ersten Sinnabschnitt beschäftigt sich der Verfasser mit den **Schwierigkeiten einer Begriffsdefinition** von „Nation" und „Freiheit" am Beginn des 19. Jahrhunderts (vgl. Z. 1–30). Er erläutert zunächst, dass die **politischen Ziele** der an den Befreiungskriegen teilnehmenden Freiwilligenverbände aufgrund ihrer Gedichte und Lieder **scheinbar klar zu fassen** seien (vgl. Z. 1–10). Der damalige Nationsbegriff sei jedoch	strukturierte Wiedergabe Freiwilligenverbände Begriff „Nation"

nicht eindeutig definiert gewesen. Es habe zunächst eine verklärte und idealisierte Vorstellung vom „deutsche[n] Vaterland" (Z. 12) existiert, welche in der Realität vorläufig mit den „Namen Preußen oder Österreich" (Z. 14) verknüpft worden sei (vgl. Z. 12 ff.). Zudem sei der Freiheitsbegriff „ambivalent" (Z. 19) gewesen. Dieser habe **keineswegs eine freiheitliche politische Ordnung** gemeint, sondern sei allein im Sinne einer **Befreiung von der französischen Fremdherrschaft** zu verstehen gewesen. Aus diesen Gründen sei es fragwürdig, wenn die Nationalbewegung der Befreiungskriege als Keimzelle späterer freiheitlich-demokratischer Staatsformen auf deutschem Boden oder als Ausgangspunkt des späteren kleindeutschen Nationalstaates angesehen werde. Nach Aussage des Historikers sei die in der Geschichtswissenschaft verbreitete teleologische Sichtweise auf die Jahre zwischen 1813 und 1871 falsch. Der **geschichtliche Verlauf** für diesen Zeitraum sei durchaus **offen** gewesen (vgl. Z. 25–30).

<small>Begriff „Freiheit"</small>

<small>Teleologie</small>

Im folgenden Sinnabschnitt geht Schulze auf die „Ernüchterung" (Z. 36) der Nationalbewegung nach den **Befreiungskriegen** und dem **Wiener Kongress** ein und beurteilt den neu entstandenen Deutschen Bund (vgl. Z. 32–47). Er erklärt, dass nach dem endgültigen Sieg über Napoleon die Gelegenheit zu einer Verständigung zwischen der Nationalbewegung einerseits sowie Monarchen andererseits verpasst worden sei. Dies habe aufseiten ersterer zur **Enttäuschung** und zu **erheblicher Verbitterung** geführt. Mit der Gründung des Deutschen Bundes sei der Wunsch nach einem staatlich geeinten Deutschland zwar nicht verschwunden, habe aber zunächst keine Chance auf eine politische Verwirklichung besessen. In Form des Deutschen Bundes sei nämlich kein „kompakte[r] Machtstaat" (Z. 46), sondern ein „**politisch zersplittertes Feld**" (Z. 46 f.) entstanden.

<small>Fehlende politische Integration der Nationalbewegung</small>

Mit letztgenannter Feststellung leitet Schulze zu einer Beurteilung des Staatenbundes im dritten Sinnabschnitt (vgl. Z. 47–61) über. Diesem habe es trotz seines Status als Rechtsnachfolger des Heiligen Römischen Reiches deutscher Nation **an Legitimität gemangelt**. Daran anschließend kritisiert Schulze, dass sich der Staatenbund dem außerhalb Deutschlands beobachtbaren Trend zur Bildung „nationale[r] Machtstaaten" (Z. 51) sowie der Teilhabe einflussreicher Gesellschaftsklassen an der Politik verweigert habe. Damit sei der Deutsche Bund ein **unzeitgemäßes Gebilde** gewesen, das **wirtschaftlichen Reformen im Wege gestanden** habe. Darüber hinaus sei er für die Monarchen ein Hilfsmittel zur **Unterdrückung nationaler und liberaler Forderungen** gewesen.

<small>Deutscher Bund</small>

2. *Diese Teilaufgabe ist zweigeteilt. Sie müssen zunächst den deutschen Nationsbegriff für die Zeit des beginnenden 19. Jahrhunderts näher bestimmen, indem sie dessen Idee und Problematik herausarbeiten. Anschließend wird von Ihnen verlangt, ausgehend vom Text die Hoffnungen und Enttäuschungen der Nationalbewegung bis 1820 darzulegen. Inhaltlich können Sie hier beispielsweise auf die Ankündigung von Verfassungen in den deutschen Staaten, den Wiener Kongress und die damit verbundene Gründung des Deutschen Bundes sowie auf das Wartburgfest 1817 und die Karlsbader Beschlüsse 1819 eingehen.*

Zentrales Ziel national gesinnter Deutscher zu Beginn des 19. Jahrhunderts war die Schaffung eines deutschen Nationalstaates. Man konnte sich dabei jedoch nicht am französischen Modell der Staatswerdung orientieren. In Frankreich hatte sich die moderne Nation nach dem Muster der Staatsnation entwickeln können, da bereits ein **geschlossenes Herrschaftsgebiet** bestand. In **Deutschland** hingegen war dieser Weg der Nationsbildung aufgrund der seit Jahrhunderten bestehenden **territorialen Zersplitterung** nicht möglich. Mit dem Untergang des Heiligen Römischen Reiches 1806 wurde zudem die bis dahin bestehende politische Ordnung aufgehoben. In der Folge griff man auf die Vorstellung von einer Kulturnation zurück. Die Anhänger der Nationalbewegung hoben die **gemeinsame Sprache, Geschichte und Kultur** als Ausgangspunkte einer nationalen Identität hervor. Dabei wurde die Vergangenheit auch verklärt. So galt ihnen beispielsweise das Hochmittelalter, welches sie in **Kunst und Literatur** idealisierten, als Zeitalter deutscher Größe.

Nationsbegriff

Staatsnation

Kulturnation

Die deutsche Nationalbewegung erfuhr mit den **Befreiungskriegen** (1813–1815) in einigen Bevölkerungsteilen großen Auftrieb. Die nationale Agitation fand ihren Niederschlag dabei nicht mehr nur in Gedichten und Liedern. Als Lützow'sches Freikorps sammelten sich nun auch Patrioten, die unter dem Wahlspruch „Ehre, Freiheit, Vaterland" die nationale Idee vertraten. Im Vorfeld des Wiener Kongresses (1814/1815) gab es daher bei vielen Deutschen die Hoffnung, dass es nun zur Bildung eines **deutschen Einheitsstaates** kommen würde. Diese Erwartung erfüllte sich jedoch nicht. Entsprechend der grundsätzlichen Leitlinie des Wiener Kongresses, die Fürstenherrschaft wiederherzustellen und gegen revolutionäre und nationale Bestrebungen vorzugehen, wurde die Errichtung eines deutschen Nationalstaates nicht erwogen (vgl. Z. 36–42). Stattdessen wurde auf dem Wiener Kongress die Gründung des Deutschen Bundes vereinbart. Bei diesem handelte es sich um ein **lockeres Bündnis** von 35 Fürsten und vier Freien Städten (vgl. Z. 47–50). Der Deutsche Bund sollte einerseits das **euro-**

Nationalbewegung – Hoffnungen und Enttäuschungen

Freikorps

Wiener Kongress

Deutscher Bund

päische Gleichgewicht wahren und andererseits die Ideen der aufkommenden **liberalen und nationalen Strömungen unterdrücken.** Immerhin waren in der Gründungsakte des Deutschen Bundes zumindest „landständische Verfassungen" vorgesehen und in verschiedener Ausgestaltung in einigen deutschen Staaten erlassen worden. In **Preußen** wurde die Vereinbarung aber trotz des **Verfassungsversprechens** Friedrich Wilhelms III., das dieser im Frühjahr 1815 noch einmal bekräftigt hatte, **nicht umgesetzt.** Auch Österreich erließ keine Verfassung.

Für die deutsche Nationalbewegung stellte die Gründung des **Deutschen Bundes** damit einen **herben Rückschlag** dar. Auf dem Wartburgfest im Jahr 1817 artikulierten vor allem **Burschenschafter** ihre nationalen und liberalen Forderungen. Diesen verliehen einige am Ende des Festes Nachdruck, indem sie unter anderem Altpapierballen verbrannten, auf denen beispielsweise die Titel von Büchern reaktionär gesinnter Schriftsteller standen. In der Folge kam es zu **Repressionen** gegen die Burschenschaften. Nach der Ermordung des politisch reaktionären Schriftstellers **Karl August von Kotzebue** durch den Studenten **Ludwig Sand** wurde die Unterdrückung der freiheitlich-nationalen Bewegung mithilfe der Karlsbader Beschlüsse 1819 ausgedehnt. Diese galten für sämtliche Mitglieder des Deutschen Bundes und verfügten beispielsweise die **Zensur** und die **staatliche Aufsicht über Universitäten.** Hierdurch und durch die Verabschiedung der Wiener Schlussakte 1820 kam die Nationalbewegung vorerst zum Erliegen. In dieser Akte wurde die genaue Ausgestaltung des Deutschen Bundes festgelegt und dessen **repressive Ausrichtung** bekräftigt.

„landständische Verfassungen"

Wartburgfest

Karlsbader Beschlüsse

Wiener Schlussakte

3. *In dieser Teilaufgabe sollen Sie sich kritisch mit dem Urteil des Verfassers zum Deutschen Bund auseinandersetzen. Vor Ihrer Argumentation sollten Sie einleitend die Ansicht des Autors wiedergeben. Denken Sie daran, am Ende Ihrer Ausführungen ein Fazit zu ziehen, in welchem Sie Ihre Position zusammenfassen. Sie können dem Autor zustimmen, seine Sichtweise relativieren oder diese ablehnen.*

Am Ende des vorliegenden Textabschnittes beschäftigt sich Schulze mit dem Deutschen Bund (vgl. Z. 47–61). Diesen sieht der Historiker insgesamt sehr kritisch. Er beklagt, dass der **Deutsche Bund** angesichts der europäischen Entwicklung hin zu freiheitlichen und unteilbaren Nationalstaaten rückwärtsgewandt gewesen sei. Seine Struktur habe **wirtschaftliche Entwicklungen gehemmt.** Zudem seien die erstarkenden politischen Bewegungen des **Nationalismus und Liberalismus** von den Fürsten **bekämpft** worden.

Einleitung

Es gibt eine Reihe von Argumenten, die die Sichtweise des Autors stützen. Wie bereits angeführt handelte es sich beim Deutschen Bund um einen losen Staatenbund. Einziges gemeinsames Bundesorgan war die **Bundesversammlung** mit Sitz in Frankfurt am Main. Diese war ein ständig tagender Gesandtenkongress, der die Interessen der Fürsten vertrat. Ein Mitspracherecht des Volkes innerhalb des Deutschen Bundes war hingegen **nicht vorgesehen**. Vielmehr wurde der Deutsche Bund schnell zu einem Repressionsinstrument, um liberal und national gesinnte Teile des Volkes zu unterdrücken. Trotz der bereits erwähnten **Karlsbader Beschlüsse** von 1819 sahen sich die deutschen Fürsten aber in den 1830er-Jahren erneut einer **wachsenden Opposition** gegenüber. Sichtbar in Erscheinung trat diese zum Beispiel auf dem **Hambacher Fest** von 1832, auf dem sich über 20 000 Teilnehmer aus Deutschland und weiteren europäischen Staaten zusammenfanden, um für **Nationalstaatlichkeit** und mehr **politische Teilhabe** der Völker einzutreten. Auf dieses und weitere Ereignisse reagierten die deutschen Fürsten mittels des Deutschen Bundes mit **repressiven Maßnahmen**. Beispielsweise wurde die vorübergehend gelockerte **Pressezensur** wieder verschärft und **politische Vereine, Feste und Versammlungen** wurden **verboten**.

Auch Artikel 13 der Bundesakte ist trotz seiner teilweise positiven Folgen kritisch zu sehen. Dieser sah „**landständische Verfassungen**" in den Mitgliedsstaaten vor. Es gab jedoch keine konkreteren Vorgaben zur Ausgestaltung, wodurch eine Rückkehr zu **altständischen Zuständen** möglich war. Diese Option wurde von einigen Staaten genutzt. Auch erfolgte **keine zeitliche Festlegung** hinsichtlich der Ausarbeitung und Verabschiedung der Verfassungen. Preußen und Österreich blieben damit bis zur Revolution 1848/49 gänzlich ohne Konstitution. In einigen **wenigen deutschen Staaten** wurden zwar **relativ moderne Verfassungen** erlassen, die dem Bürgertum begrenzte politische Teilhabe gewährten und zum Beispiel im Fall von Baden einen Grundrechtskatalog enthielten. Die Errungenschaften waren aber nur von kurzer Dauer. So setzten die **Karlsbader Beschlüsse** 1819 die **Grundrechte** wieder **außer Kraft**. Damit schränkte der Deutsche Bund die eigentlich durch den Artikel 13 der Bundesakte gegebenen liberalen Entwicklungsmöglichkeiten wieder ein.

Marginalien: zustimmende Aspekte · loser Staatenbund · fehlendes Mitspracherecht · Repressionsinstrument · Artikel 13 der Bundesakte

Es lassen sich aber auch Argumente anführen, die das negative Bild vom Deutschen Bund relativieren. Schulze bezeichnet das Gebiet des Deutschen Bundes in Entsprechung zum Reichsgebilde nach dem Westfälischen Frieden von 1648 abwertend als „**politisch zersplittertes Feld**" (Z. 46 f.). Es sollte jedoch anerkannt werden, dass der lockere Zusammenschluss der Einzelstaaten zur Friedenssicherung nach den napoleonischen Kriegen beitrug. Dies entsprach der Rolle, die dem Deutschen Bund von den Großmächten auf dem **Wiener Kongress** 1814/15 zugeteilt worden war. Durch ihn sollte die **innere und äußere Sicherheit** seiner Mitglieder gewahrt bleiben. Tatsächlich konnten auf diese Weise größere Auseinandersetzung zwischen den Einzelstaaten lange friedlich beigelegt werden. Zudem blieb durch die Schaffung eines lockeren Staatenbundes das **Mächtegleichgewicht** zwischen Großbritannien, Russland, Österreich, Frankreich und Preußen bis zum Ende des Deutschen Bundes 1866 beziehungsweise bis zur bald folgenden Gründung des Deutschen Kaiserreiches 1871 erhalten. relativierende Aspekte

Friedens-sicherung

Auch in wirtschaftlicher Hinsicht greift die Ansicht des Autors im vorliegenden Textauszug zu kurz. Zwar wirkten sich die **Zollschranken** längere Zeit **hemmend auf den Handel** aus und führten vorübergehend zu einer Rückständigkeit gegenüber anderen Staaten. Der Deutsche Bund war aber durchaus zu einer **Weiterentwicklung** im ökonomischen Bereich in der Lage. Dies belegt die Gründung des Deutschen Zollvereins im Jahr 1834 unter der Führung Preußens, dem nach und nach die meisten Mitglieder des Staatenbundes beitraten. Durch den Zollverein wurde die **Entstehung eines einheitlichen Binnenmarktes** vorangetrieben und letztlich auch die kleindeutsche Lösung vorweggenommen. Deutscher Zollverein

Resümierend ist Schulze folglich darin zuzustimmen, dass der Deutsche Bund dem Streben nach einem Einheitsstaat nicht nachkam und sich in **politischer Hinsicht rückwärtsgewandt** verhielt. Es ist dabei jedoch zu kritisieren, dass positive Begleiterscheinungen wie die **stabilisierende Wirkung** auf den Frieden zwischen den (deutschen) Staaten keinerlei Erwähnung finden. Auch im ökonomischen Bereich greift die Kritik des Verfassers zu kurz, da spätere Entwicklungen wie der Deutsche Zollverein unberücksichtigt bleiben. Fazit

Abiturprüfung 2017 NRW – Grundkurs Geschichte
Aufgabe 1

A: Interpretation sprachlicher oder nichtsprachlicher historischer Quellen

Aufgabenstellung   Punkte

Interpretieren Sie die Quelle, indem Sie

1. sie analysieren,   26
2. sie in den historischen Kontext der ersten Kriegsjahre bis 1941 einordnen *(12 Punkte)* und die Botschaften Churchills im Hinblick auf mögliche Adressaten der Rede erläutern *(16 Punkte)*,   28
3. Stellung zu Churchills Aussagen nehmen.   26

M: Winston Churchill: „Der vierte kritische Zeitpunkt." Rundfunkaufruf anlässlich des deutschen Angriffs auf Russland am 22. Juni 1941

[...]
Das Naziregime läßt sich von den schlimmsten Erscheinungen des Kommunismus nicht unterscheiden. Es ist bar jedes Zieles¹ und jedes Grundsatzes, es sei denn Gier und Rassenherrschaft. Es übertrifft jede Form menschlicher Verworfenheit an Grau-
5 samkeit und wilder Angriffslust. Niemand war ein folgerichtigerer Gegner des Kommunismus als ich in den letzten fünfundzwanzig Jahren. Ich nehme kein Wort von dem zurück, was ich darüber gesagt habe. Aber dies alles verblaßt vor dem Schauspiel, das sich nun abspielt. Die Vergangenheit mit ihren Verbrechen, ihren Narrheiten und ihren Tragödien verschwindet im Nu. Ich sehe die russischen Soldaten an der Schwelle des
10 Landes stehen, das ihre Väter seit undenklichen Zeiten bebaut haben. Ich sehe sie ihre Heimstätten schützen, in denen Mütter und Frauen beten – es gibt Zeiten, in denen jeder betet – für die Sicherheit ihrer Lieben, für die Heimkehr des Ernährers, des Kämpfers und Verteidigers. Ich sehe die zehntausend Dörfer Rußlands, in denen die Existenzmittel dem Boden so hart abgerungen wurden, in denen aber noch immer die
15 ursprünglichsten Freuden des Menschen herrschen, in denen Mädchen lachen und Kinder spielen. Über sie hinweg sehe ich die Nazi-Kriegsmaschine ihren scheußlichen Angriff vortragen, mit ihren säbelrasselnden, Hacken zusammenschlagenden, stutzerhaften preußischen Offizieren, ihren geschickten Fachleuten, die eben erst ein Dutzend Länder eingeschüchtert und in Fesseln gelegt haben. [...]
20 Doch nun muß ich den Entschluß der Regierung Seiner Majestät bekanntgeben [...], denn wir müssen jetzt offen reden, ohne auch nur einen Tag zu verlieren. Ich habe die Erklärung abzugeben, aber können Sie daran zweifeln, wie unsere Politik sein wird? Wir haben nur eine Absicht, wir haben nur ein einziges, unverrückbares Ziel. Wir sind entschlossen, Hitler und jede Spur des Naziregimes zu vernichten. Und davon
25 wird uns nichts abhalten – nichts. Wir werden niemals mit Hitler oder irgendeinem aus seiner Bande verhandeln oder unterhandeln. Wir werden ihn bekämpfen zu Lande, wir

werden ihn bekämpfen zur See, wir werden ihn in der Luft bekämpfen, bis wir mit Gottes Hilfe die Erde von seinem Schatten und die besiegten Völker von seinem Joch befreit haben. Jeder Mensch und jeder Staat, der gegen das Nazitum kämpft, wird unsere Hilfe haben. Jeder Mensch und jeder Staat, der mit Hitler marschiert, ist unser Feind. [...] Das ist unsere Politik, das ist unsere Erklärung. Daraus folgt, daß wir jede nur mögliche Hilfe Rußland und dem russischen Volk gewähren werden. Wir werden auch an alle unsere Freunde und Alliierten in der ganzen Welt appellieren, denselben Kurs einzuschlagen und ihn, wie wir, getreu und standhaft bis ans Ende durchzuhalten.

Wir haben der Regierung Sowjetrußlands jede technische und wirtschaftliche Unterstützung angeboten, die ihr dienen kann und die in unserer Macht steht. [...]

Dies ist kein Klassenkrieg, sondern ein Krieg, an dem das ganze britische Empire und Commonwealth of Nations ohne Unterschied der Rasse, des Glaubens oder der Partei beteiligt ist. Es steht mir nicht zu, darüber zu sprechen, was die Vereinigten Staaten tun werden. Nur das eine möchte ich sagen: Falls Hitler sich einbildet, sein Angriff auf Rußland würde das geringste Abweichen von den Zielen oder ein Nachlassen der Anstrengung in den großen Demokratien zur Folge haben, die das Urteil über ihn gesprochen haben, dann hat er sich jämmerlich getäuscht. Im Gegenteil, wir werden gestärkt und ermutigt an die Befreiung der Menschheit von seiner Tyrannei gehen. Wir werden stärker und nicht schwächer in unserem Entschluß und in unseren Mitteln werden.

Es ist nicht die Zeit, über die Narrheit der Länder und Regierungen, die es zugelassen haben, daß sie eines nach dem anderen niedergeschlagen wurden, moralische Betrachtungen anzustellen, während sie durch einiges Handeln sich selbst und die Welt vor dieser Katastrophe gerettet hätten. Als ich aber vor einigen Minuten von Hitlers Blutgier und seinen hassenswerten Trieben sprach, die ihn in das russische Abenteuer gelockt haben, sagte ich, es läge noch ein tieferes Motiv hinter seiner Freveltat. Er will Rußland zerstören, weil er hofft, daß er dann die Hauptmacht seiner Armee und seiner Luftwaffe aus dem Osten zurückziehen kann, um sie gegen diese Insel zu werfen. Denn er weiß, sie muß er erobern oder die Strafe für seine Verbrechen erleiden. Sein Überfall auf Rußland ist nur das Vorspiel zu einem Invasionsversuch der britischen Inseln. Er hofft zweifellos, das alles würde noch vor Einbruch des Winters getan sein und er könnte Großbritannien überwältigen, bevor die Flotte und die Luftmacht der Vereinigten Staaten sich einmengen[2]. Er hofft noch einmal, nur in größerem Ausmaß als je zuvor, einen seiner Feinde nach dem anderen vernichten zu können, womit er so lange Glück und Erfolg gehabt hat, und daß dann der Schauplatz für den letzten Akt bereit stünde, ohne den alle Eroberungen nichts wären – nämlich die Unterwerfung der gesamten westlichen Hemisphäre unter seinen Willen und sein System.

Daher ist die Gefahr Rußlands unsere Gefahr und die Gefahr der Vereinigten Staaten. Und die Sache jedes Russen, der für seinen Herd und sein Heim kämpft, ist die Sache der freien Menschen und der freien Völker in jedem Teil der Erde. Wir wollen die Lehre aus dieser grausamen Erfahrung ziehen. Wir wollen unsere Anstrengungen verdoppeln und mit vereinter Kraft kämpfen, solange wir noch Leben und Kraft haben.

Winston S. Churchill: Reden in Zeiten des Kriegs. Hamburg: Europa-Verlag 2002, übersetzt von Klaus Körner.
(Rechtschreibung und Hervorhebungen wie im Original.)

Hinweise zum Material:
Winston Churchills Radioansprache zum deutsch-sowjetischen Krieg wurde am Tag des deutschen Angriffs auf Russland gesendet.

Anmerkungen:
1 bar jedes Zieles: frei von Zielen
2 einmengen: einmischen

Zugelassene Hilfsmittel: Wörterbuch zur deutschen Rechtschreibung

Lösungsvorschläge

Die Aufgabe entspricht den folgenden aktuellen Schwerpunktthemen:
- *Inhaltsfeld 5: Die Zeit des Nationalsozialismus – Voraussetzungen, Herrschaftsstrukturen, Nachwirkungen und Deutungen*
  - *Politische und ideologische Voraussetzungen des Nationalsozialismus*
  - *Die Herrschaft des Nationalsozialismus in Deutschland und Europa*
- *Inhaltsfeld 6: Nationalismus, Nationalstaat und deutsche Identität im 19. und 20. Jahrhundert*
  - *„Volk" und „Nation" im Kaiserreich und im Nationalsozialismus*

1. Die erste Teilaufgabe verlangt von Ihnen die Analyse einer schriftlichen Quelle. Dazu sollten Sie diese zunächst kurz vorstellen. Nennen Sie hierfür den Autor und die Adressaten der Quelle, ihren Titel, die genaue Gattung sowie Zeitpunkt und Anlass ihrer Veröffentlichung. Gehen Sie weiterhin kurz auf das Thema der Quelle und die Intention des Verfassers ein, um auf dieser Grundlage den Inhalt und den gedanklichen Aufbau des Textes strukturiert wiederzugeben. Formulieren Sie dabei soweit wie möglich in Ihren eigenen Worten und belegen Sie Ihre Aussagen mithilfe von Textverweisen und Zitaten.

Bei der vorliegenden schriftlichen Quelle mit dem Titel „Der vierte kritische Zeitpunkt" handelt es sich um einen Auszug aus einer **Rundfunkansprache** des britischen Premierministers Winston Churchill vom 22. Juni 1941. Churchill hielt diese Ansprache am Tag des **deutschen Angriffs auf die Sowjetunion**, auf den er sich in seiner Rede bezieht. Er thematisiert vor allem die Konsequenzen, die sich daraus für die britische Kriegspolitik ergeben. Churchill richtet seine Worte in erster Linie an seine **britischen Zuhörer**, aber auch an die **Weltöffentlichkeit**, vor allem an die Sowjetunion, die USA und Deutschland. Mit seiner Ansprache möchte der Premierminister die britische **Unterstützung der Sowjetunion** rechtfertigen und zum entschlossenen **Kampf gegen NS-Deutschland** aufrufen.

Einleitung

Quelle

Anlass

Thema

Adressaten

Intention

Churchill stellt seine Haltung im **ersten Sinnabschnitt** (vgl. Z. 2–19) auf menschlicher Ebene als **Beistand für die bedrängte russische Bevölkerung** dar. Zwar seien die „schlimmsten Erscheinungen des Kommunismus" (Z. 2) mit den Auswüchsen des Nationalsozialismus vergleichbar, doch müsse Churchill angesichts der Lage der russischen Bevölkerung nach dem deutschen Angriff seine **grundsätzliche Ablehnung des Kommunismus** zurückstellen. Er legt eindringlich dar, dass die russischen Soldaten nun ihre angestammte Heimat verteidigen und Mütter und Kinder in Angst um die Rückkehr der Männer leben müssten (vgl. Z. 9 ff.). Mitten in den Frieden sei der **grausame Angriff** der „Nazi-Kriegsmaschine" (Z. 16) über Russland, wie zuvor schon über andere Länder, hereingebrochen (vgl. Z. 18 f.). Angesichts dessen legt Churchill im **Mittelteil** seiner Ausführungen (vgl. Z. 20–36) die **Ziele und Maßnahmen** dar, die sich aus dieser Situation für die britische Politik ergeben würden. Er hebt die **Entschlossenheit der britischen Regierung** hervor, „Hitler und jede Spur des Naziregimes zu vernichten" (Z. 24) und dabei alle verfügbaren Mittel einzusetzen. Man **lehne Verhandlungen** mit den Nationalsozialisten entschieden **ab** und „[j]eder Mensch und jeder Staat, der gegen das Nazitum kämpft" (Z. 29), erhalte von Großbritannien Unterstützung. Als Folge dieser Position, für die Churchill auch bei den Alliierten werben will, habe die britische Regierung der Sowjetunion bereits konkrete **Hilfe auf technischem und wirtschaftlichem Gebiet** zugesagt (vgl. Z. 35 f.).

Im **dritten Sinnabschnitt** (vgl. Z. 37–46) betont Churchill die Geschlossenheit der Briten und ihrer Verbündeten im **gemeinsamen Kampf für demokratische Werte**. Das britische Empire und der gesamte Commonwealth stünden „ohne Unterschied der Rasse, des Glaubens oder der Partei" (Z. 38 f.) zusammen. Auch wenn er die Reaktion der USA nicht vorwegnehmen könne, stellt der Premierminister heraus, dass die **Koalition der demokratischen Staaten** durch den deutschen Angriff auf die Sowjetunion nicht in ihrem Siegeswillen geschwächt, sondern vielmehr in ihrer Entschlossenheit bestärkt würde, die Menschheit vom Nationalsozialismus zu befreien (vgl. Z. 40 ff.).

Im **vierten Sinnabschnitt** (vgl. Z. 47–63) verdeutlicht Churchill **Hitlers weiterreichende Ziele**, die dieser mit dem Russlandfeldzug verfolge. Hitler beabsichtige, die Sowjetunion schnell zu besiegen, um dann **freie Hand gegen Großbritannien** zu haben. Der Diktator müsse rasch vorgehen, bevor die USA in den Krieg eingriffen. Hitlers eigentliches Ziel bestehe jedoch in der „Unterwerfung der gesamten westlichen Hemisphäre unter seinen Willen und sein System" (Z. 62 f.).

Churchills Ansprache schließt mit einem **Appell**, der seine Ausführungen zusammenfasst und noch einmal den **existenziellen Charakter des Kampfes** gegen das nationalsozialistische Deutschland hervorhebt (vgl. Z. 64–68). Die Bedrohung der Sowjetunion sei zugleich eine Bedrohung für Großbritannien und die USA, daher sei auch der Beistand für die russische Bevölkerung die Sache aller „freien Völker in jedem Teil der Erde" (Z. 66). Folglich müssten alle ihre Anstrengungen in der Abwehr Hitlers steigern und unter **Aufbietung sämtlicher Kräfte** gegen ihn kämpfen (vgl. Z. 67 f.).

<small>Appell an Verbündete</small>

2. *Die zweite Teilaufgabe setzt sich aus zwei unterschiedlichen Operatoren zusammen: Sie sollen Churchills Ansprache in den historischen Kontext der ersten Kriegsjahre von 1939 bis 1941 einordnen und seine Botschaften im Hinblick auf mögliche Adressaten erläutern. Für den ersten Teil ist also Ihr historisches Kontextwissen gefragt, das Sie mit Bezug auf Churchills Äußerungen wiedergeben sollen. Für die Ausarbeitung des zweiten Teils müssen Sie zunächst überlegen, wer Churchills Adressaten sind, um dann mithilfe der Textquelle aufzuzeigen, wie der britische Premierminister diese zu erreichen sucht. Auch hier sollten Sie sich an geeigneter Stelle immer wieder auf die Radioansprache beziehen.*

Der **Zweite Weltkrieg** begann am 1. September 1939 mit dem deutschen **Überfall auf Polen**. Da Großbritannien und Frankreich im Frühjahr 1939 nach dem deutschen Einmarsch in Böhmen und Mähren („Rest-Tschechei") Garantieerklärungen für Polen abgegeben hatten, erklärten sie am 3. September 1939 dem Deutschen Reich den Krieg.

<small>historischer Kontext</small>

<small>deutscher Überfall auf Polen</small>

Nach der **Kapitulation Polens** Ende September 1939 wurde das Land zwischen Deutschland und der Sowjetunion aufgeteilt. Der Westen des von Deutschland besetzten Gebiets wurde dem Reich angegliedert, der übrige Teil bildete das sogenannte „Generalgouvernement". In der Folge begann die **grausame Besatzungspolitik** der Deutschen, die von Umsiedlungen, Terror gegen die polnische Bevölkerung und von der Verfolgung der polnischen Juden gekennzeichnet war. Churchill spricht in seiner Rede vom „Joch" (Z. 28) Hitlers, von dem die besiegten Völker befreit werden müssten.

<small>deutsche Besatzungspolitik</small>

Bis Juni 1940 konnte die deutsche Wehrmacht in rascher Folge Polen, Dänemark, Norwegen, die Benelux-Staaten und Nordfrankreich besetzen. Im südlichen Teil Frankreichs wurde eine von Deutschland abhängige Regierung eingesetzt („**Vichy-Regime**"). In der ersten Hälfte des Jahres 1941 weitete sich der Krieg durch den Beginn des **Afrika- und des Südosteuropa-**

<small>Erfolge des „Blitzkriegs"</small>

feldzugs weiter aus. Aufgrund des Tempos der deutschen Eroberungen, auf das auch Churchill in seinen Ausführungen verweist (vgl. Z. 18 f., 60 f.), wird diese erste Phase des Zweiten Weltkriegs als „**Blitzkrieg**" bezeichnet.
Winston **Churchill** war seit Mai 1940 Premierminister von Großbritannien. Er war ein entschiedener Gegner Hitlers („Sieg um jeden Preis") und **ignorierte** daher auch ein **deutsches Verhandlungsangebot** im Sommer 1940. Daraufhin setzte die deutsche Führung in der „**Luftschlacht um England**" alles daran, durch massive Luftangriffe eine Invasion der Insel vorzubereiten. Als dies trotz hoher deutscher Verluste misslang, gab Hitler seine Eroberungspläne wieder auf. In der Rundfunkansprache unterstreicht Churchill erneut, dass man „niemals mit Hitler [...] verhandeln oder unterhandeln" (Z. 25 f.) werde.

Kampf um Großbritannien

Der deutsche **Angriff auf die Sowjetunion** erfolgte trotz des deutsch-sowjetischen Nichtangriffspakts vom 23. August 1939 am 22. Juni 1941. Der Russlandfeldzug stand ganz im Zeichen der **NS-Ideologie**, die die Eroberung von „**Lebensraum**" im **Osten** vorsah. Außerdem war er ein zentraler Bestandteil des **nationalsozialistischen Vernichtungskriegs** gegen sogenannte „minderwertige Rassen" (vgl. Z. 3 f.). So wurden grausame Verbrechen an der einheimischen slawischen Bevölkerung verübt, das Land wurde systematisch ausgeplündert und Millionen Juden wurden deportiert und ermordet.

deutscher Angriff auf die Sowjetunion

Aus Anlass des deutschen Angriffs auf die Sowjetunion formuliert Churchill in seiner Ansprache **Botschaften** an die britische Bevölkerung, an die USA, an die Sowjetunion und an Deutschland. Sein Hauptanliegen in Bezug auf die **britische Öffentlichkeit** besteht darin, seine Mitbürger auf noch größere Kriegsanstrengungen einzuschwören und eine **gemeinsame entschiedene Abwehrhaltung** gegenüber NS-Deutschland herzustellen. Die britische Hilfe wird als **Gebot der Mitmenschlichkeit** dargestellt, das aus dem barbarischen Charakter des Nationalsozialismus (vgl. Z. 2 ff.), aus der verzweifelten Situation der russischen Bevölkerung (vgl. Z. 9 ff.) und aus dem grausamen Vorgehen der deutschen Armee (vgl. Z. 16 ff.) folge. Dabei unterscheidet Churchill geschickt zwischen dem Kommunismus, den er weiterhin konsequent ablehne, und der leidenden russischen Bevölkerung, mit der man sich solidarisieren müsse (vgl. Z. 6 ff.).

Erläuterung von Churchills Botschaften

Großbritannien: Entschlossenheit im Kampf gegen Hitler

Auch spricht der Premierminister immer wieder von den **Briten als „Wir-Gruppe"**, die gemeinsam und einheitlich das Ziel verfolge, NS-Deutschland zu besiegen (vgl. Z. 23 ff.). Zusätzlich betont er die **Bedeutungslosigkeit jeglicher innerer Unter-**

Aufruf zu Geschlossenheit

schiede (vgl. Z. 37 ff.), um das britische Volk zur **Geschlossenheit** aufzurufen. Der gemeinsame Kampf wird zudem als britische **Mission zur Verteidigung der Freiheit** dargestellt. Um die britische Bevölkerung besonders zu motivieren, zeigt Churchill auf, dass einem Sieg Hitlers in Russland der Angriff auf Großbritannien folgen werde. Auf diese Weise verdeutlicht der Premierminister, dass die Hilfe für die Sowjetunion im Grunde der **Verteidigung Großbritanniens** diene (vgl. Z. 64 ff.).

Churchills direkte und indirekte Ansprachen an die **USA** sollen die westlichen Verbündeten zur **Solidarität** aufrufen und zum **Eintritt in den Krieg** gegen Hitler animieren. So appelliert Churchill an „alle unsere Freunde und Alliierten in der ganzen Welt" (Z. 33), dem britischen Vorbild zu folgen und die Sowjetunion zu unterstützen. Er betont die gemeinsamen Werte der „großen Demokratien" (Z. 42), die sich von Hitler nicht einschüchtern ließen und die **Verteidigung der Freiheit** konsequent fortsetzen würden. Damit fordert er die USA indirekt dazu auf, durch einen Kriegseintritt zu beweisen, dass auch sie sich der Gewaltherrschaft Hitlers entschlossen entgegenstellen würden. Außerdem warnt Churchill vor dem Ziel des NS-Regimes, die Herrschaft über die gesamte westliche Welt zu erlangen (vgl. Z. 62 f.), wodurch auch die USA direkt bedroht seien.

USA: Appell an Solidarität

Der **Sowjetunion** versichert Churchill nachdrücklich, sie im Kampf gegen Deutschland zu **unterstützen**, und zwar durch „jede nur mögliche Hilfe" (Z. 31 f.), die Großbritannien leisten könne. Zugleich verdeutlicht Churchill der sowjetischen Führung, dass diese Hilfeleistung nichts an seiner rigorosen **Ablehnung des Kommunismus** ändere (vgl. Z. 5 ff.), auch wenn er diese dem gemeinsamen Kampf gegen Hitler unterordnen wolle.

Sowjetunion: Zusicherung von Unterstützung trotz grundsätzlichem Antikommunismus

Dem nationalsozialistischen **Deutschland** macht Churchill unmissverständlich klar, dass er die **Ideologie** des Nationalsozialismus als **menschenverachtend** betrachtet (vgl. Z. 2 ff.). Daher werde Großbritannien den **Krieg** bis zur endgültigen Beseitigung des Nationalsozialismus **kompromisslos weiterführen** und jedem beistehen, dessen Freiheit durch Deutschland bedroht werde (vgl. Z. 29 ff.). Implizit **warnt** Churchill also Hitler vor weiteren Überfällen sowie **vor Menschenrechtsverletzungen** in Deutschland und den besetzten Gebieten. Der deutsche Angriff auf die Sowjetunion würde die Briten nicht einschüchtern, sondern er bestärke sie noch in der entschlossenen Steigerung ihrer Kriegsanstrengungen (vgl. Z. 40 ff.).

Deutschland: Ankündigung nicht-nachlassender Kampfbereitschaft

3. In der dritten Teilaufgabe geht es darum, auf der Grundlage des bisher Erarbeiteten und Ihres Kontextwissens Stellung zu Churchills Aussagen zu nehmen. Das bedeutet, dass Sie untersuchen sollen, wie schlüssig Churchills Behauptungen sind. Ihre Ergebnisse aus Teilaufgabe 2 können Ihnen dafür als Basis dienen. Mit deren Hilfe sollten Sie darstellen, inwieweit Churchill Recht gegeben werden kann, inwiefern seine Aussagen aber auch zu relativieren sind. Achten Sie auf eine nachvollziehbare Strukturierung Ihrer Argumentation und beschließen Sie diese mit einem differenzierten Fazit.

Wie bereits herausgearbeitet, verfolgt Churchill mit seiner Rundfunkansprache je nach Adressat **unterschiedliche Intentionen**. Es wäre jedoch falsch, daraus zu schließen, dass es sich bei seiner Rede nur um Propaganda handelt, mit der er die Angesprochenen zu einem bestimmten Verhalten bringen will.	Einleitung
So stellt er die **Kriegssituation und Hitlers Vorgehen** überwiegend **den Tatsachen entsprechend** dar. Gleich zu Beginn seiner Ausführungen betont Churchill den menschenverachtenden, rassistischen und aggressiven **Charakter des Nationalsozialismus**. Diese Charakterisierung entspricht den Grundlagen der NS-Ideologie, die unter anderem von dem Ziel bestimmt war, „Lebensraum" für die deutsche „Volksgemeinschaft" zu erobern und vorgeblich „minderwertige" Personen zu verfolgen oder sogar zu ermorden. Auch die **Umsetzung** dieser Politik, z. B. die Ausschaltung von Gegnern und Minderheiten nach 1933, die planmäßige Vorbereitung des Kriegs oder die brutalen Terrormaßnahmen gegen die polnische und jüdische Bevölkerung im besetzten Polen, zeigt, dass Churchills Kennzeichnung der verbrecherischen Taten der Nationalsozialisten zutrifft.	zutreffende Aspekte Charakterisierung des Nationalsozialismus und der NS-Ideologie
Zudem stellt Churchill die **Kriegslage** im Juni 1941 **korrekt** dar. Große Teile Nord- und Westeuropas waren während des „Blitzkriegs" erobert worden und befanden sich nun in direkter oder indirekter Abhängigkeit von Deutschland. Einzig Großbritannien, seine Kolonien und die britischen Dominions leisteten NS-Deutschland noch Widerstand. Die Befürchtung Churchills, dass sich der **rasche Vormarsch der deutschen Wehrmacht** fortsetzen würde, bestätigte sich im weiteren Verlauf des Russlandfeldzugs bis zur Jahreswende 1941/42. Insofern ist es nachvollziehbar, dass Churchill aus humanitären, aber auch aus strategischen Gründen zur Unterstützung der Sowjetunion aufruft, um einen **weiteren Erfolg Hitlers zu verhindern**.	Kriegslage im Juni 1941
Angesichts der Kriegslage schätzt Churchill auch die **Notwendigkeit eines amerikanischen Kriegseintritts** realistisch ein, auch wenn dieser zum Zeitpunkt seiner Rede nicht sehr wahrscheinlich war. Die solidarische Haltung der USA war nicht so eindeutig, wie von Churchill dargestellt. Zwar unterstützten die	Bedeutung der Haltung der USA

Vereinigten Staaten seit dem Frühjahr 1941 („Land-and Lease-Act") Großbritannien mit Waffen und Lebensmitteln. Auch formulierten US-Präsident Roosevelt und Churchill im Sommer 1941 in der „Atlantik-Charta" Ziele für eine gemeinsame Politik nach dem Krieg. Doch im Gegensatz zu US-Präsident Roosevelt hielt der amerikanische Kongress an der **Neutralität der USA** fest und lehnte eine aktive Beteiligung am Krieg ab. Dies erklärt, warum Churchill in seiner Ansprache die gemeinsamen Werte mit den Vereinigten Staaten hervorhebt und die **Kriegslage besonders drastisch** darstellt.

Neben den genannten Aspekten, die Churchill zutreffend schildert, gibt es auch einige **Punkte, die nicht ganz der Realität entsprechen**. So war die **innere Geschlossenheit** des Commonwealth und Großbritanniens **nicht so ausgeprägt**, wie Churchill behauptet. Im Britischen Empire hatten sich vor dem Krieg erste Auflösungserscheinungen gezeigt, z. B. in den indischen **Bestrebungen zur Unabhängigkeit**. Diese Tendenzen bestanden weiter, auch wenn die Spannungen durch die Abwehr eines gemeinsamen Feindes zunächst überdeckt wurden. Auch hatte es unter britischen Politikern noch im Sommer 1940 **Befürworter eines Ausgleichs** mit Deutschland gegeben. Die deutschen Luftangriffe hatten zudem große **Entbehrungen für die Bevölkerung** bedeutet und zahlreiche Opfer gekostet, sodass Churchill bei seiner Forderung nach weiteren Kriegsanstrengungen mit Widerstand rechnen musste.

relativierende Aspekte

innere Spannungen in Großbritannien und im Commonwealth

Weiterhin ist die **Gleichsetzung von Kommunismus und Nationalsozialismus**, die Churchill vornimmt, in Teilen **kritisch zu** sehen. Zwar hatte **Stalin** in der Sowjetunion eine ideologisch begründete **Diktatur** errichtet und seine Herrschaft mit unerbittlicher **Gewalt** gegen tatsächliche oder vermeintliche Gegner durchgesetzt. Dennoch war die **Vernichtung** von ganzen Personengruppen **kein Bestandteil der kommunistischen Theorie**. Demgegenüber ging es den **Nationalsozialisten** um die Herrschaft von „Herrenmenschen", die mithilfe eines Angriffskriegs rücksichtslos durchgesetzt werden sollte. Das **Ziel** dabei war, rassisch als „minderwertig" definierte **Volksgruppen** wie Juden, Slawen oder Sinti und Roma rigoros **auszulöschen**.

unzulässige Gleichsetzung von Kommunismus und Nationalsozialismus

Aus der Rückschau müssen zudem manche Voraussagen Churchills zur weiteren Entwicklung des Kriegs relativiert werden. So fiel die **Bedrohung** Großbritanniens und der westlichen Welt **weniger existenziell** aus als von ihm befürchtet. Nach dem Abbruch der „Luftschlacht" um England und mit Beginn des Kriegs gegen die Sowjetunion war die **Eroberung Großbritanniens** von Hitler verschoben und im Ergebnis **aufgegeben** worden.

unzutreffende Vorhersagen zum weiteren Kriegsverlauf

Zwar hatte der **Krieg gegen die Sowjetunion** auch das Ziel, einen möglichen britischen Bündnispartner der Briten auszuschalten, er muss aber vor allem als wichtiger Schritt in der **Umsetzung der NS- Ideologie** zur Eroberung von „Lebensraum im Osten" gesehen werden. Dieses Bestreben war zentral und viel konkreter als mögliche weiterreichende NS-Kriegsziele wie die Erlangung der „Weltherrschaft", auf die Churchill anspielt (vgl. Z. 61 ff.). Allerdings war der weitere **Kriegsverlauf für Churchill** zum Zeitpunkt seiner Rede **noch nicht absehbar**, sodass sich die Situation für ihn vielleicht tatsächlich so bedrohlich zeigte, wie er sie darstellt. Seine drastische Schilderung liegt aber mit Sicherheit auch darin begründet, dass er auf diese Weise seine Ziele bei der britischen Bevölkerung und den Verbündeten Großbritanniens erreichen wollte.

Insgesamt wirft Churchill also einen **zutreffenden Blick** auf die Ideologie des Nationalsozialismus, den daraus motivierten Vernichtungskrieg sowie die Kriegssituation im Sommer 1941. Andere Aspekte wie die Bedrohungslage Großbritanniens oder die Zielsetzung des Russlandfeldzugs kann man aus heutiger Sicht anders beurteilen als der Redner. Sowohl aus zeitgenössischer als auch aus heutiger Perspektive sind aber die Gleichsetzung von Kommunismus und Nationalsozialismus sowie die vorgebliche Einheit der britischen Bevölkerung zu relativieren. Diese Äußerungen Churchills sind daher als Appelle zu verstehen und der **Intention der Rede** geschuldet, eine **geschlossene Abwehr gegen NS-Deutschland zu formieren.**

Fazit

Abiturprüfung 2017 NRW – Grundkurs Geschichte
Aufgabe 2

A: Interpretation sprachlicher oder nichtsprachlicher historischer Quellen

Aufgabenstellung Punkte

Interpretieren Sie die Quelle, indem Sie

1. sie analysieren,   26

2. sie in den Kontext der Zeit zwischen 1945 und 1949 einordnen *(12 Punkte)* sowie die Bildelemente erläutern *(16 Punkte)*,   28

3. die in der Karikatur zum Ausdruck gebrachte Sichtweise beurteilen.   26

M: Richard Q. Yardley: Aerzte in Nöten, 19. Mai 1949

Richard Q. Yardley: Aerzte in Nöten. In: Der Spiegel, 19. Mai 1949, 3. Jg., Heft 21, S. 4.

Hinweise zum Material:
Das politische Nachrichtenmagazin „Der Spiegel" erschien 1949 noch unter der Aufsicht der britischen Militärbehörde in Hannover und wurde zwar bundesweit verkauft, hatte aber noch einen geringen Bekanntheitsgrad. Die Zeichnung erschien zuerst in der amerikanischen Tageszeitung „Baltimore Sun". Sie wurde vom Spiegel übernommen und mit deutschsprachigen Textelementen versehen.

Zugelassene Hilfsmittel: Wörterbuch zur deutschen Rechtschreibung

Lösungsvorschläge

Die Aufgabe entspricht den folgenden aktuellen Schwerpunktthemen:
- *Inhaltsfeld 5: Die Zeit des Nationalsozialismus – Voraussetzungen, Herrschaftsstrukturen, Nachwirkungen und Deutungen*
  - *Vergangenheitspolitik und „Vergangenheitsbewältigung"*
- *Inhaltsfeld 6: Nationalismus, Nationalstaat und deutsche Identität im 19. und 20. Jahrhundert*
  - *Nationale Identität unter den Bedingungen der Zweistaatlichkeit in Deutschland*
- *Inhaltsfeld 7: Friedensschlüsse und Ordnungen des Friedens in der Moderne*
  - *Konflikte und Frieden nach dem Zweiten Weltkrieg*

1. *Die erste Teilaufgabe verlangt von Ihnen die Analyse einer Bildquelle. Diese sollten Sie zunächst kurz vorstellen, indem Sie die Quellengattung, den Titel, den Erscheinungsort und -zeitpunkt sowie den Karikaturisten und die Adressaten nennen. Bestimmen Sie zudem den Anlass und das Thema der Karikatur sowie die Intention des Zeichners. Anschließend müssen Sie eine möglichst genaue und systematische Beschreibung der Bildelemente vornehmen, die sich z. B. am Bildaufbau orientieren kann.*

Bei der vorliegenden Bildquelle handelt es sich um eine **politische Karikatur** mit dem Titel „Aerzte in Nöten". Sie wurde von dem US-amerikanischen Karikaturisten **Richard Q. Yardley** für die amerikanische Tageszeitung „Baltimore Sun" gezeichnet und in der vorliegenden Form am 19. Mai 1949 im Nachrichtenmagazin „Der Spiegel" in Hannover veröffentlicht. Die Karikatur richtet sich also ursprünglich an eine politisch interessierte Leserschaft in den USA, dann aber auch an die **„Spiegel"-Leser** in Deutschland.

Die Zeichnung erschien vier Tage vor der Verkündung des Grundgesetzes am 23. Mai 1949 und problematisiert die **Gründung der Bundesrepublik** durch die westlichen Alliierten. Yardley drückt seine **Skepsis hinsichtlich** des demokratischen Charakters des neuen Staats sowie dessen **Überlebensfähigkeit** ohne sowjetische Beteiligung aus.

Die Schwarz-Weiß-Karikatur besteht aus einem Bildteil und vereinzelten Textelementen. Der Bildteil setzt sich im Wesentlichen aus zwei Hälften zusammen. Die **linke Seite** wird von zwei Männern und einer Frau ausgefüllt, die damit beschäftigt sind, einen **kopflosen Körper aus Einzelteilen zusammenzuflicken**. Aufgrund ihrer Kleidung, ihrer Werkzeuge und ihrer Tätigkeit sind die Personen – wie es auch der Titel nahelegt – als **Ärzte** zu identifizieren.

	Einleitung
	Quelle
	Karikaturist
	Erscheinungsort und -zeitpunkt
	Adressaten
	Anlass
	Thema
	Intention
	strukturierte Beschreibung der Bildelemente
	Personen vorne links

2017-13

Im Einzelnen tragen die drei Mediziner **Kittel, Handschuhe und Hauben**. Der Mann links neben dem Patienten hat ein deutlich vorspringendes Kinn. Er näht mit **Nadel und Faden** ein Bein an den Körper des Patienten. Auf seinem Kittel ist ein **Abzeichen mit Sternen und Streifen** zu erkennen. Die beiden anderen Ärzte assistieren ihm. Die Frau rechts oberhalb des Patienten steht auf einer Leiter, auf der sie ein Nadelkissen abgesetzt hat. Sie hält mit dem Mund eine weitere Nadel und stützt den Oberkörper des Patienten. Ihr Kopf ist mit einer **Jakobinermütze mit Kokarde** bedeckt. Der Arzt unten rechts trägt einen auffälligen Backenbart und hält das linke Bein des Patienten fest. Auf dem Boden neben ihm liegen Nadel, Faden und Garnrolle. Sein Kittel ist mit einem **Wappen** verziert, das **aus zwei übereinanderliegenden Kreuzen** besteht.

Die drei Ärzte blicken nicht auf ihren Patienten, sondern aufmerksam bis sorgenvoll in Richtung des Mannes, der die rechte Bildhälfte dominiert. Er ist durch eine **große Nase** und einen auffälligen schwarzen **Schnauzbart** gekennzeichnet, blickt **grimmig** auf die operierenden Ärzte und raucht dabei Pfeife. Er ist ebenfalls **Arzt**, denn auch er trägt Kittel und Haube, allerdings keine Handschuhe. An einer Kordel, die um seine Taille gebunden ist, sind ein Taschenmesser, zwei Messer und ein Bohrer befestigt. Auf seiner Brust steht die Aufschrift **Dr. Joe**. In seiner linken Hand hält er an den Haaren einen menschlichen Kopf, den er mit seinem massigen Körper vor den anderen Ärzten verbirgt. Der **abgetrennte Kopf** blickt mit verdrehten Augen **unbehaglich und ratlos**.

Person hinten rechts

Der Patient in der Mitte, der auf einem **Sockel** mit der Aufschrift „Wiedergeburt der Deutschen Republik" steht, ist grau schraffiert dargestellt. Beine, Bauch und Oberkörper sind durch grobe **Nähte**, der Bauch und der Oberkörper zusätzlich mit einer riesigen **Sicherheitsnadel** verbunden. Besonders auffällig ist, dass dem Körper der **Kopf fehlt**. Ohne diesen wirkt er **schwach und instabil**, weshalb er von den Ärzten gestützt werden muss.

Figur auf dem Sockel

Rechts unten im Bildvordergrund eilt eine viel kleiner dargestellte Person mit Haube, Mundschutz, Handschuhen und Kittel in Richtung des rechten Bildrands. Sie trägt mit ausgestreckten Armen ein **Glasgefäß mit einem Herz** darin, auf dem ein weißes **Hakenkreuz** zu sehen ist. An dem Glas ist ein Zettel angebracht, auf dem die Worte „Entfernt [hoffentlich]" stehen.

Person vorne rechts

2017-14

2. *In der zweiten Teilaufgabe sollen Sie die Karikatur zunächst in den historischen Kontext der Jahre 1945 bis 1949 einordnen. Dabei erscheint es sinnvoll, sich auf die Deutschlandpolitik der Besatzungsmächte und auf die Entwicklung hin zur doppelten Staatsgründung zu konzentrieren. Beschränken Sie sich auf die zentralen historischen Ereignisse und Prozesse, die mit der Karikatur in Zusammenhang stehen. Anschließend müssen Sie vor dem Hintergrund Ihrer bisherigen Ausführungen die einzelnen Bildelemente der Karikatur erläutern. Achten Sie dabei darauf, die Beschreibung aus Teilaufgabe 1 nicht zu wiederholen, sondern auf die jeweilige Bedeutung der Bildelemente im historischen Kontext einzugehen.*

Die Karikatur bezieht sich auf den Prozess der **Teilung Deutschlands** zwischen 1945 und 1949. Die Gründung zweier deutscher Staaten war das **Ergebnis der deutschen Niederlage** im Zweiten Weltkrieg und der **Entwicklung einer bipolaren Weltordnung**.	Einordnung in den historischen Kontext
Nach der **bedingungslosen Kapitulation** am 8. Mai 1945 wurde die oberste Regierungsgewalt in Deutschland von den Besatzungsmächten ausgeübt. Doch bereits auf der ersten gemeinsamen Nachkriegskonferenz, der **Konferenz von Potsdam** (17. Juli bis 2. August 1945), zeigten sich die **Interessengegensätze** der Siegermächte, die während des Kriegs durch die Abwehr eines gemeinsamen Feindes überdeckt worden waren.	Kriegsende

Potsdamer Konferenz |
| Nach dem Krieg wollte die Sowjetunion ihre großen wirtschaftlichen Verluste durch Reparationen und Demontagen ausgleichen, während die USA an freien Märkten und an einem übergreifenden Sicherheitssystem unter amerikanischer Führung interessiert waren. Hinzu kam der **ideologische Gegensatz** zwischen liberaler Demokratie im Westen und sozialistischer Volksdemokratie im Osten. Obwohl man an der gemeinsamen Verwaltung Deutschlands festhielt, wurde Deutschland in **vier Besatzungszonen** aufgeteilt, in denen die Grundprinzipien (Demokratisierung, Denazifizierung, Dezentralisierung, Demobilisierung), auf die man sich in Potsdam geeinigt hatte, vollkommen unterschiedlich umgesetzt wurden. | Gegensatz zwischen Westalliierten und Sowjetunion |
| Dies zeigte sich z. B. bei der **Entnazifizierung**. Bei der Bestrafung der Hauptkriegsverbrecher in den **Nürnberger Prozessen** (1946) gelang noch ein gemeinsames Vorgehen. Der weitere Verlauf der Entnazifizierung verlief aber sehr unterschiedlich. In der **sowjetischen Besatzungszone** (SBZ) wurden politische Führungsämter mit KPD-Mitgliedern besetzt, eine Bodenreform durchgeführt sowie Schlüsselindustrien verstaatlicht. So diente die Entnazifizierung vor allem dazu, **Politik**, **Wirtschaft und Gesellschaft im sozialistischen Sinn umzugestalten**. Im Zuge dessen wurden auch tatsächliche oder vermeintliche **Gegner der neuen Ordnung ausgeschaltet**. | Beispiel Entnazifizierung

in der SBZ |

In den **westlichen Besatzungszonen** dagegen versuchte man zunächst, durch **Spruchkammerverfahren** den Grad individueller Schuld und Belastung festzustellen. Viele dieser Prozesse scheiterten aber daran, dass die Beweislage schwierig war oder dass Betroffene sich widersetzten und sich gegenseitig entlasteten („**Persilscheine**"). Im Zuge des sich verschärfenden Ost-West-Konflikts wurde die **Entnazifizierung beendet**, ohne dass alle Verfahren, auch gegen schwer belastete Personen, abgeschlossen waren. Stattdessen bedienten sich die Besatzungsmächte und auch die spätere Bundesrepublik zahlreicher **NS-Führungskräfte**, um ein stabiles Funktionieren von Justiz und Verwaltung zu gewährleisten. Im Ergebnis wurde die **NS-Vergangenheit** nicht vollständig aufgearbeitet, sondern **verdrängt**.

in den Westzonen

Je weiter die Sowjetunion in den Jahren nach 1945 ihren Machtbereich ausdehnte, umso mehr war den USA an der Eindämmung des Kommunismus (**Truman-Doktrin**) und an einem wirtschaftlich starken Westeuropa (**Marshallplan**) gelegen. Durch den **Konfrontationskurs der beiden Supermächte** wurden auch die vier Besatzungszonen immer stärker in den Prozess der **Blockbildung** hineingezogen. Die britische und die amerikanische Zone vereinigten sich bereits 1947 zur **Bizone**, die 1948 mit der französisch besetzten Zone zur **Trizone** erweitert wurde. Der gesamte Westteil Deutschlands erhielt zur Unterstützung beim Wiederaufbau Mittel aus dem Marshallplan, während die Sowjetunion ihrer Besatzungszone untersagte, finanzielle Hilfe von den USA anzunehmen.

zunehmende Abgrenzung der Westzonen und der SBZ im Zeichen des Ost-West-Konflikts

Am 20. Juni 1948 wurde als Voraussetzung für die Hilfen des Marshallplans in den westlichen Besatzungszonen eine **Währungsreform** durchgeführt. Als Reaktion darauf verhängte die Sowjetunion eine **Blockade über die Verkehrswege nach Berlin**, sodass die Westsektoren der Stadt bis Mai 1949 über eine Luftbrücke versorgt werden mussten („Rosinenbomber").

Währungsreform und Berlin-Blockade

Am 1. Juli 1948 forderten die Westalliierten ihre Besatzungszonen mit der Übergabe der **Frankfurter Dokumente** an die westdeutschen Ministerpräsidenten dazu auf, die Gründung eines westdeutschen Staats vorzubereiten. Ein indirekt gewählter **Parlamentarischer Rat** sollte über das **Grundgesetz** als vorläufige Verfassung entscheiden, das schließlich am 23. Mai 1949 verkündet wurde. Am 7. Oktober 1949 folgte die **Gründung der DDR**, womit die deutsche Teilung endgültig vollzogen war.

Auftrag zur Weststaatsgründung

Yardley stellt in seiner Karikatur vor allem die letzte Phase der Entwicklung hin zur Gründung der Bundesrepublik dar. Die **Ärztegruppe** im linken Bildvordergrund **repräsentiert die westlichen Alliierten** USA, Frankreich und Großbritannien, was

Erläuterung der Bildelemente

Personen vorne links: Westalliierte

an den jeweiligen Abzeichen der Figuren zu erkennen ist. Die **Operation** versinnbildlicht dabei, dass die Westmächte ihre **drei Besatzungszonen zu einem Staat vereinigen** wollen. Dass dieser Prozess unter **amerikanischer Führung** stattfindet, zeigt die Karikatur, indem der Operateur mit dem Sternenabzeichen als nadelführend gezeichnet ist. Die **französische Personifikation Marianne** mit Jakobinermütze und Kokarde sowie der **Arzt mit dem Union Jack** auf dem Kittel assistieren dem amerikanischen Oberarzt beim Zusammennähen der einzelnen Körperteile. Diese stehen für die drei westlichen Besatzungszonen, aus denen die Bundesrepublik gegründet werden soll.

Die Aufschrift auf dem **Sockel** zeigt, dass die Alliierten mit der Teilstaatsgründung auf eine **Demokratie nach dem Vorbild der Weimarer Republik** abzielen. Allerdings ist der Karikaturist sich **nicht sicher, ob** der Prozess der **Entnazifizierung** und der demokratischen Umerziehung **gelungen ist**. Darauf verweisen die gegen Ansteckung besonders geschützte Figur am rechten unteren Bildrand, die das Herz mit dem Hakenkreuz trägt, und der dazugehörige Textkommentar.

Figur auf dem Sockel: instabiler (west)deutscher Staat

Durch die groben Nähte und die zusätzliche Sicherheitsnadel wirkt der **Körper**, der die Trizone symbolisiert, **instabil und schwach**, was auf die von der Nachkriegszeit geprägte Lage Deutschlands hindeutet. Die Alliierten müssen den neu gegründeten Staat stützen, da er **ohne Kopf nicht lebensfähig** ist. Der Kopf, der die Hauptstadt **Berlin** darstellt, befindet sich **in den Händen Stalins**, dessen Vorname Josef hier zu Dr. Joe verkürzt ist. Sein grimmiger Blick zu den drei Westalliierten, die sich auch alle zu ihm hinwenden, verdeutlicht die **Frontstellung zwischen Ost und West** im Kalten Krieg. **Stalins Körperhaltung** unterstreicht zusätzlich, dass er die **Weststaatsgründung ablehnt** und sich der Mitwirkung an der Vereinigung der Besatzungszonen verweigert. An seinem Kittel sind außerdem **Operationswerkzeuge** befestigt, die geeignet sind, Amputationen durchzuführen. Dies verweist auf das entschiedene und **drastische Vorgehen der Sowjetunion** bei der Umgestaltung ihrer Besatzungszone sowie bei der Berlin-Blockade. Des Weiteren verdeutlichen die eher zerstörerischen Werkzeuge, dass die **Sowjetunion nicht gewillt** ist, **am Wiederaufbau Gesamtdeutschlands mitzuwirken**. Somit ist die Zuspitzung des Ost-West-Konflikts schon an der Figurenkonstellation der Karikatur zu erkennen.

Person hinten rechts: Stalin

Die **Überschrift** „Aerzte in Nöten" spielt auf diese Zusammenhänge an, denn die **westlichen Alliierten stehen unter** dem **Druck**, einen lebensfähigen Staat herzustellen. Sie sind dabei auf Stalins Unterstützung angewiesen, der die Staatsgründung aber

Überschrift

ablehnt, seine Hilfe verweigert und den neuen Staat sogar in seiner Existenz bedroht.

Yardley und der verantwortliche Redakteur des Spiegels gehen davon aus, dass die Westalliierten noch im Mai 1949 die **Bildung eines deutschen Gesamtstaats** anstreben. Dieser wird jedoch von **Stalins unkooperativer Haltung**, v. a. bezüglich der Stellung Berlins, verhindert. So bleibt der neue Staat schwach und auf Unterstützung angewiesen. Nach außen ist er durch die Sowjetunion **in seiner Existenz bedroht**, nach innen durch einen **unzureichend durchgeführten Entnazifizierungsprozess**.

zusammenfassende Deutung

3. *In der dritten Teilaufgabe sind Sie dazu aufgefordert, auf der Grundlage Ihres historischen Kontextwissens zu überprüfen, ob den Aussagen Yardleys zuzustimmen ist oder ob sie relativiert werden müssen. Führen Sie dazu sowohl Aspekte aus, die die Richtigkeit von Yardleys Einschätzung belegen, als auch Punkte, die seine Sichtweise relativieren. Am Ende sollten Sie ein abwägendes Fazit ziehen.*

Betrachtet man den weiteren Verlauf der Ereignisse nach der Veröffentlichung der Karikatur, wird deutlich, dass Yardleys Darstellung in vielerlei Hinsicht zutreffend war.

Hinführung zur Beurteilung

So war Yardleys **Voraussage richtig**, dass die Errichtung eines westdeutschen Teilstaats ohne Beteiligung der sowjetischen Besatzungszone zur **Teilung Deutschlands** führen würde. Diese wurde mit der Verkündung des Grundgesetzes im Mai 1949 und der Gründung der DDR im darauffolgenden Oktober vollzogen.

zustimmende Aspekte

Deutsche Teilung

Yardley stellt die **führende Rolle der USA** in der Deutschlandpolitik der Alliierten heraus. Tatsächlich setzte sich vor allem Amerika nach dem Zweiten Weltkrieg dafür ein, die wirtschaftliche Lage in Westdeutschland zu verbessern und die befürchtete Ausdehnung des sowjetischen Einflusses auf ganz Deutschland zu verhindern. Aus diesem Grund forcierten die USA Maßnahmen wie die Errichtung der **Bizone** oder die **Marshallplanhilfe**.

Rolle und Interessen der USA

Auch die **Haltung Stalins** gegenüber den Bestrebungen der westlichen Alliierten schätzt der Karikaturist **richtig** ein. Die Sowjetunion wollte eine **Weststaatsgründung verhindern** und scheute dabei auch vor aggressiven Maßnahmen nicht zurück, um die Westmächte zur Aufgabe ihrer Politik zu bringen (**Berlin-Blockade**). Zwar wurde die Blockade schließlich abgebrochen, doch versuchte die Sowjetunion auch nach der doppelten Staatsgründung, die Einbindung der Bundesrepublik in den westlichen Machtbereich rückgängig zu machen, wie man z. B. an der „**Stalin-Note**" von 1952 erkennen kann.

ablehnende bis aggressive Haltung Stalins

2017-18

Yardley ist weiterhin darin zuzustimmen, dass ein **westdeutscher Teilstaat auf** die **Hilfe** und Unterstützung der Westmächte **angewiesen** war. Die wirtschaftliche Konsolidierung der Bundesrepublik beruhte in hohem Maße auf dem **Marshallplan**, dessen Leistungen noch bis in die 1950er-Jahre fortgeführt wurden. Doch nicht nur ökonomisch blieb der neue Staat abhängig: Seine Souveränität war zunächst durch das Besatzungsstatut eingeschränkt und seine außenpolitische Überlebensfähigkeit beruhte auf der **Integration in die westliche Einflusssphäre**.

politisch und wirtschaftlich abhängiger westdeutscher Teilstaat

Auch der Verweis des Zeichners auf die **Weimarer Republik als Vorbild** der politischen Ordnung des neuen Staats **trifft zu**. Das Grundgesetz knüpfte an die Traditionen der ersten deutschen Demokratie an und versuchte zudem, aus den Erfahrungen mit dem Nationalsozialismus zu lernen. So legte man z. B. die Stellung des Bundespräsidenten überwiegend repräsentativ an, führte die Fünf-Prozent-Klausel im Wahlrecht ein, sah ein konstruktives Misstrauensvotum vor und verankerte unantastbare und unveräußerliche Grundrechte im Grundgesetz.

Teile der Weimarer Verfassung als Vorbild für das Grundgesetz

Des Weiteren ist Yardleys **Skepsis hinsichtlich** einer erfolgreich abgeschlossenen **Entnazifizierung** nachvollziehbar. Viele Schuldige wurden in den durchgeführten Spruchkammerverfahren mithilfe von **zweifelhaften Entlastungsschreiben** freigesprochen, während geringer Belastete bestraft wurden. Außerdem war man auf wirtschaftliche und bürokratische Effizienz aus, um die Besatzungskosten zu senken, sodass bestimmte **Berufsgruppen von den Säuberungsmaßnahmen ausgenommen** waren. Darüber hinaus wollte man den neuen Staat möglichst rasch stabilisieren und setzte dabei auch auf die **Integration der alten NS-Eliten**. Je mehr sich der Ost-West-Konflikt zuspitzte, desto geringer war das Interesse der Alliierten an einer lückenlosen Aufarbeitung der NS-Vergangenheit. Yardleys Bedenken erscheinen also vollkommen berechtigt.

unvollständige Entnazifizierung

Auch wenn Yardleys Darstellung in vielen Punkten zuzustimmen ist, muss sie zum Teil dennoch relativiert werden. So erhält die **Rolle der deutschen Politik** bei der Gründung der Bundesrepublik **keinerlei Raum** in der Karikatur. Zwar waren deren Möglichkeiten zur Einflussnahme angesichts des Ost-West-Konflikts gering. Dennoch erwirkten die westdeutschen Ministerpräsidenten Änderungen am ursprünglichen Verfassungsauftrag, um den provisorischen Charakter des neu gegründeten Teilstaats zu betonen. Demzufolge wurde ein Parlamentarischer Rat statt einer Nationalversammlung gewählt und ein **Grundgesetz anstelle einer Verfassung** ausgearbeitet. Auch die konkrete Ausgestaltung der politischen Ordnung der Bundesrepublik lag

relativierende Aspekte
Rolle der Deutschen bei der Weststaatsgründung

2017-19

auf dem Verfassungskonvent in deutscher Hand. Das Grundgesetz schließlich wurde durch den Parlamentarischen Rat bestätigt, der sich aus Abgeordneten der vom Volk gewählten Länderparlamente zusammensetzte.

Weiterhin spielt die **Entstehung eines ostdeutschen Teilstaats** nach 1945 in der Zeichnung Yardleys **keine Rolle**. Bereits seit 1945/46 schuf die sowjetische Besatzungsmacht eigene staatliche Strukturen in ihrer Zone. Als Reaktion auf die sich abzeichnende Weststaatsgründung wurde im März 1948 schließlich ein vom Zweiten Volkskongress gewählter Volksrat mit der **Ausarbeitung einer Verfassung** beauftragt. Diese wurde ein Jahr später verabschiedet und bildete die Grundlage für die Gründung der DDR am 7. Oktober 1949.

zeitgleiche Entstehung eines ostdeutschen Teilstaats

Diese Schritte und die forcierte Umgestaltung von Gesellschaft und Wirtschaft in der sowjetischen Besatzungszone trugen sicherlich zur faktischen Spaltung Deutschlands bei. Auch die Berlin-Blockade stellte eine deutliche Eskalation dar. Dennoch ist der **Prozess der deutschen Teilung** insgesamt **keine einseitige Entwicklung:** Wie dargelegt hat sich die Politik der Westmächte zunehmend vom Prinzip der Kooperation abgewendet und die deutsche Teilung zunächst wirtschaftlich, dann aber auch politisch immer stärker aktiv herbeigeführt. Ebenso wurde der zugrundeliegende Ost-West-Konflikt nicht nur durch Handlungen der Sowjetunion, sondern auch durch Maßnahmen der Westmächte wie die Truman-Doktrin oder den Marshallplan verschärft. Insofern muss man die **einseitige Darstellung Stalins als Gegner eines gesamtdeutschen Staats** relativieren.

Deutsche Teilung auch das Ergebnis von Entscheidungen und Maßnahmen der Westalliierten

Zusammenfassend zeigt sich, dass Yardley im Mai 1949 zu Recht die amerikanische Rolle bei der Gründung der Bundesrepublik betont und die Teilung Deutschlands vorhersagt. Im Kontext der Berlin-Krise stellt er die Sowjetunion als Verursacher dieser Entwicklung heraus. Die westlichen Besatzungsmächte charakterisiert er demgegenüber eher als Reagierende und auf die Rolle der deutschen Politiker geht er überhaupt nicht ein. Diese **klare Rollenverteilung** war in der Realität **nicht zutreffend**, entspricht aber der in einer Karikatur üblichen Zuspitzung. Somit lässt sich Yardleys Darstellung im Großen und Ganzen zustimmen. Auch seine **Skepsis bezüglich der Überlebensfähigkeit** des neuen Staats sowie der Entnazifizierung ist **nachvollziehbar**, obwohl sich die **Bundesrepublik** letztendlich als **weniger labil** erwies als von Yardley vorhergesagt.

Fazit

Abiturprüfung 2017 NRW – Grundkurs Geschichte
Aufgabe 3

B: Analyse von Darstellungen und kritische Auseinandersetzung mit ihnen

Aufgabenstellung | Punkte

1. Analysieren Sie den Text. | 26

2. Erläutern Sie wesentliche im Text enthaltene Bezüge zum Durchbruch der modernen Industriegesellschaft *(16 Punkte)* und arbeiten Sie ihre Bedeutung für die politische Entwicklung heraus *(16 Punkte)*. | 28

3. Nehmen Sie Stellung zu der Aussage des Verfassers, dass „[d]er Krieg ... lediglich als Katalysator [funktionierte], der die alten Strukturen rascher zum Einsturz brachte und neuen Identitäten schneller erlaubte, selbstbewußt aufzutreten" (Z. 31–33). | 26

M: Philipp Blom: Der taumelnde Kontinent. Europa 1900–1914 (Auszug), 2009

[...]

Heute sehen wir die Zeit vor dem Ausbruch des Ersten Weltkriegs oft als Idyll, als eine Zeit vor dem Sündenfall, als die gute alte Zeit, die *Belle Époque*. Sie wird in aufwendig ausgestatteten Kostümfilmen als eine intakte Gesellschaft zelebriert, die
5 doch unaufhaltsam einem Weltkrieg entgegengetrieben wurde, an dem sie zerbrechen mußte. Nach diesem Krieg, so diese Lesart der Geschichte, erhob sich aus der Asche der alten Welt der Phönix der Moderne.

Die meisten Menschen, die das Jahr 1900 erlebt haben, wären sehr erstaunt über diese nostalgische und statische Interpretation ihrer Zeit. Ihren eigenen Briefen, Tage-
10 büchern, Zeitungen, wissenschaftlichen Veröffentlichungen und Romanen nach zu urteilen war ihre eigene Erfahrung dieser Zeit gekennzeichnet von Unsicherheit und Erregtheit, eine rohe, kraftvolle Lebenswelt, die unserer eigenen in vielerlei Hinsicht ähnlich ist. Damals wie heute waren tägliche Gespräche und Presseartikel dominiert von neuen Technologien, von der Globalisierung, von Terrorismus, neuen Formen der
15 Kommunikation und den Veränderungen im Sozialgefüge; damals wie heute waren die Menschen überwältigt von dem Gefühl, daß sie in einer sich beschleunigenden Welt lebten, die ins Unbekannte raste. [...]

Beschleunigung und Erregung, Angst und Schwindelgefühle waren Themen, die in den Jahren zwischen 1900 und 1914 in vielfältiger Form immer wiederkehrten und
20 deren Ursachen auf der Hand liegen: Die Städte wuchsen explosionsartig an, und die Gesellschaft wurde durch die rapide Industrialisierung aller Lebensbereiche transformiert, massenproduzierte Güter und Elektrizität begannen das tägliche Leben zu bestimmen und alle Städter zu Konsumenten zu machen, Zeitungen wurden zu Imperien,

Kinofilme wurden von Millionen von Zuschauern gesehen, die Globalisierung brachte Fleisch aus Neuseeland und Mehl aus Kanada und Rußland in britische und deutsche Haushalte und sorgte damit auch für den Niedergang des Adels, dessen Wohlstand großteils auf der Landwirtschaft gründete, und für den Aufstieg einer neuen Art von Menschen: dem Ingenieur, dem Mathematiker, dem Technokraten, dem Städter. Die moderne Welt, das zeigt sich beim näheren Hinsehen, erhob sich nicht aus den Schützengräben der Somme und den Ruinen Flanderns, sondern hatte schon vor 1914 die Menschen längst ergriffen. Der Krieg funktionierte lediglich als Katalysator, der die alten Strukturen rascher zum Einsturz brachte und neuen Identitäten schneller erlaubte, selbstbewußt aufzutreten.

[...] Einen weiteren Charakterzug teilt diese Periode mit unserer eigenen: die Offenheit ihrer Zukunft, die zugleich ungewiß, verheißungsvoll und sehr bedrohlich ist. Zwischen 1910 und 1914 wußte niemand, welche der politischen Mächte erfolgreich sein würde, welche Gesellschaft aus der rasenden Transformation alles bis dahin Bekannten erwachsen würde.

Nach Europas zweitem dreißigjährigen Krieg, 1914 bis 1945, gab es ein halbes Jahrhundert lang keine offene Zukunft. Im Kalten Krieg waren die Alternativen klar und es ging nur darum, welches der beiden ideologischen Systeme, Kommunismus oder Kapitalismus, den Sieg davontragen würde. Erst mit dem Zusammenbruch des Sowjetreichs haben wir wieder eine offene Zukunft und mit ihr auch die Erregung und die radikale Ungewißheit der Jahre zwischen 1900 und 1914, als alles möglich schien.

Ein großer Teil der Ungewißheit, die wir heute spüren, erwuchs aus Erfindungen, Gedanken und Veränderungen, die in jenen ungeheuer kreativen fünfzehn Jahren artikuliert wurden, und es ist wohl kaum übertrieben zu sagen, daß alles, was im 20. Jahrhundert wichtig werden sollte – von der Quantenphysik bis zur Frauenrechtsbewegung, von abstrakter Kunst bis zur Genetik, von Kommunismus und Faschismus bis zur Konsumgesellschaft, vom industrialisierten Mord bis zur Macht der Medien –, zwischen 1900 und 1914 erstmals eine Massenwirkung entfaltete oder sogar erfunden wurde. In all diesen Bereichen wurde Neuland betreten, und der Rest des Jahrhunderts war wenig mehr als eine Abwicklung und Auslotung dieser Möglichkeiten, die manchmal wunderbar und manchmal schrecklich waren. [...]

Philipp Blom: Der taumelnde Kontinent. Europa 1900–1914. 6. Auflage, München: Hanser 2009, S. 11–15.
(Rechtschreibung und Hervorhebungen wie im Original.)

Hinweise zum Autor:
Philipp Blom (*1970) ist ein Historiker und Journalist.

Zugelassene Hilfsmittel: Wörterbuch zur deutschen Rechtschreibung

Lösungsvorschläge

Die Aufgabe entspricht den folgenden aktuellen Schwerpunktthemen:
- *Inhaltsfeld 4: Die moderne Industriegesellschaft zwischen Fortschritt und Krise*
  - *Die „Zweite Industrielle Revolution" und die Entstehung der modernen Massengesellschaft*
  - *Vom Hochimperialismus bis zum ersten „modernen" Krieg der Industriegesellschaft*
- *Inhaltsfeld 5: Die Zeit des Nationalsozialismus – Voraussetzungen, Herrschaftsstrukturen, Nachwirkungen und Deutungen*
  - *Politische und ideologische Voraussetzungen des Nationalsozialismus*
- *Inhaltsfeld 6: Nationalismus, Nationalstaat und deutsche Identität im 19. und 20. Jahrhundert*
  - *„Volk" und „Nation" im Kaiserreich und im Nationalsozialismus*

1. *Die erste Teilaufgabe verlangt von Ihnen die Analyse eines Darstellungstextes, den Sie zunächst vorstellen sollten. Nennen Sie den Autor und seine Adressaten, den Titel sowie Zeitpunkt und Ort der Veröffentlichung. Fassen Sie auch das Thema und die Intention des Verfassers zusammen. Ausgehend von dieser formalen Einordnung geben Sie den Inhalt und die Argumentation des Textes strukturiert wieder.*

Bei dem vorliegenden Textauszug handelt es sich um eine **wissenschaftliche Darstellung** des Historikers und Journalisten Philipp Blom aus seinem Buch „Der taumelnde Kontinent. Europa 1900–1914", das im Jahr 2009 in München erschienen ist. Blom befasst sich in seinen Ausführungen, die sich an **geschichtlich interessierte Leser** richten, aus der Rückschau mit der **beschleunigten Modernisierung** zwischen 1900 und 1914. Dabei verfolgt er den Ansatz, **falschen Vorstellungen** über diese Zeit **entgegenzutreten** und Parallelen zur Gegenwart zu ziehen.	Einleitung Textsorte Verfasser Adressat Thema Intention
Der Textauszug beginnt mit einer Beschreibung des heutigen Blicks auf die Zeit von 1900 bis 1914 (vgl. Z. 2–7). Laut Blom wird die **Vorkriegszeit oft als ruhige und intakte Phase gesehen**, die **mit dem Kriegsausbruch** ein jähes Ende gefunden hat. Gemäß dieser Betrachtungsweise sei die Moderne unvermittelt aus dem **völligen Zusammenbruch** der „alten Welt" (Z. 7) entstanden.	**strukturierte Textwiedergabe** heutige Sichtweise: Vorkriegszeit als statische Epoche
Blom zeigt im Folgenden auf, dass dieses nostalgische und statische Bild den **Erfahrungen der Zeitgenossen** heftig widerspricht (vgl. Z. 8–33). Diese hätten ihre Epoche aufgrund ihrer **rasanten Veränderungen** als Phase der „**Unsicherheit und Erregtheit**" (Z. 11 f.) empfunden. Vergleichbar mit heute seien die Menschen damals mit „neuen Technologien, […] Globalisierung, […] Terrorismus, neuen Formen der Kommunikation	Widerspruch zur zeitgenössischen Wahrnehmung rasanter Wandel

[sowie] Veränderungen im Sozialgefüge" (Z. 14 f.) konfrontiert worden. Diese rasche Modernisierung habe zu einer zunehmenden Verunsicherung und sogar zu Angst geführt (vgl. Z. 16 ff.). Der damalige tief greifende und rapide Umbruch sei von einer **beschleunigten Industrialisierung** gekennzeichnet gewesen. Deren Folgen und Begleiterscheinungen manifestierten sich in der **Urbanisierung**, in **Massenproduktion und -konsum** sowie in der weitreichenden **Elektrifizierung** (vgl. Z. 20 ff.). Die Möglichkeit, landwirtschaftliche Produkte im Zuge einer frühen **Globalisierung** aus Übersee oder Russland einzuführen, habe zum Bedeutungsverlust des landwirtschaftlich geprägten Adels geführt. An dessen Stelle sei eine **neue gesellschaftliche Gruppe** aufgestiegen, die sich u. a. aus Ingenieuren und Mathematikern zusammengesetzt habe (vgl. Z. 27 f.). All diese Beobachtungen belegen nach Blom, dass sich die „moderne Welt" (Z. 29) schon vor dem Ersten Weltkrieg entwickelt hat. Der Erste Weltkrieg habe „als Katalysator" (Z. 31) diesen Prozess nur beschleunigt und ihm zum Durchbruch verholfen.

<small>Kennzeichen des Wandels</small>

Die Vorkriegszeit sei von **Ungewissheit und Offenheit** gekennzeichnet gewesen, weil man nicht habe einschätzen können, welche politischen Kräfte sich durchsetzen und welche Gesellschaftsform am Ende der Entwicklung stehen würde (vgl. Z. 35 ff.). In dieser Unbestimmtheit der Zukunft sieht Blom eine weitere **Parallele zur Gegenwart** (vgl. Z. 34). Zur Verdeutlichung und zur **Kontrastierung** verweist der Autor auf die **Epoche des Kalten Kriegs** zwischen 1945 und 1989 (vgl. Z. 39–44). In dieser Zeit hätte es mit **Kapitalismus und Kommunismus** zwei klar voneinander abgegrenzte gesellschaftlich-politische Alternativen gegeben. Es sei nur darum gegangen, welches dieser beiden Gesellschaftsmodelle sich durchsetzen würde. Erst nach dem „Zusammenbruch des Sowjetreichs" (Z. 42 f.) sei die Zukunft wieder offen gewesen.

<small>Parallelen zur Gegenwart: Ungewissheit und Offenheit</small>

<small>Kontrast zum Kalten Krieg</small>

Bloms Ausführungen schließen mit einem **Fazit**, in dem er noch einmal die **Bedeutung** der Jahre von 1900 bis 1914 **für das** gesamte **20. Jahrhundert** herausstellt (vgl. Z. 45–54). So müsse man festhalten, dass „alles, was im 20. Jahrhundert wichtig werden sollte [...], zwischen 1900 und 1914 erstmals eine Massenwirkung entfaltete oder sogar erfunden wurde" (Z. 47 ff.). Dazu zählt Blom die Frauenbewegung, die Genetik, politische Alternativen von Kommunismus bis Faschismus, die Konsumgesellschaft und den Einfluss der Massenmedien ebenso wie den industrialisierten Mord (vgl. Z. 48 ff.). Das 20. Jahrhundert sei also in all seinen wesentlichen Erscheinungsformen **auf die Zeit vor dem Ersten Weltkrieg zurückzuführen**.

<small>Zusammenfassung: Zeit zwischen 1900 und 1914 als Grundlage für Entwicklungen des 20. Jahrhunderts</small>

2. *In dieser Teilaufgabe geht es in einem ersten Schritt darum, über den Text hinaus den Durchbruch der modernen Industriegesellschaft darzustellen. Dabei sollen Sie sich jedoch an Bloms Ausführungen orientieren und seine Bezüge dazu aufgreifen. In einem zweiten Schritt müssen Sie auf der Grundlage Ihres Kontextwissens politische Veränderungen erläutern, die von den beschriebenen Entwicklungen verursacht wurden.*

In der Phase der **Hochindustrialisierung** (ca. 1870–1914) verschafften die **chemische und die elektrotechnische Industrie** als „neue[…] Technologien" (Z. 14) der wirtschaftlichen Entwicklung in Deutschland einen enormen Schub (vgl. Z. 21 ff.). Innovationen wie synthetische Farbstoffe, Kunststoffe und Medikamente wurden entwickelt und es entstanden einige der bis heute **führenden Großunternehmen** (z. B. BASF). Die Elektroindustrie profitierte von der zunehmenden Elektrifizierung und einer damit einhergehenden erhöhten **Nachfrage nach ihren Produkten**, z. B. nach Elektromotoren. Deutschland konnte in diese neuen Industriezweige investieren und sich bis zum Ausbruch des Ersten Weltkriegs neben Großbritannien zur führenden europäischen Industrienation entwickeln.	Bezüge zum Durchbruch der modernen Industriegesellschaft Chemie- und Elektroindustrie
Auch die **Kommunikationstechnologie** wurde von der „Industrialisierung aller Lebensbereiche" (Z. 21) beeinflusst. Hier beschleunigten die Telegrafie und die Erfindung des Telefons die **Möglichkeiten des Informationsaustauschs** in ungeahnter Weise. Von dieser Entwicklung profitierte neben Politik und Militär auch die Wirtschaft durch den schnellen Austausch von Daten und Nachrichten. Außerdem wurden „Zeitungen […] zu Imperien" (Z. 23), die von überall auf der Welt aktuelle Meldungen erhalten und innerhalb kürzester Zeit weitergeben konnten.	Kommunikationswesen
Darüber hinaus ermöglichte der Ausbau der Eisenbahnnetze und die Entwicklung hochseetauglicher Dampfschiffe die Ausweitung des nationalen und internationalen **Güter- und Kapitalaustauschs**. Blom spricht hier bereits von einer ersten „Globalisierung" (Z. 14 und 24). Die internationale Verflechtung führte zu einer immensen Steigerung der Ausfuhren und machte das Deutsche Reich zu einer Exportnation. Auch die Menschen wurden mobiler, sodass die Binnenwanderung genauso wie die **Migration** zwischen den Industriestaaten bedeutend **zunahm**.	Globalisierung
Durch das rasante Wirtschaftswachstum wurde die **Urbanisierung** beschleunigt (vgl. Z. 20). Die industriellen Zentren wuchsen rapide über ihre bisherigen Grenzen hinaus und die Bevölkerung vervielfachte sich in kürzester Zeit. Dies brachte neue Herausforderungen mit sich, z. B. für die Wasserversorgung, für die öffentliche Hygiene, für den Verkehr oder die Umwelt. Nach	Urbanisierung

und nach entstand durch Stadtplanung eine **städtische Infrastruktur** und die Innenstädte entwickelten sich zu repräsentativen Zentren der bürgerlichen Kultur mit Museen, Theatern oder Opernhäusern.

Die Veränderung der Arbeits- und Lebensbedingungen trug zur **Entstehung der modernen Freizeit- und Konsumkultur** bei. Allmählich sinkende Arbeitszeit und steigende Löhne erhöhten in bescheidenem Maß auch die Freizeitmöglichkeiten der Arbeiterschaft. So entstanden in Abgrenzung zu bürgerlichen Vereinen eigene **Arbeitersportvereine**. Weiterhin schuf die Erfindung des **Kinofilms** ein erschwingliches und massenwirksames Unterhaltungsangebot. Die preiswerte Produktion hoher Stückzahlen an Verbrauchsgütern ermöglichte zudem den **Massenkonsum** für breitere Schichten. Symbolisch dafür stehen die **Kaufhäuser**, die das Einkaufen für das wohlhabende städtische Bürgertum zum Freizeiterlebnis machten. [Freizeit- und Konsumkultur]

Die beschleunigte industrielle Entwicklung zog auch bedeutende **gesellschaftliche Veränderungen** nach sich (vgl. Z. 15, 26 ff.). [gesellschaftliche Veränderungen]

Mit der **Industriearbeiterschaft** entstand eine neue und stark anwachsende Klasse. Ihre Lage war geprägt von Lohnabhängigkeit, ärmlichen Wohnverhältnissen, mühseliger Arbeit und sozialer Unsicherheit. Die Arbeiter bildeten ein nach außen abgeschlossenes Milieu mit einer eigenen Lebensweise und Kultur. Ihr politisches Bewusstsein fand seinen Ausdruck in der **Sozialdemokratie** und in der Ablehnung der bestehenden staatlichen Verhältnisse. [Arbeiter]

Von den Industriearbeitern grenzten sich die **Angestellten** in Unternehmen und im Dienstleistungssektor ab, wie z. B. Ingenieure oder Techniker (vgl. Z. 28). Sie waren wie die Arbeiter abhängig beschäftigt, leisteten aber keine körperliche Arbeit und verdienten besser. Sozial fühlten sie sich eher dem Bürgertum zugehörig. [Angestellte]

Das **Bürgertum** selbst war die wirtschaftlich und kulturell **führende Schicht** im 19. Jahrhundert. Gemeinsam waren dieser Gruppe, die im Hinblick auf Vermögen und Status eigentlich uneinheitlich war, Werte wie Leistungsorientierung, die Betonung von Wissenschaft und Bildung, das Modell der Kleinfamilie und eine liberale bis konservative politische Haltung. [Bürgertum]

Im Zuge der rasanten Industrialisierung wandelte sich auch das **Geschlechterverhältnis**. **Frauen** trugen als Fabrikarbeiterinnen zur Existenzsicherung der Familien bei. Später entstanden zudem typische „Frauenberufe" wie Telefonistin, Stenotypistin oder Sekretärin. In der Folge **forderten** Frauen verbesserte Bildungsmöglichkeiten und **politische Mitwirkungsrechte**, woraus die moderne Frauenrechtsbewegung entstand (vgl. Z. 48 f.). [Frauen]

Dem geschilderten sozialen und ökonomischen Wandel stand jedoch weiterhin ein **politisch rückständiges System** gegenüber, das Ausdruck einer überkommenen Gesellschaftsordnung war. So blieb das Deutsche Reich ein **militärisch geprägter Obrigkeitsstaat**, in dem der **Adel** seine **privilegierte** und einflussreiche **Stellung** behielt.

politische Entwicklung

Dominanz von Adel und Militär

Dennoch blieben die geschilderten Veränderungsprozesse nicht ohne tief greifende **politische Folgen**. Die neu entstandene Schicht der Industriearbeiter organisierte sich zur Verbesserung ihrer Lebensverhältnisse in **Gewerkschaften** und in der **SPD**. Versuche des Staats, die Arbeiterbewegung durch Repressalien im Rahmen des **Sozialistengesetzes** (1878–1890) oder durch eine fortschrittliche **Sozialgesetzgebung** in den 1880er-Jahren zu schwächen, blieben erfolglos. Im Gegenteil führte die Verfolgung zu noch stärkerer **Solidarisierung** der Arbeiter und zur **Radikalisierung** ihrer politischen Forderungen. Bis 1912 wurde die SPD zur stärksten Fraktion im Reichstag.

politische Organisation der Arbeiter

Auf Unternehmerseite formierten sich im Zuge der Hochindustrialisierung **Industrie- und Arbeitgeberverbände**, um die Interessen ihrer Mitglieder zu vertreten und **Einfluss auf politische Entscheidungen** zu nehmen. Sie entwickelten sich mit der Zeit zu einem immer gewichtigeren Faktor in der Politik des Kaiserreichs.

Unternehmerverbände

Ökonomische Erwägungen waren – neben dem Glauben an die Stärke der eigenen Nation und dem Gedanken, die eigene Kultur verbreiten zu müssen – auch eine wichtige **Ursache für das imperiale Streben** aller europäischen Mächte im späten 19. Jahrhundert. Handelsstützpunkte, billige Rohstoffquellen und Arbeitskräfte, neue Absatzmärkte und Siedlungsgebiete für die wachsende Bevölkerung der Mutterländer sollten erschlossen werden. Auch hoffte man, durch die **Steigerung des nationalen Ansehens** von inneren Problemen ablenken zu können.

Imperialismus

Als Folge dieses Denkens beanspruchte das Deutsche Reich seit 1890 unter Führung Kaiser Wilhelms II. den **Status einer Weltmacht**, um der wirtschaftlichen Stellung und nationalen Größe Deutschlands zu entsprechen („Weltpolitik"). Die Außenpolitik des Deutschen Reichs verfolgte nun verstärkt den weiteren Erwerb von Kolonien, die Einmischung in internationale Fragen sowie eine forcierte Flottenrüstung, was zu zahlreichen **internationalen Konflikten** und zur dauerhaften Entfremdung von Großbritannien führte.

Weltmachtpolitik und internationale Konflikte

2017-27

3. *In der dritten Teilaufgabe geht es darum, auf der Grundlage des bisher Erarbeiteten und Ihres Wissens über die deutsche Geschichte während und nach dem Ersten Weltkrieg die These Bloms zu überprüfen, die in der Aufgabenstellung zitiert wird. Sinnvoll ist es daher, die Behauptung Bloms zunächst zu erläutern und danach sowohl zustimmende als auch relativierende Gesichtspunkte aufzuführen. Die Teilaufgabe sollte mit einer zusammenfassenden Einschätzung abschließen.*

Blom stellt die These auf, dass „[d]er Krieg [...] lediglich als Katalysator [funktionierte], der die alten Strukturen rascher zum Einsturz brachte und neuen Identitäten schneller erlaubte, selbstbewußt aufzutreten" (vgl. Z. 31 ff.). Er versteht den **Ersten Weltkrieg** also **nicht als Zäsur**, sondern als **Ergebnis von Entwicklungen**, die bereits im 19. Jahrhundert begonnen hatten und die der Krieg beschleunigte, verstärkte und zum Durchbruch brachte. — Einleitung

Bestätigung findet dieser Gedanke, wenn man auf die machtpolitischen Entwicklungen blickt, die zum Krieg führten. Die Rivalitäten und Konflikte, die aus dem nationalen Überlegenheitsgefühl, Prestigedenken und der wirtschaftlichen **Konkurrenz der Großmächte im Zeitalter des Imperialismus** resultierten, konnten zwar vor 1914 noch lokal begrenzt oder auf dem Verhandlungsweg gelöst werden. Sie zeigen jedoch, dass der Erste Weltkrieg nicht plötzlich und unerwartet ausbrach. Manche Zeitgenossen hatten den Krieg als „reinigendes Gewitter" beinahe herbeigesehnt, um die **bereits vorher schwelenden Konflikte** offen auszutragen. — zustimmende Aspekte / Krieg als Ergebnis langfristiger Rivalitäten

Weiterhin schuf die forcierte **Industrialisierung** und Technisierung des 19. Jahrhunderts die Voraussetzungen für eine **neue Art der Kriegführung**. Dies gilt für die „modernen" Kommunikationsmittel wie Telegraf, Funk und Telefon, v. a. aber für „moderne" Waffen wie Panzer, Maschinengewehre oder schwere Artillerie. Weiterhin verstärkte der Krieg die **Bildung von Großbetrieben** und Konzernen, die im 19. Jahrhundert bereits begonnen hatte. Deutsche Großunternehmen, vor allem die Rüstungsindustrie sowie andere kriegswichtige Wirtschaftszweige, profitierten von der staatlich gelenkten Kriegswirtschaft. Sie konnten große Gewinne erzielen und auch nach 1918 das technologische Know-how nutzen, das sie während des Kriegs erworben hatten. — industrialisierter Krieg

Bereits vor dem Krieg hatte sich angedeutet, dass der **Widerspruch** zwischen der **gesellschaftlichen Wirklichkeit** und dem **rückständigen politischen System** Reformen unvermeidbar machen würde. Aufgrund des Kriegsverlaufs und der zunehmend schlechteren Versorgungslage formierte sich schließlich 1917 im Reichstag eine **politische Opposition** aus SPD und bürgerlichen Kräften, die gemeinsam eine Parlamentarisierung der — politischer Modernisierungsdruck / Reformbestrebungen

Reichsverfassung forderte. Der **gestiegene Einfluss des liberalen Bürgertums und der Sozialdemokratie** zeigte sich deutlich in den fortschrittlichen und demokratischen Elementen der **Weimarer Reichsverfassung**, wie z. B. im allgemeinen und gleichen Wahlrecht auf allen Ebenen oder in der Formulierung der Grundrechte.

Weimarer Reichsverfassung

Gegen Kriegsende nahm auch die Opposition der Arbeiter und ihrer politischen Organisationen zu. Es kam zu **Streiks und Protestbewegungen**, welche die vergrößerte Macht der bereits vor dem Krieg entstandenen Arbeiterbewegung zeigten. So lässt sich die Novemberrevolution von 1918 auch auf das **gewachsene Selbstbewusstsein der Arbeiterschaft** zurückführen, das durch den Krieg weiteren Auftrieb erhielt.

zunehmender Einfluss der Arbeiterbewegung

Auch die **gesellschaftlichen Veränderungen**, die von der Industrialisierung ausgelöst worden waren, wurden durch den Krieg verstärkt. So ersetzten beispielsweise Frauen neben Jugendlichen und Kriegsgefangenen die Arbeitskraft der Männer in den kriegswichtigen Industrien. Als Ernährerinnen der Familie oder als Haushaltsvorstände übernahmen sie männlich geprägte Rollen, sodass **traditionelle Geschlechterverhältnisse weiter aufgebrochen** wurden. Auf diese Weise bekam auch die Forderung nach dem **Frauenwahlrecht** einen neuen Schub, das 1919 schließlich in die Weimarer Reichsverfassung integriert wurde.

beschleunigte gesellschaftliche Veränderungen

Es gibt jedoch auch **Einschränkungen**, die Bloms These einer Katalysatorfunktion des Kriegs relativieren. Für bestimmte Entwicklungen war der **Erste Weltkrieg eine unabdingbare Voraussetzung**, sodass diese nicht auf die Vorkriegsjahre zurückgeführt werden können. So verursachte der Krieg beispielsweise eine gravierende Störung der Wirtschaft nicht nur in Deutschland, sondern weltweit. Die Ausrichtung der Produktion auf Kriegsbedürfnisse, der Verlust von Absatzmärkten, Inflation, Kriegsschulden bzw. Reparationsleistungen sowie die Abhängigkeit von US-Krediten führten zu einer **Krise des kapitalistischen Systems**, die ihren Höhepunkt in der Weltwirtschaftskrise 1929 fand.

relativierende Aspekte

Krieg als Voraussetzung für bestimmte Entwicklungen

Störung des kapitalistischen Systems

Weiterhin war der **Krieg die entscheidende Ursache für** den Autoritätsverlust des Kaisers und den endgültigen **Zusammenbruch der Monarchie** in Deutschland. Die politische und militärische Führung hatte sich dem Modernisierungsdruck der Opposition bis zuletzt widersetzt und erst angesichts der **drohenden Niederlage** im Oktober 1918 Reformen eingeleitet. Deren späte Umsetzung konnte jedoch das Vertrauen in das monarchische System nicht wiederherstellen und den endgültigen Zusammenbruch der Monarchie in der **Novemberrevolution** nicht verhindern.

Legitimationsverlust und Ende der Monarchie

Bloms These muss auch insofern relativiert werden, als **nicht alle** vorher gewachsenen **Strukturen** durch den Ersten Weltkrieg **zum Einsturz gebracht** wurden. Manche Entwicklungen verzögerten sich sogar durch den Krieg.

So hatte die **SPD** als politische Vertretung der Arbeiter im Zeichen des vom Kaiser proklamierten „Burgfriedens" ihre grundsätzliche Opposition für die Zeit des Kriegs zurückgestellt. Auch nach dem Zusammenbruch des Kaiserreichs setzte die Mehrheit der Sozialdemokratie eher auf **Kompromiss und Kooperation**, um zusammen mit dem liberalen Bürgertum die **Revolution zu befrieden** und die Verhältnisse zu stabilisieren.

Zu diesem Zweck schloss die Regierung Ebert sogar ein **Bündnis mit den „alten Eliten"** des Kaiserreichs und setzte die Reichswehr sowie Freikorpsverbände gegen die Revolutionäre ein. **Monarchisches und autoritäres Denken** prägte die maßgeblichen Kreise in Justiz, Regierung, Verwaltung und Militär, deren Angehörige sich kaum oder gar nicht mit der Republik identifizierten und die Restauration der Monarchie wünschten. Somit blieben nach dem Ersten Weltkrieg alte Denkmuster bestehen, die neu angestoßene Entwicklungen hemmten und die erste deutsche Demokratie destabilisierten.

Diese Kontinuitäten und die **Vorbehalte gegenüber der Parteiendemokratie** zeigten sich letztlich auch in der Weimarer Reichsverfassung, vor allem in der starken Stellung des Reichspräsidenten. Diesem wurde durch den militärischen Oberbefehl, das Recht, den Reichstag aufzulösen, oder die Notverordnungen eine Rolle als „**Ersatzkaiser**" zugewiesen, was belegt, wie skeptisch viele Politiker der Demokratie gegenüberstanden.

Insgesamt zeigt sich, dass der Modernisierungsprozess des 19. Jahrhunderts, der gekennzeichnet war von der **Industrialisierung**, der Forderung nach **Demokratisierung** und der gesellschaftlichen **Emanzipation** der Arbeiterschaft, der Frauen und auch des liberalen Bürgertums, sich im Ersten Weltkrieg zuspitzte. Insofern stellt der **Erste Weltkrieg** tatsächlich eine Art **Katalysator** dar. Dennoch gilt gerade für Deutschland, dass **beharrende Kräfte** in Gesellschaft, Wirtschaft und Politik bestehen blieben, die das **Ausmaß des** beschleunigten **Wandels relativierten**.

Verzögerung bestimmter Entwicklungen durch den Krieg

Befriedung der Revolution durch SPD und liberales Bürgertum

Bündnis mit „alten Eliten"

antirepublikanisches Denken

monarchische Elemente der Verfassung

zusammenfassende Stellungnahme